中国—东盟区域国别研究

第一辑

主　编　韦茜
副主编　曹亮　李冬冬

CHINA-ASEAN
Regional and Country Studies

时事出版社
北京

图书在版编目（CIP）数据

中国－东盟区域国别研究．第一辑／韦茜主编．
北京：时事出版社，2025．7． -- ISBN 978－7－5195
－0437－3

Ⅰ．D822.333

中国国家版本馆 CIP 数据核字第 202534H1N4 号

出 版 发 行：时事出版社
地　　　址：北京市海淀区彰化路 138 号西荣阁 B 座 G2 层
邮　　　编：100097
发 行 热 线：(010) 88869831　88869832
传　　　真：(010) 88869875
电 子 邮 箱：shishichubanshe@sina.com
印　　　刷：北京良义印刷科技有限公司

开本：787×1092　1/16　印张：14.75　字数：220 千字
2025 年 7 月第 1 版　2025 年 7 月第 1 次印刷
定价：135.00 元
（如有印装质量问题，请与本社发行部联系调换）

本书由广西外国语学院东盟语言文化研究院重点专项课题项目（编号：2022DYZX01）资助出版。

学术委员会

主　任　韦　茜
委　员　马剑平　黄为彬　刘　军　李冬冬
　　　　曾　雁　曹　亮
　　　　Sisavath Phonenasay

本辑编委会

主　　编　韦　茜
副 主 编　曹　亮　李冬冬
参编人员　黄为彬　曹　亮　杨　超　安德万
　　　　　任　华　苟利武　王弘毅

目 录

第一部分　中国—东盟的合作与发展

中老共建"一带一路"
　　——"五通"指数典型案例分析及前景展望……………… 杨梦平 / 003

中新共建"一带一路"成效、限度与展望……………… 张　磊 / 020

中老铁路与沿线经济社会发展研究……………… 曹　亮 / 039

武装冲突、粮食安全与性别平等的互动机制
　　——以俄乌冲突背景下的东南亚为例……………… 潘　玥 / 060

政策摆锤、产业锚点与二战后东南亚国家的工业化………… 任　华 / 085

澜湄合作机制下的跨境公共卫生安全问题与治理
　　合作……………… 邹春萌　李　妍 / 107

第二部分　东盟外交政策与区域安全

新加坡对美国"印太战略"的回应及新美关系的新
　　发展……………… 杨静林　雷思雨 / 127

英国与新加坡、印度尼西亚去极端化政策比较研究 ············ 许　超 / 144

印度—东盟关系的进展、挑战及前景 ················ 佟建强　黄德凯 / 164

日本与东盟国家网络安全合作的特征、动因与
　局限 ······································ 蒋旭栋　高梓菁 / 181

第三部分　区域国别研究与人才培养

民办院校培养与发展区域国别学人才的路径探析
　——对宋亚菲教授的采访 ······················ 曹　亮　杨　超 / 199

区域国别学的发展路径
　——对古小松研究员的采访 ···························· 杨　超 / 209

共建"一带一路"倡议下的中国—东盟教育合作
　——对吕京教授的采访 ································ 安德万 / 213

后　记 ··· / 225

第一部分

中国——东盟的合作与发展

中老共建"一带一路"

——"五通"指数典型案例分析及前景展望

杨梦平[*]

在与中南半岛国家合作共建"一带一路"倡议中,中国与老挝两国的合作堪称典范,展现出丰硕的成果与宝贵的经验。双方签署了关于推进共建"一带一路"倡议合作的一系列文件,不仅为中老关系的深化奠定了坚实基础,更在多个领域实现了互利共赢。中老铁路等基础设施建设,不仅加强了地区间互联互通,更为双方贸易往来和人员流动提供了极大的便利;赛色塔综合开发区和中国老挝磨憨—磨丁经济合作区的建立,不仅推动了当地经济的快速发展,也为国际经济合作注入了新的活力;人民币在老挝清算业务的推广,不仅使双边贸易便利化,也提升了人民币国际化水平;老挝"汉语热"现象的兴起,不仅见证了中老文化的深入交流,也为两国人民搭建了坚实的友谊之桥。这些成功案例不仅充分展现了"五通"(政策沟通、设施联通、贸易畅通、资金融通、民心相通)指数的深刻内涵,也展现了中老两国深化合作、共谋发展的坚定决心与卓越成果。深入探究这些案例的发展历程和成功原因,不仅有助于深化对中国共建"一带一路"倡议和老挝"变陆锁国为陆联国"战略的理解,也为未来中老两国

---

[*] 杨梦平,广西社会科学院东南亚研究所助理研究员。

在共建"一带一路"倡议下的合作指明了方向，同时为其他国家参与共建"一带一路"倡议提供了宝贵的借鉴和启示。事实证明，只要坚持互利共赢的原则，加强政策沟通和协调，深化务实合作，就能实现共同发展和繁荣。

一、共建"一带一路"倡议下中老在"五通"方面的合作典范

中老两国通力合作，在"五通"方面不断涌现出合作典范。这些合作不仅促进了双方经济的蓬勃发展，也在文化交流、民心相通等方面铸就了深厚友谊。通过在"五通"方面的各项合作，中老两国书写了互利共赢的崭新篇章。

（一）政策沟通深化合作，中老两国成为对接典范

在政策沟通方面，中老两国政府通过签署一系列不同领域的协议，为各项合作奠定坚实基础。协议涵盖了基础设施、经济、金融、文化等多个领域，为深入合作提供政策支持。此外，双方政府坚持举办理论研讨会，以加强治国理政经验的沟通与交流。

1. 政策引领多维合作

自2013年中国提出"一带一路"倡议后，老挝政府积极响应参与共建"一带一路"倡议。在国家与地方政府层面，双方每年签署众多政策指导性文件及具体项目协议，旨在推动两国展开多领域广泛合作。

在政策对接方面，中老两党两国政府先后签署《关于编制共同推进"一带一路"建设合作规划纲要的谅解备忘录》[1]（2016年）、《中国共产党和老挝人民革命党关于构建中老命运共同体行动计划》[2]（2019年）、《关

---

[1]《中老铁路推动"一带一路"建设走深走实》，光明网，2021年12月4日，https://m.gmw.cn/baijia/2021-12/04/35358583.html。

[2]《中国共产党和老挝人民革命党关于构建中老命运共同体行动计划（全文）》，新华网，2019年5月1日，http://www.xinhuanet.com/world/2019-05/01/c_1124440753.htm。

于进一步深化中老命运共同体建设的联合声明》①（2022年）、《中国共产党和老挝人民革命党关于构建中老命运共同体行动计划（2024—2028年）》②（2023年）等文件，为两国合作提供框架指导。

在基础设施方面，中老签署的一系列重要协议包括：中老铁路项目签约③（2015年）、《关于万象至万荣高速公路项目合资协议》④（2017年）、《中老高速公路项目合作框架协议》⑤（2019年）、《中华人民共和国政府和老挝人民民主共和国政府国境铁路协定》⑥（2021年）。中老高速公路和中老铁路两个项目不仅加强了双方的交通联系，也推动昆曼国际高速公路和泛亚铁路实现突破性进展。

在经济合作方面，《关于建设磨憨—磨丁经济合作区的谅解备忘录》⑦（2014年）、《关于共同推进中老经济走廊建设的谅解备忘录》《关于共同建设中老现代化农业产业合作示范园区的谅解备忘录》⑧（2017年）、关于合作建设万象赛色塔低碳示范区的合作文件⑨（2020年）的签署，促使多个重大项目成功落地实施，有力推动了中老两国之间的经济合作和互利共赢。

---

① 《关于进一步深化中老命运共同体建设的联合声明》，中国政府网，2022年12月1日，https://www.gov.cn/xinwen/2022-12/01/content_5729912.htm?eqid=9de98f9a000dec6a000000066460567a。

② 《中国共产党和老挝人民革命党关于构建中老命运共同体行动计划（2024—2028年）》，中国政府网，2023年10月21日，https://www.gov.cn/yaowen/liebiao/202310/content_6910701.htm。

③ 《中老铁路：首条以中方为主投资建设的国际铁路》，中国一带一路网，2021年9月10日，https://www.yidaiyilu.gov.cn/p/186738.html。

④ 《中老联合声明》，新华网，2017年11月14日，http://www.xinhuanet.com/world/2017-11/14/c_1121956391.htm。

⑤ 《中企签署中老高速公路项目合作框架协议》，中国政府网，2019年5月29日，https://www.gov.cn/xinwen/2019-05/29/content_5395764.htm。

⑥ 《中老两国政府签署国境铁路协定》，中国政府网，2021年11月30日，https://www.gov.cn/xinwen/2021-11/30/content_5654969.htm。

⑦ 《中老磨憨—磨丁经济合作区推进情况及建议》，中国商务部官网，2014年11月7日，http://kmtb.mofcom.gov.cn/article/shangwxw/201411/20141100788757.shtml。

⑧ 《中老联合声明》，新华网，2017年11月14日，http://www.xinhuanet.com/world/2017-11/14/c_1121956391.htm。

⑨ 《应对气候变化南南合作有实效（大道不孤）》，中国生态环境部官网，2022年1月7日，https://www.mee.gov.cn/ywgz/ydqhbh/qhbhlf/202201/t20220107_966426.shtml。

在货币金融方面,《关于金融支持老挝中小企业发展合作的协议》[①]（2017年）、《中国人民银行与老挝银行合作备忘录》[②]（2022年）等文件签署后，中老双方也在此领域取得了显著成效，为两国经贸往来提供更加便捷的金融服务。

在文化交流方面，中老双方也展开积极合作，签署了《中华人民共和国国家新闻出版署和老挝人民民主共和国新闻文化旅游部关于中老经典著作互译出版的备忘录》[③]（2021年）、联合培养老挝本土中文师资项目协议[④]（2023年）等文件，致力于推广两国优秀文化并加强人才培养力度。

中老两国在共建"一带一路"倡议下加强政策对接和协议签署，共同推动中国共建"一带一路"倡议和老挝"变陆锁国为陆联国"的对接实施。通过积极构建多层次政府间宏观政策沟通交流机制，加强政治互信，深化利益融合，达成更多共识，推动双边关系持续迈上新台阶。

2. 理论研讨新篇章

中国共产党和老挝人民革命党都坚决捍卫社会主义制度，坚持共产党的领导地位，坚守共产党作为唯一执政党的原则。中老两国在共建"一带一路"倡议提出前，已经开始举办中老两党理论研讨会。截至2023年，中老两党理论研讨会已成功举办10届，具体内容见表1。

表1　中老两党理论研讨会（2010—2023年）

届别	时间	地点/形式	主题
第一届	2010年10月22日	老挝万象	社会主义现代化建设中的重大理论和实践问题

[①] 《中老联合声明》，新华网，2017年11月14日，http://www.xinhuanet.com/world/2017-11/14/c_1121956391.htm。

[②] 《中国人民银行公告〔2022〕第10号》，中国人民银行官网，2022年9月20日，http://www.pbc.gov.cn/goutongjiaoliu/113456/113469/4672720/index.html。

[③] 《中老签署关于经典著作互译出版的备忘录 为构建中老命运共同体注入人文动力》，中国服务贸易指南网，2021年4月27日，http://tradeinservices.mofcom.gov.cn/article/wenhua/rediangz/202104/115852.html。

[④] 《中老签署联合培养老挝本土中文师资项目协议》，人民网，2023年4月27日，https://www.people.com.cn/n1/2023/0427/c1002-32675223.html。

续表

届别	时间	地点/形式	主题
第二届	2013年11月5日	中国北京	新形势下加强党风廉政建设
第三届	2014年11月1日	老挝万象	建设社会主义法治国家的经验
第四届	2015年9月21日	中国云南昆明	社会发展和治理创新
第五届	2016年12月20日	老挝万象	对外开放条件下加强党的建设面临的挑战和经验
第六届	2017年6月22日	中国海南博鳌	新形势下加强和改进党对新闻舆论工作领导的经验做法
第七届	2018年7月2日	老挝万象	中国改革开放和老挝革新事业的实践和经验
第八届	2019年7月10日	中国福建厦门	中老两国社会主义现代化建设的规律
第九届	2021年12月29日	视频方式	中国共产党和老挝人民革命党领导各自国家探索建设社会主义的重大成就和历史经验
第十届	2023年4月4日	视频方式	信息化时代创新社会治理的经验

资料来源：根据公开资料整理。

中老两党每一届理论研讨会都紧扣时代脉搏，围绕不同的主题进行深入地探讨和交流。这些议题不仅涵盖了社会主义现代化建设、党风廉政建设、法治国家建设等宏观领域，还涉及社会发展和治理创新、对外开放条件下加强党的建设以及新闻舆论工作引导等微观层面。从改革开放和革新事业的实践探索，到现代化建设的经验总结，再到信息化时代的创新，充分展示出中老两党通过理论研讨会深化交流、凝聚共识、共谋发展，取得了在治国理政方面的丰硕成果，共同推动社会主义现代化事业不断向前发展。同时，这些主题也反映了中老两国在社会主义现代化建设过程中所面临的共同挑战和机遇，为两国未来的合作提供了广阔的空间和前景。

（二）设施联通助力共赢，中老铁路成政策对接新标杆

在设施联通方面，中老合作的标志性成果包括中老铁路和中老高速公路。这两个项目不仅给中老两国的交通运输状况带来了突破性进展，提高区域互联互通的物流效率，也加强了中国与中南半岛国家的经贸往来，促进人员流动交往。

中老铁路首次讨论时间是 2001 年，2009 年中老两国领导人首次确认该计划，首份合作协议《中华人民共和国铁道部与老挝人民民主共和国公共工程与交通运输部关于铁路合作的谅解备忘录》于 2010 年签署①。2021 年 12 月 3 日，正式开通的中老铁路不仅结束了老挝只有 3.5 公里铁路的历史，也结束了中国云南西双版纳、普洱不通铁路的历史，中老两国人民迎来交通运输发展新时代。

　　在中老铁路建设过程中，时任老挝政府总理的通伦·西苏里就非常重视这个项目，曾 6 次到访中老铁路现场关心建设情况②。不仅如此，老挝官方通讯社——巴特寮通讯社更是多次发文盛赞中老铁路，2022 年 3 月的报道提到："到现在，老中铁路开通已经一百多天，过去一段时期运送货物超过 120 万吨，运送过境货物超过 28 万吨，开通了 360 多列跨境货运列车，出口货物到老挝，再转运到缅甸、柬埔寨、泰国、越南、马来西亚、新加坡、孟加拉国等国家，可以认为这条铁路线已经成为该地区经济的连接点。"③ 2023 年 12 月的报道称："老中铁路的开通带动了老挝旅游业的蓬勃发展，自 2023 年 1 月至 9 月，老挝接待游客 240 万人次，比 2022 年同期增长 285%。"④ 2024 年 3 月的报道更是直接表示："老中铁路蜕变为各国通道，并且帮助老挝从完全没有出海口的枷锁中脱困。"⑤

　　中老铁路在开建的 5 年间已经展现出这条铁路带来的巨大经济效益，比如带动老挝当地就业超过 11 万人次，带动老挝当地原材料销售超过 51 亿元人民币⑥。截至 2024 年 12 月 2 日，即中老铁路开通运营三周年，中老

---

① 海贤、杨梦平：《老挝：2021 年回顾与 2022 年展望》，《东南亚纵横》2022 年第 2 期。
② 杨梦平：《老挝大选之后中老合作前景如何?》，《中国—东盟博览》2021 年第 3 期。
③ 《ເສັ້ນທາງລົດໄຟລາວ-ຈີນ ຈຸດເຊື່ອມຕໍ່ເສດຖະກິດໃນພາກພື້ນ（老中铁路是该地区的经济纽带）》, ຂ່າວສານປະເທດລາວ（巴特寮通讯社），2022 年 3 月 15 日，http://kpl.gov.la/detail.aspx? id = 65620。
④ 《ທາງລົດໄຟລາວ-ຈີນ ນຳພາປະໂຫຍດຢ່າງຫຼວງຫຼາຍມາໃຫ້ ສປປ ລາວ（老中铁路为老挝人民民主共和国带来显著利益）》, ຂ່າວສານປະເທດລາວ（巴特寮通讯社），2023 年 12 月 5 日，https://kpl.gov.la/detail.aspx? id = 78723。
⑤ 《ລົດໄຟລາວຈີນ ກາຍເປັນເສັ້ນທາງສາກົນ（老中铁路蜕变成国际通道）》, ຂ່າວສານປະເທດລາວ（巴特寮通讯社），2024 年 3 月 20 日，https://kpl.gov.la/detail.aspx? id = 81344。
⑥ 《2022 年 8 月 11 日外交部发言人汪文斌主持例行记者会》，中国外交部官网，2022 年 8 月 11 日，https://www.fmprc.gov.cn/fyrbt_673021/jzhsl - 673025/202208/t20220811_10741518.shtml。

铁路累计运输跨境货物超 1060 万吨，跨境货物品类增至 3000 多种，累计发送旅客超 4300 万人次。此外，昆明经老挝至泰国的货运成本降低了 30%—50%，老挝境内运输成本降低了 20%—40%①。不仅展现出中老铁路作为国际物流通道的强大潜力，也充分说明了其在方便民众出行、促进国际人员交流方面的积极作用。

综上，中老铁路已经成为中国与东盟国家之间的国际大通道，充当推动区域经济一体化重要引擎的角色。在中老铁路成功运营带来的巨大经济效益影响下，东南亚国家纷纷关注自身铁路建设与区域互联互通。泰国加速推进中泰铁路建设，积极实现中老泰和新马泰之间的铁路换乘功能；马来西亚推进东海岸铁路建设，投入运行跨越马来西亚、泰国、老挝的"东盟特快列车"；柬埔寨和老挝商讨修建连接老挝占巴塞、阿速坡两省与柬埔寨柏威夏、拉塔纳基里两省的铁路②；越南和老挝的跨境铁路将联通老挝甘蒙省至越南永安港，并与韩国国家铁路公司签署合作协议③。

中老铁路在深刻改变老挝物流交通网络格局的同时，中老高速公路的作用也不容忽视。首先，中老高速公路万万段（万象—万荣）结束了老挝不通高速公路的历史；其次，很长一段时间内，老挝国内物流仍需依赖公路运输；最后，中老高速公路的建成对于昆曼国际大通道实现全程高速具有决定性意义。中老高速公路分为四期，即第一期万万段，第二期万荣—琅勃拉邦，第三期琅勃拉邦—乌多姆赛，第四期乌多姆赛—磨丁。目前，第一期已经完工，第二期已完成勘察和初步设计，第三期正在起草合作协议，第四期已签订谅解备忘录。未来，随着更多设施联通项目的不断推进，中老两国合作将会更为紧密，也有助于中老双方共同推动区域经济的繁荣与发展。

---

① 《中老铁路开通运营三年累计发送旅客超 4300 万人次》，光明网，2024 年 12 月 3 日，https://economy.gmw.cn/2024-12/03/content_37716964.htm。
② 《东南亚国家稳步推进铁路互联互通》，中国一带一路网，2023 年 4 月 14 日，https://www.yidaiyilu.gov.cn/p/0NKDA1LL.html。
③ 《ການກໍ່ສ້າງທາງລົດໄຟ ລາວ-ຫວຽດນາມ ໃກ້ເປັນຄວາມຈິງ》（老越铁路修建接近成为事实）》，ສາວສານປະເທດລາວ（老挝巴特寮通讯社），2023 年 10 月 30 日，https://kpl.gov.la/detail.aspx?id=77751。

（三）贸易畅通共谋发展，贸易区构建合作新篇章

在贸易畅通方面，赛色塔综合开发区和中国老挝磨憨—磨丁经济合作区的建立和发展为中老双方提供了广阔的市场和机遇，中老双边党和政府积极支持以上开发区和合作区的建设，通过设立管理机构、制定优惠政策、引进外资、发展特色产业等方式，推动双方经贸关系深入发展。

赛色塔综合开发区于 2012 年 7 月签署协定设立[1]，占地 11.5 平方公里。截至 2023 年 3 月底，入驻园区企业达到 125 家，分别来自 8 个国家和地区。赛色塔综合开发区自成立以来创建了老挝多个"第一"，包括：境内最大企业老挝铁路有限公司、境内用工人数最多企业老挝豪雅有限公司、第一个石油炼化项目、第一个太阳能光伏产品生产项目、第一个国家级工程质量检验检测中心等等，为老挝科技创新和发展经济作出卓越贡献[2]。

中国老挝磨憨—磨丁经济合作区于 2015 年 8 月签署《中国老挝磨憨—磨丁经济合作区建设共同总体方案》，中方规划面积 4.83 平方公里，老方规划面积 16.4 平方公里[3]。截至 2023 年 12 月，中国老挝磨憨—磨丁经济合作区招商进驻企业 917 家，注册金额 19.79 亿美元[4]。早在 2001 年中老两国已经在此成立了边境贸易区[5]，2008 年云南省向国务院提交设立中老跨境经济合作区方案，2016 年设立的中国老挝磨憨—磨丁经济合作区成为继中哈霍尔果斯跨境经济合作区之后的第二个国家级跨境经济合作区。2021 年中老铁路成功运营通车以来，中国磨憨铁路口岸已成为中国对东盟的第一大铁路口岸，位于中老铁路沿线的中国老挝磨憨—磨丁经济合作区

---

[1] 张天桂：《中国与老挝的经济贸易合作》，《商场现代化》2021 年第 12 期。
[2] 《合作标杆！万象赛色塔综合开发区开创老挝多个第一》，国务院国有资产监督管理委员会官网，2023 年 4 月 23 日，http：//www.sasac.gov.cn/n2588025/n2588129/c27749761/content.html。
[3] 《中国老挝磨憨—磨丁经济合作区概况》，昆明市人民政府官网，2023 年 9 月 25 日，https：//www.km.gov.cn/c/2023-09-25/4779769.shtml。
[4] 《老挝磨丁经济特区发展潜力巨大》，人民网，2024 年 1 月 11 日，https：//yn.people.com.cn/n2/2024/0111/c378439_40710024.html。
[5] 张瑞昆：《走进中老 50 年》，香港天马图书出版公司 2017 年版，第 168 页。

也迎来了飞速发展。

当前，赛色塔综合开发区是中国"南南合作"十个低碳示范区之一，自2020年挂牌万象赛色塔低碳示范区以来，2022年再次签署二期谅解备忘录，也成为"南南合作"历史上首个同年获得二期援助的项目，并被写入《关于进一步深化中老命运共同体建设的联合声明》，彰显了中老两国共同发展的决心。同在2022年，昆明市托管磨憨口岸成为唯一拥有边境口岸的省会城市，这一举措不仅加强了昆明市与周边国家的经贸联系，更为中国老挝磨憨—磨丁经济合作区的发展注入了强劲动力。2022年、2023年两年累计完成固定资产投资额是经济区成立至托管前6年投资总和的6倍多[1]。展望未来，赛色塔综合开发区和中国老挝磨憨—磨丁经济合作区将继续深化合作，推动中老两国在经贸、文化、科技等领域的全方位交流。这两个合作区在绿色发展、创新合作等方面将取得更多突破，为"南南合作"和构建中老命运共同体贡献更多中国智慧和中国力量。

（四）资金融通激发活力，人民币在老挝清算推动合作新跨越

在资金融通方面，随着中老两国经济合作日益增多，资金流动也日渐频繁。为满足中老两国经济发展和企业合作的多元化金融需求，中国积极推进人民币在老挝的清算业务，为双方金融合作提供便利。与此同时，中老两国共同签署了不少框架性政策文件，并设立了一些金融机构，推动了双方在资金融通方面的深度合作。这不仅降低了中老企业的贸易成本和风险，也为双方企业提供了更多的商业机会和发展空间，促进了人民币在区域内的国际化进程。

以富滇银行为例，该银行通过对老挝基普直接定价、人民币现钞跨境调运、合资设立老中银行、开发中老跨境人民币的结算服务平台等重大举措，在完善对老挝跨境金融服务方面取得了显著成效，不仅深化了中老两国的金融合作，而且促进了中老双边投资贸易便利化。自2018年富滇银行成功开展人民币和基普双边本外币现钞调运以来，该银行于2023年又开展

---

[1] 《磨憨向上拔节生长》，新华网，2024年4月29日，http://www.yn.xinhuanet.com/20240429/fc22a69ba59649f1a191f504983dd41f/c.html。

了首次跨境空中调运服务。截至2023年9月，富滇银行累计向老挝跨境调运人民币现钞75批次，总计金额7.92亿元人民币[1]。纪念外汇局成立40周年系列文章中形容富滇银行"努力开拓区域性跨境金融发展新局面"，指出该银行是全国唯一在境外设立机构的城市商业银行、全国第一家直接挂牌老挝基普并开通结算的银行、全国第一家打通中老本外币现钞陆路调运通道的银行[2]，这说明通过一系列的创新举措，富滇银行为中老两国的经济合作和贸易往来搭建了一个高效且便捷的金融桥梁。不仅展现了其战略眼光的前瞻性和市场洞察力的敏锐性，更是对服务共建"一带一路"倡议资金融通的积极响应。

除富滇银行之外，中国农业银行、中国工商银行等也积极推动对老业务，银联卡已经成为老挝的支付工具之一。银联国际与老挝外贸银行联手于2019年推出银联二维码服务，便于中国游客用"云闪付"支付，更符合中国游客的消费习惯。2022年中国人民银行与老挝中央银行签署在老挝建立人民币清算安排的合作备忘录之后，老挝巴特寮通讯社发文称，人民币代替美元结算已经成为新现象，东盟国家印度尼西亚、柬埔寨和老挝都与中国建立了人民币清算合作。有分析家表示，到2030年，人民币结算率将增长5%—10%，高于日元和英镑结算水平。[3] 2023年10月25日，中国工商银行万象分行正式启动人民币清算行服务。这些举措一步步推动人民币国际化，成为中老金融合作的一个个里程碑。随着中老双方金融合作的不断深化，中老双边的经济联系将更加紧密，共同推动区域金融的稳定与发展。

---

[1] 《云南至老挝人民币现钞实现首次跨境空中调运》，人民网，2023年11月23日，http://yn.people.com.cn/n2/2023/1123/c372455-40651421.html。

[2] 《纪念外汇局成立40周年系列文章之五：富滇银行——努力开拓区域性跨境金融发展新局面》，国家外汇管理局云南省分局官网，2019年5月8日，http://www.safe.gov.cn/yunnan/2019/0508/600.html。

[3] 《20 ກວ່າປະເທດ ຫັນມາໃຊ້ເງິນຢວນຊຳລະການຄ້າຂາມຊາຍແດນ (20多个国家转为使用人民币进行跨国商业结算)》, ຂ່າວສານປະເທດລາວ (老挝巴特寮通讯社)，2023年5月10日，https://kpl.gov.la/detail.aspx?id=72945。

（五）民心相通夯实基础，老挝"汉语热"助力文化交流新融合

在民心相通方面，通过语言学习、文化交流等活动，更好地促进了中老两国之间的交流和理解。这些活动不仅增进了两国人民的友谊，同时也为其他领域合作奠定了民意基础，既有益于推动双方深入发展合作，又为中老命运共同体构建提供了有力的支撑。

语言是文化的载体，在政策框架指导下，中文教育的不断开展和中老合作项目的增多引发了老挝的"汉语热"，老挝年轻人兴起了学习中文、了解中国文化的潮流。这一趋势在老挝国家教育体系纳入华文教育中得到了体现，目前老挝拥有8所各类华文学校，老挝苏发努冯大学孔子学院的中文本科专业开启了中文专业进入老挝高等教育体系的先河，老挝国立大学孔子学院是第一家独立开设汉语师范本科专业的孔子学院，《汉语—老挝语口语基础教程》一书成功在老挝实现版权输出。另外，在其中一所华文学校——寮都公学的学生数量对比中，华裔学生数量仅为老挝学生的1/4[①]。不仅如此，根据教育部统计数据，2015年老挝来华留学生仅为6918人[②]，到2018年增长为14645人，居国别排序第8名[③]，增长率高达111.7%。为进一步推动老挝中文教育的发展，2023年4月，中老签署联合培养老挝本土中文教师项目协议，采用"2+2模式"（在老挝学习2年+在中国学习2年）[④]。这一举措将进一步扩大老挝的"汉语热"现象，加深中老两国在教育领域的合作与交流。

老挝经历着"汉语热"浪潮的同时，中国也在积极推动对老挝文化的传播。作为中老两国文化交流的里程碑，老挝的经典著作《凯山·丰威汉主席的生平和革命事业》《两姐妹》《昆布罗王》已被译为中文，并作为

---

① 《老挝"中文热"升温 华文教育纳入老挝国家教育体系》，人民网，2016年9月6日，http://world.people.com.cn/n1/2016/0906/c1002-28695724.html。
② 《2015年全国来华留学生数据发布》，中国教育部官网，2016年4月14日，http://www.moe.gov.cn/jyb_xwfb/gzdt_gzdt/s5987/201604/t20160414_238263.html。
③ 《2018年来华留学统计》，中国教育部官网，2019年4月12日，http://www.moe.gov.cn/jyb_xwfb/gzdt_gzdt/s5987/201904/t20190412_377692.html。
④ 《ລາວ-ຈີນຮ່ວມມືຝຶກອົບຮົມຄູພາສາຈີນ》（老—中联合培养本土中文教师）》，ຂ່າວສານປະເທດລາວ（老挝巴特寮通讯社），2023年4月27日，https://kpl.gov.la/detail.aspx?id=72719。

首批互译项目成果在中国隆重出版，不仅深化了两国之间的文学交流，也为中国读者提供了接触老挝文化的途径。此外，中老两国还携手合拍了《光阴的故事》《家在青山绿水间》等影视作品。这些作品不仅展示了中老两国人民的深厚友谊，也传递了两国文化的独特魅力。以上合作不仅丰富了两国的文化市场，更为两国人民提供了欣赏彼此文化的机会。

二、中老共建"一带一路"案例成功的原因分析

随着共建"一带一路"倡议的深入实施，加之老挝对此倡议的坚定支持，中老两党两国间的政策对接已经朝着更高水平、更紧密、更精细化的方向稳步推进。深入分析这些案例成功背后的原因，有助于为中老以及中国—东盟高质量共建"一带一路"提供有益的启示和宝贵的借鉴。

（一）中老铁路背后的政策沟通与设施联通双轮驱动

中老铁路作为连接中国和老挝的重要基础设施，它的成功修建离不开两国政府高层的深入政策沟通与紧密合作，是中老两国多次进行政策磋商、达成广泛共识并坚定执行的结果。

在政策沟通方面，中老两国创造了多个里程碑式的"第一"。比如，"中老命运共同体"是党的十八大以来习近平总书记提出的第一个双边层面的具有战略意义的命运共同体[①]。另外，习近平总书记在党的十九大后的首次出访，终点站选在了老挝，彰显出双方关系的重要性。

在铁路建设之初，两国就通过多轮讨论与修改，达成了一系列关键共识，为项目的顺利推进提供了坚实的政策保障。尽管建设过程中面临诸多挑战，但凭借各施工单位的高效应对和创新解决方案，项目最终得以圆满完工，并取得了突破性的成果。中老铁路在建设过程中，共取得了15项科研成果，优化了65项设计和工艺，并研发和应用了27项智能工具与11项智能工装。其中，隧道综合智能作业平台等智能装备填补了国内空白，彰

---

① 刘盈：《中老战略命运共同体：进展、挑战及强化路径》，《亚太安全与海洋研究》2021年第2期。

显了我国在基础设施建设领域的卓越实力①。这一成就不仅为中国带来了显著的利益，更为老挝的物流网络带来了革命性的变化，极大地提升了老挝的物流效率。

为确保中老铁路的顺畅运营，云南省政府制订了《贯彻落实习近平总书记重要讲话精神　维护好运营好中老铁路　开发好建设好中老铁路沿线三年行动计划》。该计划明确实现客运量、跨境货运量、沿线州（市）市场主体"三个倍增"以及中老班列常态化运行的总体目标，提出通道能力提升、物流枢纽建设、沿线产业开发、市场主体培育"四项行动"②。旨在通过加强口岸配套建设、保障货物运输、发展智慧通关及智慧物流、推动跨国客车开通等措施，推动老挝经济向多元化发展。

在这一实践过程中，政策制定与设施建设形成的双轮驱动发挥了关键作用，推动两国合作取得了显著进展。政策制定为合作指明了方向，设施建设的丰硕成果又进一步推动了政策的更新与完善，两者相互促进，不仅加深了中老两国的政策沟通与设施联通协作，更为两国关系的深化奠定了坚实的基础。展望未来，中老两国之间签订的各项协议将继续成为促进两国经济社会发展的强大引擎，使得设施联通的成果愈加丰富；而设施联通的丰富成果又会进一步加深两国之间的政策沟通与合作。

（二）贸易区背后的贸易畅通与资金融通双翼助力

赛色塔综合开发区和中国老挝磨憨—磨丁经济合作区的建立降低了关税和非关税壁垒，不仅为老挝产品进入中国市场以及中国产品出口国际市场创造了更为广阔的空间，而且为中老两国的经济合作注入了新的活力。同时，这些经济合作区推动了双边贸易结构的优化升级，促进产业链的深度融合。双边金融机构加强合作创新，为双方企业提供更加便捷化和多元化的金融服务，进一步强化了经济合作的深度与广度。

中老铁路带来的设施联通推动了赛色塔综合开发区和中国老挝磨憨—

---

① 《新闻背后的故事　中老铁路建设背后，这些细节你想象不到》，新华网，2021年12月3日，http：//www.news.cn/world/2021-12/03/c_1128128613.htm。
② 《〈中老铁路三年行动计划〉政策解读新闻发布会》，云南省人民政府官网，2022年2月28日，https：//www.yn.gov.cn/ynxwfbt/html/tw2b/807.html。

磨丁经济合作区的新发展，尤其是赛色塔综合开发区在中老泰铁路互联互通背景下得到飞速发展。中老铁路开通后，昆明托管磨憨经济开发区坚持规划先行、建设有序原则，新边民互市作为首个建成验收项目，已交出亮眼答卷。边民互市自2001年开始，经过长期的发展，于2017年实现场所管理的规范化①。2022年昆明托管磨憨经济开发区之后，2023年磨憨口岸进出口货物总量完成818万吨，增长44%；进出口货值479亿元，增长10%；出入境人员总数150.74万人次，增长392%②。磨憨口岸的进出口货物总量、货值以及出入境人员总数均实现大幅增长，充分体现出中老铁路在促进贸易往来和人员交流方面的巨大作用。

在中老经济合作区建设过程中，海关、金融、交通、政务服务等部门机构的协同作用至关重要。这种跨部门的紧密合作，不仅能确保政策的高效执行，也能为经济合作区的持续发展提供坚实保障。智慧化运作的引入，提高了各部门的工作效率，为经济合作区的持续发展提供了有力支持。中老铁路确保了物流的畅通无阻，产品运送的速度加快进一步推动了经济合作区的发展。面对磨憨产业发展基础相对薄弱的现状，昆明托管磨憨经济开发区展现了高瞻远瞩的战略眼光，不仅致力于推动当地产业的快速发展，更希望将中老铁路带来的经济福利辐射至全省全国。设施联通带来的便利化促进了贸易往来，与此同时，贸易活动的频繁也对资金结算的便捷性提出了更高要求。为了满足这一需求，相关部门不断推动金融服务的创新，为企业提供了更加便捷、高效的资金结算服务，从而吸引了更多企业选择在合作区投资兴业。而随着投资企业的不断增多，其对高效、便捷的设施联通需求也日益增加。这种需求反过来又推动了更多设施的联通和升级，进一步提升了整个经济合作区的联通性和吸引力。这种互为因果、相互促进的良性循环，为中老两国之间的贸易合作注入了强劲的动力，使其不断迈向新的高度。

---

① 《到2025年贸易额突破100亿元！磨憨口岸新建边民互市场正式投运》，云南省地方金融管理局官网，2022年11月16日，http://dfjrjgj.yn.gov.cn/html/2022/jr_zx_df_1116/15641.html。
② 《走进磨憨看发展｜内畅外联 开放高地》，澎湃新闻网，2024年5月7日，https://m.thepaper.cn/newsDetail_forward_27285012。

（三）"汉语热"背后的文化魅力与实用需求双重支撑

近年来，越来越多的老挝人开始学习中文并了解中国文化。通过中老互学语言并举办一系列文化交流活动，中老两国人民对彼此的文化底蕴和社会风貌有了更为深入的了解，增进了两国人民之间的友谊，体现了文化交流和民心相通的桥梁作用。与此同时，民心相通作为双方关系的坚实基础，也为两国在其他领域的合作铺平了道路，展现了文化交流的深远影响与积极价值。

中国文化和印度文化对老挝产生了深远的影响，中国四大名著之一的《三国演义》有老挝文版本，老挝史书中也有关于中国"南诏"的记载。而且中老两国边界地区民族跨境生存，互通婚姻，往来频繁，中国文化的独特魅力吸引着老挝边境省份的民众学习中文，深入了解中国文化。随着构建中老命运共同体文件的签署，尤其是在中老铁路打通中老两国运输通道之后，两国贸易往来增多，中国企业赴老挝投资的数量不断增长，这为中老文字翻译领域带来了大量的用工需求。因此，老挝人赴中国留学学习中文的人越来越多。以云南省为例，2022年，全省25所高校共招收老挝籍留学生1834人，这一数字居各国来滇留学生人数首位[1]，充分证明了中老铁路开通后老挝人对学习中文和中国文化的热情以及两国之间日益紧密的合作关系。

随着经贸往来的频繁增加，两国民众的交往机会也日益增多。便捷的交通设施为双方交流提供了极大的便利，进一步激发了彼此对对方文化的浓厚兴趣。这种文化交流和留学生互派不仅促进了双方文化的深度认同，更为两国深化经贸合作奠定了坚实的民意基础。

综上所述，中老共建"一带一路""五通"指数典型案例之所以取得成功，首先得益于政策沟通与设施联通为合作奠定的坚实基础，其次是贸易畅通与资金融通促进了经济的深度融合，最后是文化交流与民心相通增进了两国人民之间的理解和友谊。

---

[1] 《云南省商务厅关于政协云南省十三届一次会议第13010228号提案答复的函》，云南省商务厅官网，2023年8月30日，https://swt.yn.gov.cn/articles/44684。

三、中老共建"一带一路"的展望与启示

从以上分析可以看出，中老两党两国政府推动基础设施建设和规则标准的对接，通过中老铁路和中老高速公路等基础设施实现了国家间的有效联通；随着赛色塔综合开发区以及中国老挝磨憨—磨丁经济合作区的深入，中老两国共同开拓市场、优化资源配置，进一步激发经济增长潜力；人民币清算行的设立为全球经济治理提供了新的思路和平台，推动构建更加公正合理的国际经济秩序；文化交流使中老两国在保持各自发展道路特色的同时，寻求更多的合作与发展机遇。总的来说，中老共建"一带一路"不仅有助于促进两国的经济社会发展，还将对全球经济发展产生积极影响。

（一）政策对接引领中老合作新高度：深化合作，谱写共建"一带一路"倡议新篇章

中老两国合作成功案例的共同点在于：都是以政策签署为前提，通过政策对接和设施联通的双轮驱动，为双方合作奠定坚实的基础。同时，语言学习和文化交流也为双方合作提供了坚实的民意基础。

中老铁路作为连接中国和老挝的重要基础设施，其建设过程充分体现了政策沟通与设施联通的重要性。在政策层面，两国政府通过深入沟通和协商，共同制定了一系列合作规划，为铁路建设提供有力保障。在设施联通方面，中老铁路的建设不仅改善了双方的交通条件，也为两国经贸合作开辟了新的通道。这条铁路的通车，不仅促进了中老两国之间的货物和人员流动，也为两国乃至整个区域的经济发展注入了新的活力。

此外，赛色塔综合开发区和中国老挝磨憨—磨丁经济合作区也展示出政策对接与设施联通的显著成果。通过政策对接和设施完善，依托中老铁路和昆曼国际公路等交通干线，赛色塔综合开发区和中国老挝磨憨—磨丁经济合作区吸引了众多中国企业入驻，推动了中老两国贸易的畅通。在政策对接和资金融通的推动下，贸易区吸引了大量投资，推动了中老两国在

经贸、金融等领域的深入合作。在贸易区用工需求带动下的语言学习和文化交流，更为双方的合作提供了强有力的支持。

总之，政策对接是中老两国合作取得成功的关键因素之一。展望未来，中老两国应继续加强政策沟通和协商，推动更多重大项目的落地实施。双方可以进一步探讨在数字经济、绿色经济等新兴产业领域的合作机会，共同推动区域经济的转型升级和发展。此外，两国还可以通过不断拓展新的合作领域、加强人文交流等方式，推动两国关系不断向前发展，实现互利共赢的美好愿景。

（二）从中老政策对接的成功经验看共建"一带一路"倡议的深远影响

以上论述已说明，在共建"一带一路"的过程中，政策沟通是前提条件，只有通过高层互访、政策对话等方式建立起良好的政治互信机制，才能确保合作的稳定性和可持续性。值得一提的是，中老两国在政策对接上的顺畅与高效，使得中老铁路成为了泛亚铁路网络中率先实现建设的一环。这一成就不仅极大地提升了物流效率，推动了贸易往来的便利化，更为双方开辟了更加广阔的市场空间和经济机遇。

中老两国共建"一带一路"所取得的显著成效，已引起东盟其他国家的广泛关注。受此鼓舞，这些国家纷纷调整自身政策，加速铁路建设步伐，以期尽快与中老铁路实现联通，共同分享经济发展的红利。这一积极态势，无疑是共建"一带一路"倡议深远影响的生动例证。

中老政策对接的成功案例给我们带来了深刻的启示。在充分考虑利益诉求和国家关切的基础上，首先，要加强政策沟通与协商，建立良好的政治互信机制；其次，要注重基础设施建设，提升交通运输能力；最后，要加强经贸金融合作与人文交流，增进相互理解。这些经验成为中国对外合作的亮点，对于推动中国与其他国家的政策对接和共建"一带一路"具有重要的参考价值。

中新共建"一带一路"成效、限度与展望[*]

张 磊[**]

新加坡是第一个公开支持共建"一带一路"倡议的东盟国家，认为共建"一带一路"倡议是中国为地区发展作贡献的一种方式。[①] 2013年中国提出共建"一带一路"倡议以来，新加坡积极参与共建"一带一路"，与中国签署了《中华人民共和国政府与新加坡共和国政府关于共同推进"一带一路"建设的谅解备忘录》，两国在政策沟通、设施联通、贸易畅通、资金融通和民心相通方面的合作取得显著成效。2023年4月，中新建立"全方位高质量的前瞻性伙伴关系"，在此引领下，中新外交关系将进一步发展，经贸合作深度广度将进一步拓展，人文交流、旅游合作等将逐步升温，两国高质量共建"一带一路"将全面深入推进。

---

[*] 本文为新加坡国别跟踪研究系列论文成果。
[**] 张磊，广西社会科学院东南亚研究所副所长、副研究员，《东南亚纵横》主编。
[①] 张磊：《2023年新加坡研究发展报告》，《东南亚纵横》2024年第3期。

一、中新共建"一带一路"成效显著

新加坡积极参与共建"一带一路"。2013年以来,两国关系不断升级,交往密切,政策沟通保持顺畅;依托中新(重庆)战略性互联互通示范项目等,互联互通水平大幅提升;通过不断升级双边自由贸易协定,两国贸易自由化、投资便利化水平持续提升;中新金融合作和人文交流合作也持续深化,资金融通和民心相通水平大幅提升。

(一)交往密切,政策沟通保持顺畅

2013年以来,中国与新加坡高层保持密切外交往来,合作机制作用充分发挥,政策沟通顺畅高效。

1. 两国高层保持密切互动

2013年以来,中国与新加坡保持密切外交往来,不断推动中新关系升级发展。2015年是中国与新加坡建交25周年,年内两国领导人实现互访:新加坡总统陈庆炎于6月29日至7月4日访华,中国国家主席习近平于2015年11月6日—7日对新加坡进行国事访问。访问期间,中新发布《中华人民共和国和新加坡共和国关于建立与时俱进的全方位合作伙伴关系的联合声明》,两国关系实现升级。新加坡总理李显龙分别于2013年、2017年、2018年、2019年、2023年五次访华。其中,中国与新加坡在2017年5月第二届"一带一路"国际合作高峰论坛期间签署了《中华人民共和国政府与新加坡共和国政府关于共同推进"一带一路"建设的谅解备忘录》,成为推动两国共建"一带一路"的指导性文件。2023年3月27日至4月1日,新加坡总理李显龙访华并出席博鳌亚洲论坛2023年年会开幕式,其间两国发布《中华人民共和国和新加坡共和国关于建立全方位高质量的前瞻性伙伴关系的联合声明》,中新关系进一步升级为"全方位高质量的前瞻性伙伴关系"。

新加坡总统哈莉玛于2019年、2022年两次访华,其中2019年5月出席亚洲文明对话大会并在开幕式发表主旨演讲;2022年2月出席北京冬季

奥林匹克运动会开幕式并访问中国，中国国家主席习近平和国务院总理李克强分别与其举行会晤。2023年5月13日—17日，新加坡副总理兼财政部长黄循财访华，李强总理、丁薛祥副总理分别与其举行会谈。此外，中新两国领导人还在多边外交活动中保持沟通。2022年11月17日，中国国家主席习近平在出席亚太经济合作组织第二十九次领导人非正式会议期间会见新加坡总理李显龙，并提出"中方愿同新方密切高层交往"①。2024年1月，中国国务院总理李强在达沃斯出席世界经济论坛2024年年会期间应约会见了新加坡总统尚达曼。此外，中新两国领导人及相关部委还通过视频会晤、电话联系等多种形式保持密切外交往来，促进政策沟通。

2. 两国合作机制作用持续发挥

中国与新加坡建有四个副总理级的双边合作机制，即中国新加坡双边合作联合委员会，以及中新苏州工业园区、中新天津生态城和中新（重庆）战略性互联互通示范项目三个政府间合作项目的协调理事会。同时，中新两国外交部也建有磋商机制。合作机制作用的持续发挥，有效促进了中新两国的政策沟通。中国新加坡双边合作联合委员会成立于2003年11月，在促进两国政策沟通，统筹推进各领域合作中发挥了重要作用。2013—2023年，中国新加坡双边合作联合委员会举行了第十次至十九次会议，其中第十六次（2020年）、第十七次（2021年）会议因新冠疫情改为线上举行。中新苏州工业园区联合协调理事会会议、中新天津生态城联合协调理事会会议，以及中新（重庆）战略性互联互通示范项目联合协调理事会会议与中国新加坡双边合作联合委员会同期举办，成为深化两国合作的重要促进机制。如2013年中国新加坡双边合作联合委员会第十次会议、中新苏州工业园区联合协调理事会第十五次会议、中新天津生态城联合协调理事会第六次会议上，两国签署成立服务贸易合作促进工作组、推动中新企业联合"走出去"、农产品质量和粮食安全合作等七项合作文件。②

---

① 张磊、邹文慧：《推动携手前进和产业转型升级——新加坡2022年回顾与2023年展望》，《东南亚纵横》2023年第2期。
② 《中新双边合作联委会第十次会议举行》，中国政府网，2013年10月23日，https：//www.gov.cn/jrzg/2013-10/23/content_2512574.htm。

2022年11月1日—2日，中国新加坡双边合作联合委员会第十八次会议和两国三个政府间合作项目的联合协调理事会会议在新加坡举行，其间两国达成19项合作成果，涉及数字经济、绿色经济、互联互通等合作，会议的举办对两国合作项目建设和双边伙伴关系加强发挥了重要促进作用。2023年12月7日，中国新加坡双边合作联合委员会第十九次会议、中新苏州工业园区联合协调理事会第二十四次会议、中新天津生态城联合协调理事会第十五次会议和中新（重庆）战略性互联互通示范项目联合协调理事会第七次会议举行，两国宣布达成进一步升级自由贸易协定的议定书、互免持普通护照人员签证（30天）等24项成果[①]。

（二）项目支撑，互联互通水平大幅提升

中新在共建"一带一路"倡议下开展了多个项目建设，在中新（重庆）战略性互联互通示范项目、中国—东盟信息港等项目的支撑下，两国在陆上、海上、航空、信息等领域的互联互通水平大幅提升。

1. 陆海新通道支撑海陆互联互通水平大幅提升

2015年，中新（重庆）战略性互联互通示范项目作为中国与新加坡第三个政府间合作项目正式启动。经过几年建设，中新（重庆）战略性互联互通示范项目作用日益凸显，在该项目的支撑下，中国与新加坡的互联互通水平大幅提升。2017年2月，新加坡提出开展"南向通道"建设的设想。2018年11月，中新两国签署了共建中新（重庆）战略性互联互通示范项目旗下的"国际陆海贸易新通道"（简称"陆海新通道"）谅解备忘录。陆海新通道成为中新提升互联互通水平的重要载体。2017—2023年，西部陆海新通道海铁联运班列年开行量由178列跃升至9580列，运输品类由最初的陶瓷、板材等50多个增加至目前的粮食、汽车配件等940多个。其中，2023年西部陆海新通道海铁联运班列开行9580列，同比增长8.6%[②]，通道物

[①] 《丁薛祥会见新加坡副总理兼财政部长黄循财并共同主持中新双边合作机制会议》，半月谈官网，2023年12月8日，http：//www.banyuetan.org/yw/detail/20231208/1000200033137441701997708423810123_1.html。

[②] 《西部陆海新通道海铁联运班列去年开行9580列》，广西新闻网，2014年1月8日，http：//news.gxnews.com.cn/staticpages/20240108/newgx659bbd1f-21402760.shtml。

流规模继续保持快速增长态势。截至2024年4月，中国"13＋2"个省区市（直辖市）签署了《合作共建西部陆海新通道框架协议》，西部陆海新通道海铁联运班列已覆盖中国17省63市121站[1]，实现西部12省份全覆盖，极大促进了中国与新加坡的互联互通水平。

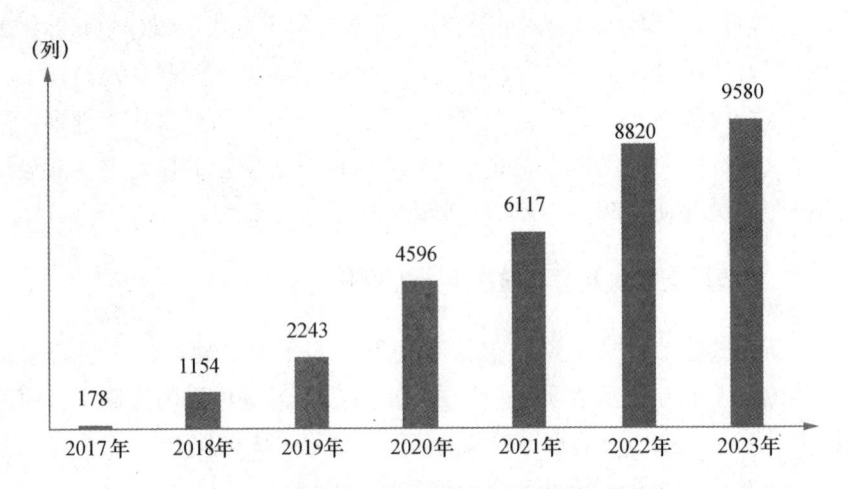

(列)
年份	班列数
2017年	178
2018年	1154
2019年	2243
2020年	4596
2021年	6117
2022年	8820
2023年	9580

图1　西部陆海新通道海铁联运班列统计图

资料来源：广西新闻网等。

在陆海新通道的带动下，中国与新加坡海上互联互通保持顺畅。中新共建广西北部湾国际门户港，新加坡国际港务集团参与了钦州港大榄坪南1号至6号泊位的建设运营；新加坡国际港务集团还与广西北部湾国际港务集团共同搭建"北港网"系统。目前，广西北部湾港固定每周开行7班至新加坡港的集装箱航线。截至2022年底，广西北部湾港—新加坡班轮航线开行491班，发运集装箱86213标箱。[2] 此外，新加坡港作为全球贸易的重要枢纽港和中转港，与中国形成了密切的港口互联互通网络。中国大连港、秦皇岛港、天津港、烟台港、青岛港、连云港、上海港、宁波舟山港、福州港、厦门港、香港港、深圳港、广州港等均与新加坡港建有直航

---

[1] 《西部陆海新通道基础设施网络持续完善 贵南高铁争取9月底前开通运营》，《广西日报》，2023年8月4日。

[2] 《跨越山海向未来——新加坡与广西携手共建国际陆海贸易新通道》，《广西日报》，2023年9月16日。

航线。例如，中国厦门港于 2023 年 8 月与新加坡港缔结友好港关系，该港口运行的 38 条东南亚集装箱班轮航线中，10 条航线途经新加坡港。① 由新加坡太平船务、泰国宏海航运、中联海运和长荣海运运营中国一次大陆快速航线（简称 CSE）不断升级，自 2023 年 7 月开行每周一班的上海—宁波—蛇口—新加坡—巴庄港（马来西亚）—那瓦舍页（印度）—蒙德拉（印度）—卡拉奇（巴基斯坦）—巴庄港（马来西亚）—新加坡—海防（越南）—上海航线。②

2. 航空运输大通道逐步形成

在中新（重庆）战略性互联互通示范项目带动下，渝新国际航空运输通道逐步形成。2018 年，重庆机场集团与新加坡樟宜机场合作成立中新（重庆）机场商业管理有限公司，合作推进重庆航空枢纽建设。中国重庆至新加坡的航线航班由 2018 年的每周 5 个增至 2019 年底的 14 个。同时，重庆至新加坡航线也是新冠疫情期间中国中西部唯一未中断的航线，为保持中国与新加坡的航空互联互通，助力保障产业链、供应链稳定发挥了重要作用。截至 2023 年 6 月，中国有 14 家航空公司开通至新加坡的航线，主要通航城市为北京、上海、广州、昆明、南宁、深圳、长沙、兰州、银川、重庆、成都、杭州、福州、厦门、泉州、西安、长春、大连、海口、烟台等；新加坡有 4 家航空公司开行至中国的航线。

3. 信息大通道加速形成

依托中新（重庆）战略性互联互通示范项目、中国—东盟信息港等项目建设，中新两国的信息互联互通水平大幅提升，信息大通道加速形成。2019 年，在中新（重庆）战略性互联互通示范项目框架下，中国与新加坡国际互联网数据专用通道开通，该通道为由重庆经广州、香港到新加坡的直达数据链路，是中国第一条针对单一国家的"点对点"国际数据专用通道，主要提供跨境数据传输安全等服务。2019 年，腾讯公司、万国数据、

---

① 汤海波、厦港宣、龚小婉：《厦门港与新加坡港缔结友好港 将在航线开辟等方面深化合作》，《厦门日报》，2023 年 8 月 23 日。
② 《新加坡太平船务中国一次大陆航线新升级》，中国水运网，2023 年 7 月 6 日，http://www.zgsyb.com.news.html? aid = 658461。

海扶医疗等 14 家企业参与该通道建设，签订 12 个合作项目[①]。2023 年，中新两国依托该通道新签约 15 个数字项目合作协议[②]。截至 2023 年 10 月，重庆仙桃数据谷、两江新区数字经济产业园等 8 个园区先后被纳入中新国际互联网数据专用通道应用示范园区。

依托中国—东盟信息港建设，中国与新加坡的信息合作持续升级。2018 年，中国—东盟信息港股份有限公司与新加坡劲升逻辑有限公司合作建设并运营陆海新通道"单一窗口"、多式联运物流信息平台、中国—东盟物流数据交换中心，依托这些平台，中国广西与新加坡"单一窗口"TradeNet 交易系统实现了无缝对接，与 25 个国家开展一单两报业务，极大提升了中新贸易便利化水平。

（三）逐步深化，经贸合作再创佳绩

随着共建"一带一路"倡议的不断推进，中新两国不断升级双边自由贸易协定，贸易自由化、投资便利化水平持续提升，推动两国贸易合作稳定发展、投资合作持续深化，两国政府间合作项目有序推进并逐步形成示范效应。

1. 中新自由贸易区持续升级

新加坡是第一个与中国签署全面自由贸易协定的东盟成员国，随着共建"一带一路"倡议的不断推进，中国与新加坡也不断升级双边自由贸易协定。2018 年签署《中新自贸协定升级议定书》，该协定于 2019 年 10 月正式生效，进一步升级了两国在贸易便利化、原产地规则、经济技术合作、电子商务等领域合作的规则，促进了两国贸易、投资的合作深化。2020 年 12 月，中新再次启动自由贸易协定升级谈判。2023 年 4 月 1 日，中新签署《中华人民共和国商务部和新加坡贸易与工业部关于宣布实质性完成中国—新加坡自由贸易协定升级后续谈判的谅解备忘录》，升级后的中新自由贸易协定是中国第一次在自由贸易协定实践中采用负面清单模式

[①] 《中新国际互联网数据专用通道开通》，中央网络安全和信息化委员会办公室官网，2019 年 9 月 16 日，http://www.cac.gov.cn/2019-09/16/c_1570162513498462.htm?from=groupmessage。

[②] 《+新项目！+新合作！中新国际数据通道提速升级》，新浪网，2023 年 9 月 5 日，https://finance.sina.com.cn/jjxw/2023-09-05/doc-imzksnsw1254321.shtml。

作出服务和投资开放承诺,将进一步深化两国贸易、投资合作,推动两国经贸合作进入新阶段。①

2. 贸易合作保持稳定发展

2013—2023 年,中国连续 11 年为新加坡第一大贸易伙伴,其中 2014 年中国超过欧盟成为新加坡第一大进口来源地,超过马来西亚成为新加坡第一大出口市场,2022 年新加坡为中国在东盟第五大贸易伙伴,双边贸易合作保持稳定发展。

根据新加坡企业发展局的数据,2013—2022 年,中新货物贸易总额由 931.35 亿美元增至 1269.31 亿美元,虽在 2015 年、2016 年和 2020 年出现负增长的波动,但总体呈稳定增长态势,年均增速达 3.96%。其中:中国向新加坡出口额由 438.68 亿美元增至 629.73 亿美元,仅在 2019 年和 2020 年出现小幅下滑;中国自新加坡进口由 492.67 亿美元增至 639.58 亿美元。根据中国海关统计数据,2023 年,中新进出口总额为 108.39 亿美元,比 2022 年减少 2.89 亿美元,再次出现负增长,但总体保持稳定。

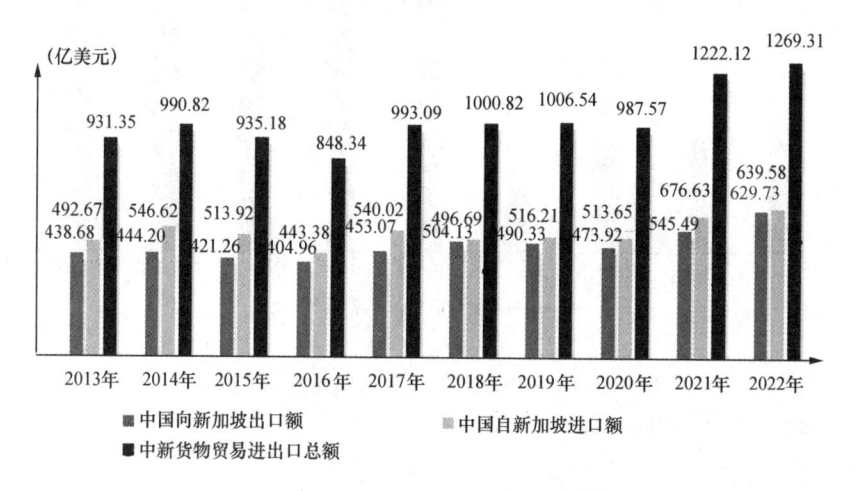

图 2　2013—2022 年中国—新加坡货物贸易额

资料来源:新加坡企业发展局。

---

① 张磊、陈晨:《"携手前进"与推动绿色、数字经济发展——新加坡 2023 年回顾与 2024 年展望》,《东南亚纵横》2024 年第 1 期。

3. 相互投资合作持续深化

从 2013 年起，新加坡一直是中国的最大外来投资国，截至 2020 年底，新加坡累计对华投资额为 1517.62 亿新元，占新加坡累计对外投资总额的 14.6%。2022 年 4 月，新加坡首次成为中国最大的累计外资来源国，截至 2022 年底，新加坡对华累计投资额达 723 亿美元[①]。

新加坡也是中国企业对外投资的重要目的地，根据新加坡统计局的数据，2013—2021 年，中国对新加坡直接投资额由 141.043 亿美元增至 380.848 亿美元。根据《2022 年度中国对外直接投资统计公报》，2022 年，中国对新加坡投资流量达到 83 亿美元，占中国对外投资总额的 5.1%，为中国第三大对外投资目的地。

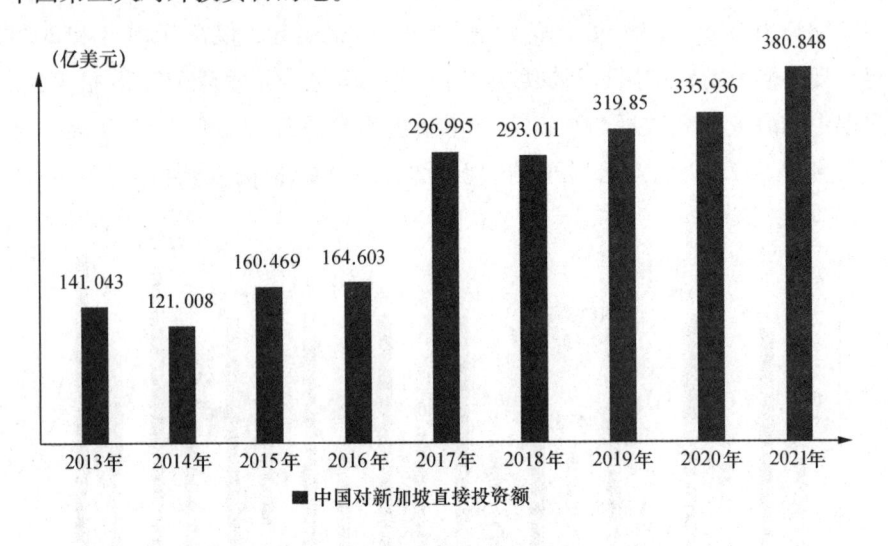

图 3　2013—2021 年中国对新加坡直接投资额

资料来源：新加坡统计局。

4. 合作项目示范效应逐渐形成

中国和新加坡建有中新苏州工业园区、中新天津生态城和中新（重

---

① 张磊、邹文慧：《推动携手前进和产业转型升级——新加坡 2022 年回顾与 2023 年展望》，《东南亚纵横》2023 年第 2 期。

庆)战略性互联互通示范项目三个政府间合作项目,以及中新广州知识城国家级双边合作项目。2013—2022 年,相关项目合作顺利,成为支撑两国合作的重要载体,并逐步形成示范效应。其中,中新苏州工业园区地区生产总值由 1900.02 亿元人民币增至 3515.61 亿元人民币,实际利用外资额由 19.6 亿美元增至 20.89 亿美元;截至 2022 年年底,累计实际利用外资额超 380 亿美元。2013—2022 年,中新天津生态城累计注册市场主体由 853 家增至 14296 家;常住人口由 2300 人增至 12 万人;累计完成固定资产投资额由 526.81 亿元人民币增至 2694.8 亿元人民币;游客接待量由约 120 万人次增至约 700 万人次。①

(四)持续推进,资金融通水平有序提升

新加坡目前是全球第二大财富管理中心、亚洲美元市场中心。2013 年以来,中国与新加坡的金融合作持续推进,新加坡成为人民币国际化的重要枢纽,两国金融市场互联互通水平持续提升,科技金融、绿色金融合作逐步深化,金融服务共建"一带一路"倡议的能力和水平有序提升。

1. 新加坡成为人民币国际化的重要枢纽

2013 年,中国人民银行和新加坡金融管理局的双边货币互换协议规模增至 3000 亿元人民币;2019 年,中国与新加坡第三次续签双边本币互换协议,规模为 3000 亿元人民币、610 亿新加坡元;2022 年,中新两国再次续签本币互换协议,互换规模达 3000 亿元人民币、650 亿新加坡元。目前,人民币是新加坡的五大交易外汇之一,新加坡为大中华区之外最大的跨境人民币收付的离岸人民币中心。此外,为促进跨境人民币结算合作的有序推进,中新两国采取了系列举措。例如,2013 年中国工商银行新加坡分行授权担任人民币清算银行,成为在大中华区之外的第一家人民币清算银行;同年,中新苏州工业园区成为中国第一个中新跨境人民币创新业务试点,中国将人民币合格境外机构投资者试点范围拓展到新加坡,投资额

---

① 《中新天津生态城十年精彩蝶变,续写生态智慧华章》,《滨海时报》,2022 年 10 月 21 日。

度达500亿元人民币。① 2014年中国外汇交易中心开展人民币对新加坡元直接交易；2016年新加坡金融管理局把人民币纳入官方外汇储备。

2. 金融市场互联互通水平持续提升

新加坡作为国际资金进入中国和中国资金投入本地区的重要门户，2013年以来与中国的金融市场互联互通水平持续提升。2014年，中资企业在新加坡首次发行"狮城债"；2015年，首届新加坡—上海金融论坛举行，目前已经成功举办四届；2018年，首届中新（重庆）战略性互联互通示范项目金融峰会举办，截至2023年已成功举办五届。2023年4月举办的第五届中新（重庆）战略性互联互通示范项目金融峰会签约90个项目，有力促进了中国与新加坡金融市场的互联互通。此外，2018年，首个含中国西部地区资产的房地产投资信托项目——砂之船项目在新加坡交易所挂牌上市，中国外汇交易中心——中国银行交易型债券指数在新加坡交易所正式发布。

3. 科技金融、绿色金融合作逐步深化

科技金融和绿色金融是新加坡金融业未来发展的重点。科技金融方面，截至2022年6月，新加坡有1007家运营中的金融科技公司，占整个东南亚的67%。2021年，新加坡金融科技公司的融资规模达3980万美元，2022年上半年上升了约10%至4390万美元。绿色金融方面，2022年6月9日，新加坡政府发布了新加坡绿色债券框架，宣布在2030年之前发行350亿新元的绿色债券。中国与新加坡也积极促进科技金融合作与联合创新项目。如2018年新加坡与中国人民银行签署金融科技合作协议；新加坡星网电子付款公司与中国银联国际开通首个跨境支付互联互通项目等。绿色金融合作也逐步深化。2023年，新加坡金融管理局与中国人民银行合作成立了"中国—新加坡绿色金融工作小组"，推动两国在绿色和转型金融方面合作的深化。

4. 金融服务共建"一带一路"倡议的能力和水平有序提升

新加坡作为东南亚地区共建"一带一路"倡议的跳板，与中国不断深

---

① 《胡晓炼出席中新双边合作联合委员会第十次会议》，中国政府网，2023年10月23日，https://www.gov.cn/gzdt/2013 - 10/23/content_2512786.htm。

化的金融合作为两国共同提升金融服务共建"一带一路"倡议的能力和水平创造了动力。目前，已有 3 家中资银行签署谅解备忘录，承诺为本地区共建"一带一路"倡议的项目提供总值为 1000 亿新元的金融服务；2017 年新加坡成立为共建"一带一路"倡议项目提供专项保险的保险联盟；2018 年成立的新加坡亚洲基础设施办公室也可以支持共建"一带一路"倡议项目。同时，中新金融跨境监管及监督合作持续深化。自 2016 年起，中国证券监督管理委员会与新加坡金融管理局合作举办圆桌会议，加强监管合作。2018 年新加坡金融管理局与中国证券监督管理委员会签署《关于期货监管合作与信息交换的谅解备忘录》《人员交流合作备忘录》，助力廉洁丝绸之路建设。

（五）有序开展，人文交流合作丰富多元

共建"一带一路"倡议提出以来，中新人文交流领域不断拓展，文化、旅游、科技、教育等领域的交流合作全面深化，民心相通水平大幅提升。

1. 文化交流合作成果丰硕

2013 年以来，中国与新加坡在共建"一带一路"倡议框架下开展了丰富多样的文化交流合作。2013—2023 年，每年在新加坡举办中国国际电影节，通过电影展现真实的中国，增进新加坡民众对中国的了解。2015 年 11 月，新加坡中国文化中心揭牌运营，成为中新文化交流的重要载体。截至 2023 年 10 月，新加坡中国文化中心已经举办了数百场文化交流活动。如 2023 年举办了 2023 "天涯共此时"中秋音乐会、多彩高原——中国西藏当代绘画艺术展、"中国故事"讲座等系列文化交流活动。2021 年 12 月，两国签署《2022—2024 年中新文化交流执行计划》，该计划成为中新两国政府文化交流的框架性文件，推动两国文化交流合作持续深化。2023 年 4 月，中国国家艺术基金与新加坡国家艺术理事会签署谅解备忘录，为两国深化艺术交流合作提供了政策保障。

2. 旅游合作逐步恢复

新加坡是中国重要的出境旅游目的地。2013—2019 年，中国赴新加坡

旅游人数保持稳定增长态势，由 226.99 万人增至 362.71 万人。2020—2022 年，受新冠疫情影响，中国赴新加坡旅游人数出现大幅下跌，其中 2021 年仅为 8.83 万人，2022 年恢复至 13.09 万人，但与疫情前相比仍有较大差距。

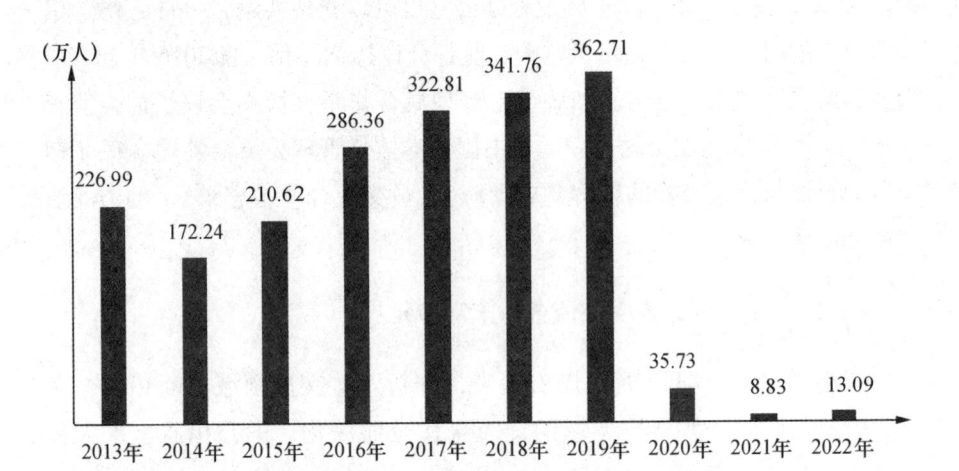

图 4　2013—2022 年中国赴新加坡旅游人数

资料来源：新加坡旅游局。

2023 年以来，中新两国积极推动旅游合作恢复发展。2023 年 2 月，新加坡进一步调整疫情防控措施，放宽入境防疫管控要求，以促进旅游业恢复发展。中国也将新加坡纳入恢复中国公民出境团队旅游的首批试点国家，2023 年 2 月 6 日，疫情后中国首个旅行团抵达新加坡，标志着两国旅游合作全面恢复。中国于 2023 年 7 月 26 日起恢复新加坡公民入境 15 天免签待遇政策；2023 中国旅游展在新加坡成功举办，是疫情后举办的首次中国旅游展；11 月，银联国际与新加坡旅游局在上海签署合作备忘录，提升游客跨境支付体验。2023 年，中国赴新加坡旅游人数达 136 万人次，为新加坡第二大游客来源，两国旅游合作逐步恢复。[1]

---

[1]　《中国赴新加坡游客快速增长》，《经济日报》，2024 年 3 月 15 日。

3. 科技合作模式日益多元

2013年以来，中国与新加坡充分发挥政府间科技合作联委会机制作用，通过签署合作协议、创新合作模式等举措，不断深化两国的科技合作。截至2023年9月，中国—新加坡政府间科技合作联委会第十四次会议在该机制推动下，实施了一系列科技合作项目。两国还签署了《科技创新合作执行协议》（2019年）、《第七期中医药合作计划书》（2023年）等合作协议。

此外，中新科技合作模式日益多元。目前已经形成了团队引进模式、园区引进科技创新中心模式、设立海外研发机构模式等多种合作模式。团队引进模式主要面向新加坡研发团队，如佛山南洋研究院引进新加坡孵化团队、安徽宁国引进新加坡南洋理工大学创新团队等。通过引进一批携带技术、资金等创新资源的国外高端技术团队，不断提升中国科技创新能力。园区引进科技创新中心模式主要是面向新加坡引进了南洋高科技创新中心、新加坡创新中心（四川）、中新互联互通（重庆）创新合作促进中心等。设立海外研发机构模式是中国主要机构到新加坡设立研发机构，如中国科学院在新加坡设立中新数字媒体研究院、阿里巴巴与新加坡南洋理工大学成立人工智能联合研究院、中国银行创新研发基地（新加坡）等。

4. 教育交流合作稳步推进

教育合作是中国与新加坡人文交流合作的重要领域之一。2013年以来，两国教育交流合作稳步推进。一是签署交流合作协议引导教育交流合作。例如，中新两国在2019年签署《关于青年实习交流计划的协议》，旨在通过中国—新加坡青年实习交流计划促进两国青年学生交流、深化人文合作。2023年7月，该计划在中新苏州工业园区正式启动，37家企业发布79个实习岗位、招聘142名实习生。[①] 二是合作办学稳步推进。2013年以来，中新两国高校间合作办学稳步推进，如2018年，新加坡国立大学与中国天津大学、福州市人民政府和福建省教育厅签署合作协定，在中国福州设立联合学院。此外，复旦大学—新加坡国立大学联合研究院、上海交通

---

① 《中新青年实习交流计划启动》，《苏州日报》，2023年7月29日。

大学新加坡研究生院、上海交通大学与新加坡国立大学合作的数量金融硕士学位教育项目、华东政法大学与新加坡国立大学合作的法学硕士学位教育项目等也成为两国合作办学的成功案例。三是互派留学生合作稳定开展。2013 年，来华留学的新加坡学生达到 5290 人，2018 年为 3600 人，近年基本维持在 5000 人左右；中国赴新加坡留学的学生数量在 2018 年超过 5 万人，2023 年再创新高。

二、中新高质量共建"一带一路"仍面临诸多挑战

（一）互信仍需提升，新加坡对华合作态度谨慎

"大国平衡"战略是新加坡政府一直以来坚持的外交策略。新加坡在双百年关系中选择中美平衡战略，以维护自身利益和共同利益为主，实施有倾向性的平衡。[①] 当前，新加坡对深化与中国的合作仍保持谨慎态度。随着中国发展及中美战略竞争的强化，新加坡平衡外交的战略空间被压缩。因此，新加坡外交战略上支持美国战略的成分也在增加。根据新加坡尤索夫伊萨东南亚研究院发布的《东南亚态势报告：2024》，新加坡是最欢迎美国的国家之一，占比为 67.9%，同时 61.5% 的新加坡受访者在中美选边站中倾向美国，占比在东盟十国中仅次于缅甸、菲律宾，排名第三。[②]

近年来，新加坡也不断加强与美国的交往。时任新加坡总理李显龙于 2022 年 3 月 26 日至 4 月 2 日访问美国，成为拜登政府执政以来第一位访问美国的东盟国家首脑，两国签署了深化基础建设发展合作的谅解备忘录，并欢迎美国通过"印太经济框架"强化与本区域和东盟的联系。而"印太经济框架"是美国为配合其"印太战略"于 2022 年 5 月启动的以遏制中国发展为目的的新规则，新加坡作为创始成员加入，并基于提升本国经济

[①] 张磊、陈晨：《"携手前进"与推动绿色、数字经济发展——新加坡 2023 年回顾与 2024 年展望》，《东南亚纵横》2024 年第 1 期。
[②] "The State of Southeast Asia: 2023 Survey Report," the ASEAN Studies Centre at the ISEAS - Yusof Ishak Institute, February 9, 2023.

发展的角度对"印太经济框架"持积极态度。① 2022年3月26日至4月2日和2023年11月，新加坡总理李显龙两次访问美国，围绕与中国关系、乌克兰危机等议题进行对话，并启动了新加坡企业发展局旧金山海外中心。②

新加坡第四代领导核心黄循财2022年10月会见到访的美国国土安全部部长，并就深化两国网络安全合作等交换意见。此外，在俄乌冲突爆发后，新加坡也加入了与以美国为首的西方国家共同制裁俄罗斯的行列，成为东盟国家中唯一制裁俄罗斯的成员国。③ 2023年10月5日—15日，新加坡副总理兼财政部部长黄循财对美国进行工作访问，其间访问亚利桑那州、纽约和华盛顿特区。2023年10月，新加坡与美国举行首届关键和新兴技术对话，旨在升级战略技术合作伙伴关系。新加坡与美国关系的发展将对中国与新加坡共建"一带一路"倡议形成一定影响和制约。

（二）产业竞合特征突出，制约经贸合作的深化

1. 港口物流业竞争凸显

新加坡是世界重要的贸易转口港，保障货源的稳定性是其发展的重要目标，但这与中国上海港、深圳港、宁波舟山港等港口的发展存在竞争。目前，中国上海港港口吞吐量已经超过新加坡港，深圳港、宁波舟山港等港口吞吐量与新加坡港的差距也越来越小。2005年，上海港货物吞吐量首次超过新加坡港，近年来两个港口吞吐量差距不断扩大。2014年上海港吞吐量仅比新加坡港多142万标箱，2017年增至653.3万标箱，2022年则增至1000万标箱，差距越来越大。2014年，中国深圳港、宁波舟山港集装箱吞吐量与新加坡港的差距分别为984万标箱、1442万标箱；2017年的差距分别缩小至849.2万标箱、909.3万标箱；2022年差距进一步缩小为726万标箱、395万标箱，其中宁波舟山港已经呈现出赶超新加坡港的态

---

① 成汉平、刘喆：《"印太经济框架"与东盟国家战略选择》，《唯实》2022年第10期。
② 张磊、陈晨：《"携手前进"与推动绿色、数字经济发展——新加坡2023年回顾与2024年展望》，《东南亚纵横》2024年第1期。
③ 成汉平：《东盟国家在俄乌冲突中的立场差异分析：动因、影响与前景》，《东南亚纵横》2022年第2期。

势。与中国港口集装箱吞吐量保持增长的态势不同，2022年新加坡港集装箱吞吐量同比下降0.7%，完成货物吞吐量5.78亿吨，同比减少3.6%。同时，新加坡港是世界重要的贸易中转港，加油等海事服务业发达，但随着中国港口和海事服务业的发展，越来越多的船只停靠中国港口，国际航运协会主席曾在2022年表示"在中国加油比在新加坡停靠更合理，除非燃料价格过于高昂"，这也将与新加坡形成明显竞争。

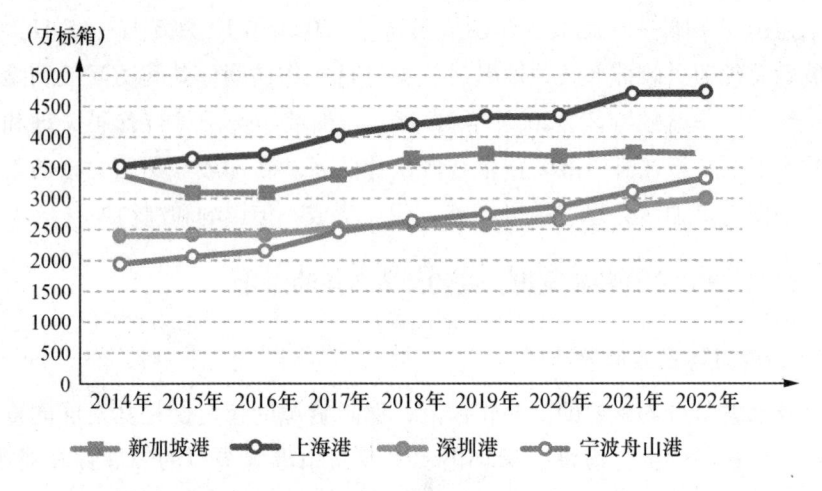

图5 2014—2022年新加坡港与中国主要港口集装箱吞吐量

资料来源：中国港口集团集箱网等。

2. 石化产业、电子信息产业竞合特征凸显

新加坡石化产业是典型的出口导向型，国内几乎没有需求，大部分用于出口，中国是其石化产品的最大出口市场。但随着中国石化产业的快速发展，以及欧美、中东等地区对中国石化产品的输出给新加坡石化工业造成了较大的竞争压力。在此背景下，新加坡石化产业及时调整发展战略，向高利润、高附加值的技术密集型产业转型，产品逐步向高端化发展，特别是中国目前尚处于空白的产品，这与中国石化产业的转型升级也形成一定竞争。随着近年来中国越来越多的企业到东盟国家投资、收购电子信息企业，这将进一步挤压新加坡电子信息产业在东盟的市场占有率。同时，

随着电子信息产业制造能力的不断增强，市场份额有望进一步上升，中新在全球市场的竞争也将日益凸显。

三、中新高质量共建"一带一路"倡议前景广阔

（一）双边关系升级将创造共建"一带一路"倡议的良好政治互信氛围

中国和新加坡彼此视为友好近邻和重要合作伙伴，2023年4月，中新发表《中华人民共和国和新加坡共和国关于建立全方位高质量的前瞻性伙伴关系的联合声明》，将两国关系提升为"全方位高质量的前瞻性伙伴关系"，两国关系的升级将进一步为共建"一带一路"倡议提供政治保障。2024年5月，黄循财就任新加坡第四任总理，其同时担任中新双边合作机制新方主席，未来中新两国将继续发挥四个副总理级的双边合作机制和两国外交部磋商机制的作用，保持高层密切往来，强化沟通协调，实现外交关系稳定发展并不断升级，促进两国合作深度和广度的持续拓展，为中新高质量共建"一带一路"创造良好政治互信氛围。

（二）经贸合作将持续筑牢共建"一带一路"倡议互利共赢的根基

新加坡积极参与高质量共建"一带一路"倡议，未来两国将持续深化高质量合作，以中新两国实质性完成中新自由贸易协定升级后续谈判为引领，全面升级两国经贸合作，经贸合作广度和深度将持续拓展。数字经济已经成为新加坡发展的新动能，新加坡立足于智慧国建设和科技创新，制定实施了《数字连接蓝图》，全力发展数字经济。同时，新加坡是《数字经济伙伴关系协定》的发起国之一，目前，中国已正式申请加入《数字经济伙伴关系协定》，两国签署了《关于加强数字经济合作的谅解备忘录》。[①] 随着中新两国产业升级及数字化转型，数字经济将成为两国合作的新亮点。同时，在中新三个政府间合作项目的支撑下，双方贸易和投资、绿色

[①] 张磊、陈晨：《"携手前进"与推动绿色、数字经济发展——新加坡2023年回顾与2024年展望》，《东南亚纵横》2024年第1期。

经济、互联互通、金融、航空等领域的合作也将全面创新，并不断拓展新的合作领域。经贸合作的深化和领域拓展将持续筑牢中新共建"一带一路"倡议互利共赢的根基。

（三）人文交流合作全面恢复将奠定共建"一带一路"倡议的良好民意基础

在中新文化交流机制推动下，两国人文交流合作将全面恢复，共建"一带一路"倡议的民心相通水平将持续提升。2024年是中国—东盟人文交流年，中新两国将在中国—东盟框架下全面深化人文交流合作。同时两国将持续落实《2022—2024年中新文化交流执行计划》，推动两国在文旅、文艺、非物质文化遗产、博物馆、图书馆等多个领域的交流合作。2024年2月9日，中新互免签证政策正式生效，两国旅游合作已经呈现良好的复苏势头。未来在两国旅游促进政策和举措的推动下，两国旅游合作将全面恢复。人文交流的全面恢复将极大推动人员往来和文化互鉴，为中新高质量共建"一带一路"创造良好民意基础。

中老铁路与沿线经济社会发展研究

曹 亮[*]

中老铁路,全称"中老昆万铁路",是首条采用中国国铁Ⅰ级标准(GB/T 30754-2019)建设并实现两国铁路网互联互通的电气化跨国铁路。该线路北起中国昆明,南至老挝首都万象,全线由三大区段构成:昆玉段(昆明南站至玉溪站,79公里)、玉磨段(玉溪站至磨憨站,507公里)及磨万段(磨丁站至万象南站,418公里),设计时速分别为200公里(昆玉段)和160公里(玉磨段、磨万段)。项目历经三阶段建设:昆玉段于2010年5月率先开工;磨万段作为跨境段于2015年12月启动;玉磨段于2016年4月开工,12月举行全线开工仪式。2021年12月3日,中老铁路实现全线贯通运营。

本文重点关注磨万段铁路对老挝经济社会发展的多维影响。该区段作为老挝境内首条标准轨铁路,贯穿琅勃拉邦省、万象省等主要经济区,覆盖全国大多数的工业基地。本文通过分析近年的建设运营数据,揭示跨境

---

[*] 曹亮,《东盟区域国别研究》执行主编,华东师范大学博士,广西壮族自治区科学技术协会"区域能源政策与能源转型决策"咨询专家团队负责人,广西建设职业技术学院曹亮博士工作室负责人。

铁路基础设施对陆锁型经济体的空间重构效应，为优化中老铁路运营管理模式提供实证依据。

一、文献综述与问题提出

中老铁路属于一类公共基础设施，且其具有交通属性，为探求其对区域经济社会的影响，本文主要从以下三个方面开展文献综述。

（一）关于中老铁路的相关研究

既有研究主要聚焦于中老铁路的跨境经济效应。帕维莱翁通过法理分析指出，项目用地分配存在监管失效风险，可能影响老挝土地资源的可持续利用。[1] 中国学者韩迪采用空间统计方法，证实磨万铁路建设使孟赛、琅勃拉邦等四个沿线城市的土地增值呈现梯度扩散特征。[2] 藤田和日郎从国际贸易视角展开论证，指出铁路开通将缩短中老经济周期，提升区域经济密度。[3] 齐冉、徐东瑞通过构建旅游经济联系潜力模型，发现铁路建设使老挝主要旅游城市的时空压缩效应提升37%。[4] 陶樯系统阐释了该线路在中南半岛经济带中的枢纽作用，特别是促进双边贸易流量增长12%的传导路径。[5] 刘柏盛强调其作为泛亚铁路关键段落的战略价值，即铁路运输成本较传统公路降低了42%。[6]

现有成果多集中于经济地理效应分析，但对社会转型影响及政策协同

---

[1] Phavilayvong S., "Laos – China Railway: Legal, Social, Economic and Environmental Perspectives," The Reality and Myth of BRI's Debt Trap: Evidences from Asia and Africa, Singapore: Springer Nature Singapore, 2024, pp. 91 – 108.

[2] 韩迪：《磨万铁路建设对沿线节点城市土地增值影响研究》，河北师范大学2016年硕士学位论文。

[3] Fujimura K., "The Increasing Presence of China in Laos Today," Ritsumeikan Asia Pacific Studies, Vol. 27, 2010.

[4] 齐冉、徐东瑞：《磨万铁路对沿线城市旅游经济联系潜力的影响分析》，《世界地理研究》2018年第5期。

[5] 陶樯：《"一带一路"倡议下中老铁路国际联运通道物流发展探讨》，《铁道货运》2017年第10期。

[6] 刘柏盛：《中老铁路运输通道发展对策研究》，《铁道运输与经济》2017年第8期。

机制的研究尚存空白。

(二) 关于基础设施建设对经济发展的影响研究

学界就基础设施与经济发展的关联性已形成重要共识。伊布拉希等通过实证研究发现,基础设施投资与经济增长呈现非线性关系,具体表现为倒 U 形曲线特征:在建设初期显著促进经济增长,但当经济发展至特定阈值后,过度基建可能产生负向效应。[1] 研究进一步揭示了基础设施类型的差异化影响。阿斯克罗夫对东亚地区的比较研究表明,道路交通基础设施的经济贡献度显著高于电信与能源领域,[2] 该结论在阿尔及尔等的后续研究中得到验证[3]。成本传导机制方面,韦格尔等指出,基础设施完善可通过降低交易成本形成经济促进效应 [4][5]。空间维度上,麦肯等[6]提出的聚集效应理论阐明,交通基础设施可提升邻近区域的经济活跃度,该观点与沙佩勒关于区位优势强化的研究形成理论呼应[7]。

既有研究证实,基础设施水平与经济发展质量存在显著正相关,这为中老铁路的效益分析提供了理论基础。

---

[1] Ibrahim T. M., "Infrastructure Development and Industrial," Nigerian Journal of Economic and Social Studies, Vol. 61, No. 1, 2019.

[2] Askerov N. S., "Cluster Approach in Implementing the Socio – economic Development Strategy of the Region," International Journal of Econometrics and Financial Management, Vol. 2, No. 4, 2018.

[3] Alger J., Findlay T., "Strengthening Global Nuclear Governance: Interest in Nuclear Energy by Developing Countries without Nuclear Experience Could Pose Major Challenges to the Global Rules Now in Place to Ensure the Safe, Secure, and Peaceful Use of Nuclear Power," National Academy of Sciences, Vol. 27, No. 1, 2019.

[4] Weigel A. L., Hastings D. E, "Interaction of Policy Choices and Technical Requirements for a Space Transportation Infrastructure," Acta Astronautica, Vol. 52, No. 7, 2003, pp. 551 – 562.

[5] Peng X. Y., Feng Q. B., "To Strengthen the Infrastructure Construction and Improve the Radiation Ability of the Inner City," Value Engineering, 2014.

[6] McCann P., Van Oort F., "Theories of Agglomeration and Regional Economic Growth: a Historical Review," in Raberta Capello, Peter Ivijkamp Edited, "Handbook of Regional Growth and Development Theories," London: Edward Elgar Publishing, 2019, pp. 6 – 23.

[7] Capello R., "Location, Regional Growth and Local Development Theories," Aestimum, Vol. 58, No. 1, 2011.

(三) 关于交通条件对经济发展的影响研究

拉伊库等通过历史比较研究揭示，交通条件改善与经济增长存在历时性关联。该研究基于工业革命时期铁路网络建设、20 世纪高速公路体系发展等典型案例，论证运输网络革新对经济增速提升具有显著催化作用，并明确指出："历史经验表明，高效运输系统是经济跃迁的重要推手。"[1] 新经济地理学理论框架下，布莱克曼与基罗加等构建的"冰山成本"模型证实，跨境运输成本与双边贸易量呈显著负相关。[2][3] 这在老挝表现为：其内陆型地理特征衍生的高运输成本构成制约贸易扩张与产业升级的核心障碍。奥弗曼等[4]、妮叶[5]以及阿米蒂等[6]的系列研究进一步验证，交通基础设施优化可使贸易流量产生乘数效应。

既有研究形成双重共识：其一，交通基础设施是区域经济整合的关键要素；其二，其改善对跨境经贸合作具有杠杆效应。中老铁路作为跨境通道的载体功能，恰为验证该理论命题提供了现实样本，凸显本文的实证价值。

二、中老铁路为老挝沿线区域发展创造新机遇

2021 年 12 月 3 日，中老两国共建的昆明—万象铁路实现全线贯通，

---

[1] Raicu S., Costescu D., Popa M., et al., "Dynamic Intercorrelations Between Transport/Traffic Infrastructures and Territorial Systems: From Economic Growth to Sustainable Development," Sustainability, Vol. 21, No. 13, 2021.

[2] Brakman R. H., Limarzi J. J., "ITS at the Hudson Valley Transportation Management Center," IEEE Intelligent Systems, Vol. 19, No. 3, 2011.

[3] Quiroga, Cesar, Kraus, et al., "Strategies to Address Utility Challenges in Project Development," Transportation Research Record, Vol. 2262, No. 1, 2011.

[4] Overman H. G., Redding S., Venables A. J., "The Economic Geography of Trade, Production, and Income: A Survey of Empirics," Handbook of International Trade, 2003, pp. 350 – 387.

[5] Nie Y. M., "A Class of Bush – Based Algorithms for the Traffic Assignment Problem," Transportation Research Part B Methodological, Vol. 44, No. 1, 2010.

[6] Amiti M., Javorcik B., "Trade Costs and Location of Foreign Firms in China," Journal of Development Economics, Vol. 85, No. 1, 2018.

标志着老挝交通运输体系的历史性跨越。此前，该国仅拥有一条连接首都万象与泰老边境塔纳楞站、全长 3.5 公里的米轨铁路（轨距 1 米的窄轨铁路）。新铁路系统凭借其日均 17.5 对动车组列车的运输能力，将跨境客货运输效率提升至全新水平。特别值得注意的是，该线路展现出全天候运行优势，其运输时效较传统公路运输缩短 60% 以上，且受气候因素影响显著降低，这为老挝构建区域性陆路通道奠定了物质基础。

在运营组织方面，该铁路采用差异化运输方案：中国境内昆明至磨憨段实现 5 小时 20 分钟通勤，跨境段磨丁至万象压缩至 3 小时 20 分钟，配合口岸通关流程，旅客全程耗时控制在 10 小时以内。[1] 货运方面，每日固定开行两对跨境货物专列，根据中国铁路部门统计，至 2022 年 12 月试运营期间，中国段货物吞吐量已达 610 万吨，老挝段实现 420 万吨，充分验证了铁路运输的规模效应。世界银行研究报告证实，该铁路使中老间陆运成本下降 40%—50%，其中昆明至泰国林查班港的复合运输成本较纯公路方案降低 32%，这种成本重构效应正推动中国—东盟每年约 150 万吨贸易量向陆路转移。[2]

该基础设施对老挝经济系统的改造作用尤为显著。铁路运输的规模经济特性，使该国原本高于东盟平均水平 100% 的物流成本得到根本性降低。客运服务方面，系统性解决了公路运输存在的班次不稳定、舒适度低下等长期痛点。但需清醒认识到，运输效能的最大化仍依赖于物流配套体系的完善——包括仓储设施升级、多式联运衔接以及海关流程优化等关键环节。

在产业带动层面，铁路沿线显现出三重发展机遇：首先，琅勃拉邦世界文化遗产、万荣喀斯特地貌等旅游资源的可达性提升，预计将改变传统以泰国为枢纽的东南亚旅游格局；其次，北部农业主产区的冷链物流时效提升 60%，为生鲜农产品出口创造可能；最后，万象赛色塔开发区等经济园区的建设进度与铁路货运能力形成协同效应，使加工制造业投资呈现集

---

[1] 徐旌、张猛、唐娇：《中老铁路——高质量共建"一带一路"的标志性工程》，《云南地理环境研究》2021 年第 6 期。

[2] 兰颖春：《中老铁路变"陆锁国"为"陆联国"》，《世界轨道交通》2018 年第 9 期。

聚态势。项目建设期间已产生11万人次的本地就业带动,并促成51亿元人民币的属地化采购,这些短期效益为长期发展积累了人力资本与产业基础。[①] 作为泛亚铁路中线关键段落,该项目的战略价值超出双边范畴。若老挝能持续推进配套改革,铁路网与泰国、马来西亚等国的衔接将使该国从"陆锁国"转变为区域供应链的重要节点。世界银行预测,至2030年,经由老挝的过境贸易量将突破340万吨,较2016年增长70%,这种通道经济效应可能使居民收入产生21%的增幅。[②]

然而,转型过程伴随着多维挑战:土地征收涉及多个行政区的补偿协调,施工期间造成的森林覆盖率下降,以及文化遗产保护压力指数上升等生态环境问题亟待系统应对。社会层面,沿线多个社区面临传统生计模式转型压力,跨境人员流动带来的文化适应、公共健康管理等新课题也需要建立长效治理机制。这些复杂因素显示,基础设施效益的充分释放需要社会系统的协同进化。

三、中老铁路对老挝沿线社会经济的影响

在分析中老铁路项目对社会经济层面的影响时,本文聚焦铁路沿线的五大核心要素——人口分布、土地利用、资源禀赋、工业基础及农业格局,系统揭示了该工程带来的发展机遇、比较优势、现存短板及潜在挑战。

(一)中老铁路影响沿线居民、土地、建筑物与自然环境

基于2019年中老铁路磨丁—万象段沿线人口统计数据分析,该铁路对琅南塔省、乌多姆赛省、琅勃拉邦省及万象省四大行政区形成显著"虹吸效应"。项目辐射区域总面积达68044平方公里,2016年区域总人口规模为320.9万人(人口密度47.2人/平方公里),至2019年已增至331万人

---

① 李婷、宋颖、张晗等:《延伸中老铁路境内辐射范围,促进区域经济协同发展》,《中国储运》2022年第2期。
② 雷露:《中老铁路:一衣带水幸福路》,《一带一路报道》(中英文)2022年第1期。

（人口密度 48.6 人/平方公里）。区域经济总量同步呈现持续增长态势，国内生产总值（GDP）由 2016 年的 159 亿美元提升至 2019 年的 189 亿美元，人均 GDP 也实现稳步提升。

表 2　中老铁路项目（老挝区域）沿线人口统计数据（2019 年）[①]

区域名	面积 （平方公里）	人口数量 （万人）	人口密度 （人/平方公里）
琅南塔省	9325	37.7	40.4
乌多姆赛省	15370	50.4	32.8
琅勃拉邦省	16875	66.3	39.3
万象省	22554	72.1	32.0
万象市	3920	104.5	266.6
总计	68044	331	48.6

资料来源：老挝国家统计局。

2016—2019 年中老铁路沿线老挝区域呈现持续人口增长态势。研究表明，沿线区域的人口集聚现象具有双重效应：既构成区域发展催化剂，又形成工程实施制约因素。项目建设涉及的 39.58 平方公里土地征用中，私人耕地与林地占比达 76.8%，由此凸显土地权属调整与补偿机制设计的关键性。老挝政府专项报告显示，铁路建设影响范围涵盖琅南塔、乌多姆赛、琅勃拉邦、万象四省及万象市近郊，共涉及 4411 户家庭。补偿问题主要集中在传统土地权益认定与现代建设需求的衔接层面。

表 3　老挝铁路项目影响的家庭和村庄的统计

序号	省市区域	村庄数量	家庭数量
1	琅南塔省	4	319
2	乌多姆赛省	41	953
3	琅勃拉邦省	23	286

[①] 因老挝国家统计局数据更新有限，本文暂且只利用 2019 年数据，但不影响科研结论。

续表

序号	省市区域	村庄数量	家庭数量
4	万象省	66	1886
5	万象市	35	967
总计		169	4411

资料来源：老挝自然资源和环境部。

根据工程影响评估数据（见表4），中老铁路建设产生的资源影响主要涉及土地资源、人工构筑物及植被生态系统三个方面。具体表现为：土地征用总量达38.3288平方公里，受影响的3346栋建筑物涵盖居住、生产等多种功能类型，植被系统改变涉及471143株普通林木及433129株具有经济价值的热带果树，后者作为农户生计来源的重要组成部分，其补偿标准的确立构成项目实施的关键环节。

表4 中老铁路项目影响到的现实资源统计

现实资源	区域					总计
	万象市	万象省	琅勃拉邦省	乌多姆赛省	琅南塔省	
土地资源（平方公里）	5.2055	24.0681	1.9493	6.0932	1.0188	38.3349
建筑物（栋）	923	1503	154	417	349	3346
普通树木（株）	7169	175694	147893	127025	13362	471143
热带果树（株）	5161	184352	125836	115166	2614	433129

资料来源：老挝自然资源和环境部。

土地补偿机制的实施构成项目推进的关键挑战，老挝政府虽已通过专项立法构建补偿制度框架，但在财政偿付能力与补偿标准执行层面仍面临系统性压力。从劳动力配置维度分析，磨万—昆玉铁路贯通后可能引致的跨境劳务成本上升，或对本土劳工市场供需平衡产生连锁反应。根据老挝《外籍劳工引进和使用管理决定》确立的属地化用工原则，项目须执行差异化劳工配额制度。中老铁路作为超大型基础设施项目，其本地化用工规模的战略性规划，既符合国家劳动就业政策导向，又能通过技术转移与岗位创造双重路径，实质提升区域人力资源开发水平。

（二）中老铁路影响沿线资源

老挝吸引国际资本的核心竞争力植根于其立体化资源禀赋体系。从三维资源架构分析：矿产资源维度，该国拥有铜、铁、钨等战略性金属矿产及煤炭、岩盐等非金属矿产的未探明储量优势，构成工业基础原料的战略储备库；水文资源维度，湄公河在老挝境内干流长度为777.4公里，配合可开发水力节点形成的清洁能源矩阵，奠定国家能源转型的物理基础；旅游资源维度则呈现自然遗产（光西瀑布）—文化遗产（琅勃拉邦古城）—民俗资源（传统节庆）的三元结构，辅以中老铁路构建的跨境旅游廊道，实现中国滇西南至湄公河黄金水道的空间连接。该交通基础设施的时空压缩效应使边境至万象通勤时长缩短至3小时，由此产生的游客流量倍增效应虽显著提升沿线民生经济指数，但也引发三重矛盾：世界遗产地保护与旅游开发强度的冲突、森林生态系统完整性与基建用地扩张的权衡、水资源开发与流域生态承载力的博弈。这要求老挝环保部与文化旅游部建立多部门协同治理机制，在矿产勘探、水电开发与旅游规划中嵌入生态红线管控体系。

表5　中老铁路沿线的著名景点

序号	著名景点
1	香通寺
2	琅勃拉邦皇宫
3	普西山
4	大象溶洞
5	南松河
6	塔銮寺
7	香昆寺

资料来源：老挝旅游统计局。

（三）中老铁路影响沿线工业发展

中老铁路沿线老挝北部地区产业体系呈现基础薄弱、布局分散的特征。微观层面以小微企业和家庭作坊为主体，技术设备水平较低，主要生产自然资源型初级产品。具体表现为：主要生产自然资源型初级产品，集中在冶金制造业，均属外资或合资性质，地理分布集中于琅勃拉邦、向晃和华潘三地，主要产品为年产量数十至数百吨的建筑用钢筋。建筑材料业以外资/合资水泥厂为核心，配套石灰、锌瓦等加工单位，北部水泥自给率约40%，政府计划在乌多姆赛省建设8万吨级新厂。化学工业处于起步阶段，聚焦钾盐开采、岩盐加工等初级领域，塑料与制药工业尚未形成规模化生产，但煤炭、盐岩及黄铜资源的赋存为煤化工、氯碱化工等产业提供了潜在开发基础。初级加工业涵盖板材加工、农副产品粗加工（含稻米、咖啡等）、传统手工业（含纺织、藤编）等领域，主要分布于乌多姆赛省和沙耶武里省。

产业体系存在三重制约：其一，冶金企业外资依存度过高且布局分散，尚未形成产业集群；其二，建材辅材开发程度有限，石膏、黏土等资源开发利用不足；其三，加工业技术层级停滞于粗加工阶段，深加工产业链条尚未建立。化学工业面临双重瓶颈，既受限于硫酸制备等关键工艺的技术缺口，又缺乏氯碱化工所需的完整产业链支撑。空间布局呈现"点状分布—线性缺失—网状断层"的特征，特别是建材行业未形成"矿山—加工—应用"完整链条，农产品加工仍以初级产品为主。

根据老挝经济社会发展规划，该区域将依托中老铁路通道优势，在保障农业稳定与食品安全的前提下，优先培育冶金、建材、电力及化学制造四大战略产业。重点推进硫酸工业技术升级，探索煤炭资源化工转化路径，同步协调矿产业与旅游业发展，着力构建"资源深加工—高附加值产品—国际贸易"的新型产业体系。

（四）中老铁路影响沿线农业发展

老挝作为典型的人口低密度型农业经济体，其国民经济呈现显著的农业主导特征。农牧业产值占GDP比重持续提升，已成为市场经济转型与可持续发展的重要支柱，主要农作物种植以稻米为主体，主产区集中于万象平原及湄公河沿岸地带，辅以玉米、棉花、烟草等经济作物及热带水果种植，形成"核心粮作+特色农经"的复合生产体系。该国资源禀赋优势显著，依托喀斯特地貌、热带生物多样性及丰富矿藏，在旅游业、现代农业及新兴产业领域具备独特发展潜力，其中铁路基础设施的突破性进展正加速资源要素的优化配置。

中老铁路项目的实施对老挝社会经济产生结构性重构效应：工业层面培育冶金—建材—化工产业带，推动生产要素向沿线走廊集聚；旅游业实现世界文化遗产可达性提升40%以上，构建"铁路+生态"的文旅新模式；农业贸易依托冷链物流革新，使生鲜农产品出口周期压缩60%。这些变革直接呼应老挝《2021—2025年社会经济发展规划》中关于产业升级与区域联通的战略目标，形成"通道经济"向"产业经济"的转型动能。

项目推进亦需应对多重挑战：生态层面涉及敏感区的生物栖息地保护，土地征用波及农村的耕地平衡；就业市场面临《投资促进法》本地用工比例与技术工种能力缺口的制度性矛盾；产业衔接存在初级产品输出与高附加值转化间的断层。

（五）中老铁路影响老挝国家经济指数

1. 经济内部收益率分析

根据老挝政府测算数据，中老铁路项目年均经济内部收益率达到24.57%，显著高于12%的社会折现率基准值。该指标验证了项目具备正向经济价值创造能力，其收益水平在交通基础设施领域处于优势区间，符合国家中长期发展战略的效益预期。[①]

2. 经济净现值分析

采用12%社会折现率进行核算，项目全周期经济净现值为人民币50.38亿元。该量化结果证明，在现行经济评价体系下，项目能够产生可

---

① 数据来源：老挝国家统计局。

观的经济剩余价值，具备财政可持续性与投资可行性。[①]

3. **经济敏感性分析**

项目国民经济评价以经济内部收益率作为敏感性核心指标，主要波动因素为交通量与土建投资。

表6 经济内部收益率的敏感性分析

经济内部收益率幅度 变量 改变（%）	-20	-10	0	10	20
交通量（%）	22.35	22.58	24.57	26.73	25.51
土建投资（%）	25.37	25.38	24.57	23.79	24.17

资料来源：老挝政府。

敏感性分析显示，在交通量与土建投资波动±20%的范围内，项目内部收益率始终高于12%的社会折现率基准值，验证了中老铁路在宏观经济层面的正向效益产出与抗风险韧性。这种参数弹性表明，项目经济可行性对关键变量的变动具有较强的包容性。

根据经济评估结果，项目在35年运营周期内可实现财务动态平衡，其中经济内部收益率达24.57%，显著高于财务内部收益率4.38%的水平。投资回收期测算显示约4年即可实现资本回笼，符合基础设施投资决策的经济阈值。实施主体老中铁路有限公司作为老挝与中国按3∶7股比组建的合资实体，其铁路运营及沿线开发权限已通过老挝《投资促进法》的法定程序确认，形成跨国合作的制度性保障框架。

需关注的是，老挝政府面临预算支付能力约束与融资成本管控的双重挑战，现有贵金属采矿权担保机制虽可部分缓释偿债风险，但在大型交通项目管理能力培育、专业人才储备等方面仍存在系统性短板。这种结构性

[①] 数据来源：老挝国家统计局。

矛盾可能影响项目全生命周期的效能释放，凸显出运营机制优化的必要性。

（六）中老铁路影响老挝交通流量

作为典型内陆国家，老挝的交通运输体系呈现结构性失衡特征：公路承担了88.7%的客运量和77.5%的货运量，水路与航空运输仅作为辅助性补充。这种过度依赖单一运输模式的格局暴露出老挝显著的发展制约——13号绕城高速公路虽承担着南北轴向主干道功能，但全国路网技术等级偏低，柏油路占比仅18.1%，导致平均路网密度低于区域标准值40%，直接制约了车辆通行效率与经济要素流动速率，形成交通供给与区域发展需求的系统性错配。

老挝基础设施普查数据显示，重点发展轴带覆盖诸多省级行政单元和公路网络，但高等级路面严重匮乏。这种路网结构缺陷不仅造成客运平均时速不足45公里/小时，更使得物流成本较邻国高出23%—35%，客观上阻碍了沿线城镇群产业集聚效应的形成。[①] 特别是在乌多姆赛省至琅勃拉邦省等资源富集区，交通瓶颈已成为制约矿产开发与农产品流通的关键障碍。

表7 中老铁路项目沿线公路情况（2024年）

区域	公路里程（公里） 小计	公路里程（公里） 柏油公路	公路密度（公里/平方公里）
琅南塔省	1483	237	1.59
乌多姆赛省	1590	320	1.04
琅勃拉邦省	2491	493	1.47
万象省和万象市	3186	537	1.31
总计	8750	1587	1.37

资料来源：老挝交通局。

[①] 柯吴达（KEOOUDONE, SOULIYA）：《老挝公路运输发展模式研究》，中南大学2014年硕士学位论文。

面对基础设施短板，老挝政府正实施双轨制改善策略：一方面加速推进既有路网升级工程，重点提升万象都市圈与中老经济走廊的路面技术标准；另一方面依托地缘区位优势，着力构建跨国陆路运输通道体系。这种战略导向不仅契合国家空间发展规划，更通过跨境基础设施互联互通，实质性地拓展了区域经济协作的物理载体。

1. 货运流量分析

关于沿线货运量的调查和预测主要基于本地货运量和跨境货运量两个维度。跨境货运量的估算依据中国与东盟五国（印度尼西亚、马来西亚、菲律宾、新加坡和泰国）之间的贸易总额，通过分析进出口总量、流量分布特征和路网结构，结合最优运输路径选择，采用四阶段预测法进行测算。本地货运量的预测则通过供需平衡分析、相关因素回归分析和平均增长率法，整合区域经济社会发展统计数据、工矿企业发展规划以及资源开发利用情况等资料，同时考虑交通发展规划和其他运输方式的分流影响，在研究年度内对沿线货运量进行系统预测。

沿线地区主要分布着钾盐、铁矿石、煤炭和水泥等相关产业的工厂、矿山和企业，其产品构成当地货运量的主体部分。这些产品主要面向出口市场，并通过铁路运输至万象及其以南地区。铁路的货运服务由沿线 8 个车站承担，其中离境货物主要包括钾盐、金属和铁矿石、煤炭、橡胶及其制品等，而入境货物则涵盖石油、金属和铁矿石、煤炭、钢铁、建筑设备以及农业和工业产品等生产资料和日用商品。

根据沿线县市经济运行情况调查，结合区域经济发展规划和交通规划，通过对主要工业产品现状及生产计划的分析，采用供需平衡、弹性系数和平均增长率等方法，对工矿企业的新建、改造和扩建进行预测。预计项目建成后，全线货运总量将达到 939 万吨，其中离境货运量 511 万吨，入境货运量 428 万吨。短期内货运总量将增至 1366 万吨，离境货运量 846 万吨，入境货运量 520 万吨。长期来看，货运总量预计达到 2510 万吨，离境货运量 1498 万吨，入境货运量 1012 万吨。中老铁路项目的建成将显著促进沿线站点的货运业务发展，特别是对琅勃拉邦站、万荣站和万象南站所在区域的产业发展起到重要推动作用，为区域经济注入新的活力。

表8 中老铁路为老挝带来的货运流量预测

预测项目	初期预测 离境货运量（万吨）	初期预测 入境货运量（万吨）	短期预测 离境货运量（万吨）	短期预测 入境货运量（万吨）	长期预测 离境货运量（万吨）	长期预测 入境货运量（万吨）
合计	511	428	846	520	1498	1012

资料来源：老挝政府。

根据沿线吸引区工矿生产企业的分布情况分析和产品成品率分析，货物进出境的处理主要集中在纳堆站、芒赛站、琅勃拉邦站、万荣站、蓬洪站、万象南站等，沿线各站的货物进出量如表9所示。

表9 中老铁路项目沿线各站的货物进出量预测

站点名称	初期预测 进出量总和（万吨）	短期预测 进出量总和（万吨）	长期预测 进出量总和（万吨）
纳堆站	21	40	54
芒赛站	28	40	93
孟斯瓦站	10	13	20
琅勃拉邦站	118	158	853
芒卡西站	16	23	32
万荣站	186	256	444
蓬洪站	43	54	84
万象南站	517	782	930
合计	939	1366	2510

资料来源：老挝政府。

2. 客运流量分析

基于吸引力区域的人口特征、生活水平、出行目的和出行习惯分析，结合区域经济社会发展对交通需求的时空分布要求，笔者对客运量进行了系统预测。研究发现，该项目在区域路网中具有重要地位，辐射范围广泛。区域内公路、水路等多种交通方式并存，高速铁路的客运量主要由两部分构成：一是中国与东盟五国之间的跨境客运量，包括老挝与中国以及泰国、柬埔寨、马来西亚和新加坡之间的跨境旅客流动；二是沿线城市居民出行及城市间客运往来所产生的地域性客流。跨境客运量的预测基于中国与东盟五国在旅游、商务和劳务等领域的交流前景，以及不同运输方式的竞争力。

随着磨丁至万象段的规划建设，老挝铁路网络逐步形成以琅勃拉邦为枢纽的十字形高速铁路格局，同时构建了覆盖九省、连接东西南北的高速公路网络，并与湄公河国际水运系统协同发展，形成了以旅游和航运为重点的现代化综合交通运输体系。这一网络将有效连接国内外重要节点，促进区域互联互通。客运需求将主要集中在万象、万荣、琅勃拉邦和孟赛等核心城市，并辐射至丰沙里、华潘、沙耶武里和川圹等北部省份。居民人均出行次数作为衡量区域出行需求的重要指标，反映了城市与非城市人口短期和长期的出行特征差异。

沿线共设 11 个客运站，包括磨丁站、纳堆站、芒赛站等，其布局与老挝国家中心城市体系及北部旅游业发展规划相协调。通过采用平均年增长率法和系数法进行预测，铁路客运量将呈现显著增长趋势，初期、短期和长期的客运能力分别达到 398 万人次、611 万人次和 862 万人次，客流密度也将逐步提升。总体而言，中老铁路的建设将显著提升沿线货运和客运流量，对老挝交通行业发展具有深远影响。然而，进出口通道的扩展也凸显出配套设施的不足，这是当前老挝亟须解决的问题。

四、提升中老铁路对老挝沿线社会经济促进成效的对策

针对中老铁路对老挝沿线的社会经济影响与创造的机遇，提出以下促进成效的相关建议。

（一）解决好土地赔偿遗留问题

中老铁路项目的实施对沿线民众的生产生活产生了直接影响，涉及土地、住宅、农作物等多方面的赔偿问题。目前，赔偿问题尚未完全解决，政府需加快处理进度，以争取更多主动权。通过分析国内外类似项目的经

验，赔偿问题的主要根源包括：一是项目开发合同签订时缺乏实地数据收集与地方协调；二是数据收集不全面且未提前获得批准；三是部分项目的赔偿计划尚未完成；四是赔偿计划虽已完成，但开发商无力支付。

中老铁路连接中国昆明和老挝万象，全长1000多公里，为电气化客货混运铁路。其中，中国段全长508.53公里，老挝境内全长414公里。需占用30.58平方公里永久土地和8平方公里临时土地，其中国有土地与私有土地并存。尽管项目设计已尽量减少对公共住房的影响，但仍不可避免涉及部分居民的房屋和土地。为确保所有受影响者得到合理补偿，必须在项目运营或建设前完成并执行赔偿计划和安置计划。这不仅是项目顺利推进的前提，也是避免后续纠纷的关键。

政府制定赔偿标准主要依据三个因素：一是参照周边地区类似项目的补偿标准；二是依据自然资源和环境部确定的价格；三是参考铁路建设前的实际土地价格。为进一步完善赔偿机制，建议政府引入土地交换方案，即根据项目用地评估价格，在合适地点提供等值土地与受影响者进行置换。此外，应根据不同区域的实际情况，修订赔偿规则和相关文件，确保赔偿工作因地制宜地有序推进。

通过上述措施，政府可有效解决土地赔偿遗留问题，为中老铁路的顺利运营和沿线社会经济的发展创造良好条件。

（二）鼓励招聘并培训本土员工

中老铁路项目施工范围广，覆盖四省及首都万象，涉及大量本地及外国工人的协调与管理。为确保项目顺利推进，外国工人的管理须严格遵循老挝相关法规，这对老挝政府而言是一项重要挑战。为此，政府需进一步完善劳动力招聘和承包的相关规定，明确本地劳动力参与项目的具体要求，并制定详细的政策框架。

为促进本地就业，政府应出台激励政策，鼓励项目承包公司优先雇用当地工人。尽管许多老挝民众有意参与项目建设，但由于缺乏铁路建设相关技能，其就业机会受到限制。因此，政府应推动项目承包公司为本地工人提供技能培训，以提升其专业能力。若缺乏培训机会，本地工人将难以胜任相关工作，这无助于改善劳动力市场的现状。为此，在老挝政府近期制定的政策中，已明确提出鼓励外国公司雇用本地工人，并为其提供基建方面的培训，这一举措值得进一步落实和推广。

本地工人的参与不仅有助于提升项目的社会效益，还能改善铁路沿线居民的生活质量。政府应将本地就业优先原则推广至所有建设项目，而不仅限于中老铁路项目。通过技能培训，本地工人的技术水平将得到显著提升，为未来更多建设项目储备人才。对于需要熟练工人或技术人员的岗位，项目承包公司应优先为本地工人提供培训机会，确保项目支出用于本地劳动力的培养与发展。

此外，本地公司和教育机构应积极参与技能培训工作，为未来建设项目培养更多高素质的本地技术工人。提升本地工人的技能水平，不仅能够满足当前项目的用工需求，还能创造更多长期就业机会，从而实现项目经济效益与社会效益的双赢。

（三）加强项目运营中的环境保护

在中老铁路项目的规划与实施过程中，环境保护应作为核心原则之一。项目路线的选择应最大限度地减少对沿线生态环境的破坏，避免占用原始森林和耕地，同时特别注意邻近的国家保护区、琅勃拉邦世界遗产、万荣风景区、水源保护区、农田分布区及市区的生态保护与水土保持。为实现这一目标，项目设计应与周边景观相协调，在场地的选择和预防措施中做出科学决策。

在施工过程中，应加大沿线绿化、污水处理等环境保护项目的建设力度，并强化临时工程的环境保护措施。原则上，禁止在水源保护区和农田分配区建设临时挖土场、弃土场及机械清洁维护站等设施。同时，应优化建筑结构设计，采取有效措施保护沿线动植物栖息地，确保铁路路线和位置选择尽量不破坏两侧的自然景观。若无法避免，则需重新规划废物处理场所，以减轻对环境的负面影响。

政府应严格执行相关法律法规，确保项目建设过程中充分尊重和保护当地居民的文化与传统。在施工区域，尤其是通往施工现场的道路、重力区域、无土地区域、岩石区和牧场等，需采取有效措施防止对周边居民生活造成不良影响，例如避免土壤流失、水源污染、粉尘扩散等问题。此外，应确保项目建设活动不会引发水土流失或对其他投资项目产生累积性环境影响，并及时解决可能引发的居民投诉。

为加强环境保护与公众参与，政府应组织咨询委员会，对项目环境影响和社会经济影响的评估报告进行严格审查，并向相关部门、地方当局及受影响民众公开评估结果。通过公众参与机制，广泛听取各方意见，确保项目建设在环境保护、生态协调与社会责任之间取得平衡，从而实现可持续发展的目标。

（四）加强进口管理与本地宣传

中老铁路项目作为一项长期工程，涉及众多建筑承包商，在建设过程中需要进口大量机动车、建筑材料和设备。为确保项目顺利推进，政府应对免征进口税的进口车辆、材料和设备进行有效管理。为此，需协调海关、税务、交通等多个相关部门，建立统一的监管机制，确保进口物资的合规使用与高效管理，同时防止资源浪费和滥用。

在本地企业参与方面，中老铁路项目作为一项现代化的铁路基础设施工程，技术要求较高，涉及隧道工程、桥梁结构、铁路铺设、通信系统安装等领域。然而，老挝本地企业普遍缺乏相关经验，本地劳动力的技术水平也亟待提升。为此，政府及相关机构应加大对本地企业的支持力度，通过政策引导和技术培训，帮助其提升参与项目建设的能力。

此外，部分本地企业对中老铁路项目的了解不足，缺乏参与项目的必要知识。对此，有关部门应加强宣传力度，及时向本地企业传达项目建设的需求与条件，例如对中文语言能力的要求。通过广泛开展公众意识提升活动，帮助有意参与项目建设的本地企业单位更好地了解项目需求，为其提供必要的指导与支持，从而提升其参与项目的积极性与竞争力。这不仅有助于推动本地企业的发展，也将为项目的顺利实施提供有力保障。

（五）加快沿线物流配套项目建设

中老铁路的开通为沿线地区带来了巨大的货物与客流，为满足运输需求，需加快构建立体交通大通道。以重点项目为抓手，围绕铁路沿线经济发展，重点推进枢纽站点周边交通网络建设，以铁路为核心带动公路网的发展，构建城市快速交通圈，实现铁路与公路的高效衔接。同时，新建火车站等客运枢纽，并对沿线城市节点的客运枢纽项目进行改扩建，优化国际国内航线布局，打造一体化综合客运枢纽，为旅客提供便捷高效的换乘服务，进一步促进区域经济与旅游业的发展。

在物流站点建设方面，需继续加快以高速公路为主骨架的公路网建设，同时突出加强铁路基础设施建设，进一步完善铁路枢纽功能，扩大物流企业的营运能力。通过优化铁路枢纽布局，提升货物集散效率，为物流企业提供更加高效的服务支持。以各地物流园区为枢纽、以物流配送中心为重点、以仓储网点为基础，对现有物流节点与设施进行改建、扩建和整合，逐步构建功能齐全、相互配套的物流节点空间网络。

通过科学规划物流节点布局，实现物流资源的高效配置，降低物流成本，提升区域物流整体竞争力。逐步形成以中老铁路为核心、交通设施和物流站点为支撑的现代化物流体系，为沿线经济发展提供强有力的保障，助力区域经济一体化进程，推动中老铁路沿线地区的繁荣与发展。

（六）着眼"宜游"，推进全域旅游

为进一步提升中老铁路沿线的旅游吸引力，需从优化旅游服务功能和强化"快旅慢游"模式两方面着手，推动旅游业高质量发展。首先，在沿线主要城市节点建设集游客咨询、旅游餐饮、旅游购物、车辆调度于一体的全域旅游服务中心，并在县区建设完善分中心，形成覆盖全市和连接周边的旅游集散网络。同时，推进"互联网+旅游"建设，打造城市旅游大数据中心，实现网络平台互联和信息资源共享，提升旅游服务的智能化水平。此外，通过引进一批国内外品牌连锁酒店和文化主题酒店，加大地方特色景点开发力度，设立特色商品购物点，满足游客多元化的购物消费需求，全面提升旅游接待能力和服务质量。

其次，强化"快旅慢游"模式，深入研究中国游客需求，深入挖掘老挝特色地方文化，增加多样化、常态化、全季节性旅游产品供给。重点培育山岳观光、乡村度假、休闲养生、文化研修、商城购物等休闲度假类和深度体验型产品，同时发展工业旅游、农业旅游、健康旅游等专项旅游产品，丰富旅游产品体系。通过推动全市旅游产品从以大众观光为主向深度

观光、休闲度假和专项旅游并重转变，让游客"慢下来、留下来、住下来"，延长游客停留时间，提升旅游消费水平。

通过以上措施，构建以中老铁路为纽带的旅游发展新格局，推动沿线旅游业实现从规模扩张向质量提升的转变，打造具有国际竞争力的旅游目的地，为区域经济发展注入新动能。

五、结语

中老铁路的开通标志着老挝结束了腹地无铁路的历史，成功打通了老挝与中国西南地区的纵向交流通道，极大缓解了老挝铁路运能不足的局面，对完善老挝磨丁至万象沿线的铁路网具有深远意义。尽管中老铁路的技术标准达到了国际一流水平，但由于老挝国内基础设施相对薄弱，加之项目建设过程中带来的部分不良影响，短期内中老铁路的运能尚未得到充分发挥。为了最大限度地发挥中老铁路对老挝社会经济等方面的积极影响，亟须采取一系列针对性措施，包括妥善解决土地赔偿遗留问题、招聘并培训本土员工、加强项目运营中的环境保护、加强进口管理与本地宣传、加快沿线物流配套项目建设等，确保中老铁路的长期稳定运营。

通过在中老铁路沿线布局实施一系列配套措施，可以有效提升老挝磨丁至万象区域的整体区位优势，推动该区域的经济社会共同发展。中老铁路不仅为老挝带来了交通便利，还为其融入共建"一带一路"陆路大通道提供了重要契机。通过加强区域合作与资源整合，中老铁路将成为促进老挝与周边国家互联互通的重要纽带，为老挝的经济发展注入新的活力，助力其更好地融入区域经济一体化进程。

未来，中老铁路的持续优化与完善将进一步推动老挝磨丁至万象区域的繁荣发展，为老挝乃至整个东南亚地区的经济增长提供强有力的支撑。通过充分发挥中老铁路的辐射带动作用，老挝将更好地融入共建"一带一路"倡议，实现区域经济的高质量发展，为人民创造更多福祉。

武装冲突、粮食安全与性别平等的互动机制

——以俄乌冲突背景下的东南亚为例[*]

潘 玥[**]

在百年未有之大变局的背景下,维护国际和平稳定、促进全球合作与全面发展的紧迫性日益凸显。俄乌冲突引发了一系列连锁反应,其中全球粮食安全问题尤为突出。联合国粮食及农业组织(简称联合国粮农组织)的数据显示,2022年3月,世界粮食价格指数飙升至159.3点,环比增长12.6%,创下自1990年设立该指数以来的最高纪录。[①] 植物油、谷物和肉类价格不断攀升,食糖与乳制品价格也出现显著上涨。作为全球粮食供应的关键角色,俄罗斯与乌克兰贡献了近30%的全球小麦出口以及超过19%的玉米出口。[②] 然而,早在俄乌局势恶化前,全球农业已面临多重挑战:大规模冲突与移民潮、中东及撒哈拉以南非洲的蝗虫灾害、新冠疫情冲击

---

[*] 本文系广东省社科规划2024年度常规项目"'一带一路'背景下中国对印尼投资及其'安全化'问题研究"(GD24YHQ01)阶段成果。

[**] 潘玥,暨南大学国际关系学院/华侨华人研究院副研究员、印度尼西亚研究中心副主任。

[①] 《联合国粮农组织食品价格指数3月份大幅跃升至历史最高水平》,联合国粮食及农业组织官网,2022年4月8日,https://www.fao.org/worldfoodsituation/foodpricesindex/zh/。

[②] Henry Rodney, "Russia and Ukraine, from Wheat to Aluminum, 4 Strategic Exports of The Two Countries," World New Bank, April 5, 2022, https://worldnewbank.com/2022/04/05/russia-and-ukraine-from-wheat-to-aluminum-4-strategic-exports-of-the-two-countries/.

/ 060 /

以及日益严峻的气候变化，① 这些因素共同推动全球粮食价格持续攀升。

俄乌冲突对东南亚的影响尤为明显。这一地区高度依赖两国的农产品进口，随着冲突导致出口量骤减，东南亚迅速陷入粮油供应紧缺的困境。与此同时，俄罗斯化肥出口减少进一步推高了农业生产成本。面对供给短缺与价格上涨的双重打击，东南亚各国不得不采取限制出口、价格管控等应急措施，却仍难以有效减轻民众生活负担，对区域经济社会发展构成严峻考验。

更为深层的是，粮食危机加剧了东南亚社会的性别不平等现象。在资源紧缩的家庭环境中，女性和儿童的食物分配权进一步被挤压，女性通过农业获取经济收入的能力下降，家庭收入骤减也影响了儿童接受教育的权利，最终危及女性和儿童的生存发展权。印度尼西亚的案例尤为触目惊心——2022年3月，两名东加里曼丹省的妇女因长时间在烈日下排队购买限量食用油而中暑或过劳死亡。②

现有研究多聚焦于武装冲突、粮食安全与性别平等三者间的双边关系，对三者互动机制的综合研究却相对匮乏。本文以俄乌冲突背景下的东南亚为例，试图构建一个分析框架，以探究如何通过粮食安全与营养干预措施解决性别不平等问题，继而促进和平建设进程，并在冲突后改善区域性别平等状况。此研究框架既有助于深化学术理解，也对解决现实问题具有重要意义。

一、武装冲突、粮食安全和性别平等互动机制

在全球政策层面，联合国粮农组织在世界粮食安全委员会的《持续危机中的粮食安全和营养行动框架》的最后定稿中发挥了重要作用，该框架

---

① Enock Chikava, "The World Food System Is Under Threat. It Doesn't Have to Be That Way," Bill & Melinda Gates Foundation, March 15, 2022, https://www.gatesfoundation.org/ideas/articles/war-in-ukraine-and-global-food-crisis.

② Imam Rosidin, Kelelahan Antre Minyak Goreng, "Ibu di Kaltim Meninggal Dunia," Genpi, March 3, 2022, https://kaltim.genpi.co/mahakam/396/kelelahan-antre-minyak-goreng-ibu-di-kaltim-meninggal-dunia.

是 2015 年 10 月世界粮食安全委员会正式认可的一项全球政策指导文书。《持续危机中的粮食安全和营养行动框架》有一项关于粮食安全和营养干预与建设和平和缓解冲突之间联系的具体原则，以及另一项关于两性平等和赋权妇女和女孩的原则。[①] 可见，联合国粮农组织已经充分认识到武装冲突、粮食安全与性别平等间的相互关系，并希望可以通过粮食安全和营养干预，进一步影响和平建设和性别平等进程。然而，对三者之间的互动机制如何相互联系和影响，并没有明确的理论框架，某些关系之间仍存在现有研究不足和现实证据不清的情况。因此，如果要研究俄乌冲突背景下的东南亚性别平等与粮食安全的双重进程以及干预措施如何影响和平建设，就需要充分厘清三个变量间的相互关系并尝试建构一个分析框架。

（一）武装冲突与粮食安全的相互影响

学界对武装冲突影响粮食安全的研究已相对充分，然而关于粮食安全如何反作用于武装冲突的探讨则明显不足。根据 1996 年世界粮食首脑会议的定义，粮食安全指"当所有人在任何时候都能在物质和经济上获得充足、安全和营养的食物，以满足其积极健康生活的饮食需要和食物偏好"的状态。[②] 这一概念的实现依赖于保障粮食的供应、获取、利用和稳定四大支柱。

通过定量与定性并举的方法，众多学者考察了武装冲突对粮食安全的影响机制，特别是在武装冲突频发的非洲和中南美洲地区。研究表明，2009—2019 年间，武装冲突显著加剧了撒哈拉以南非洲地区干旱相关的粮食不安全状况。[③] 冲突通过多重路径损害粮食安全：摧毁财产资产、限制粮食生产与市场准入、迫使家庭消耗储备粮食等，进而导致营养不良，并

[①] Committee on World Food Security, "Framework for Action for Food Security and Nutrition in Protracted Crises," Food and Agriculture Organization of the United Nations, 2015.

[②] Andrew D. Jones, Francis M. Ngure, Gretel Pelto, and Sera L. Young, "What Are We Assessing When We Measure Food Security? A Compendium and Review of Current Metrics," Advances in Nutrition, Vol. 4, No. 5, 2013, pp. 481 – 505.

[③] Anderson Weston, Charles Taylor, et. al, "Violent Conflict Exacerbated Drought – Related Food Insecurity between 2009 and 2019 in sub – Saharan Africa," Nature Food, Vol. 2, No. 8, 2021, pp. 603 – 615.

对儿童的身高发育、教育水平及未来收入产生长期负面影响。值得注意的是,在全球化背景下,重大国际武装冲突的影响已超越战场范围,通过物价波动、基础设施破坏和农业系统瓦解等机制,加剧区域贫困、难民潮或传染病蔓延。[1]

相比之下,粮食安全对武装冲突的影响机制研究则较为匮乏。现有零星文献揭示了粮食安全在不同层面影响冲突的可能途径。在微观层面,个人或家庭为应对粮食短缺与加剧的贫困,可能通过加入武装组织或为其提供支持(包括住所、粮食和情报)来确保生存。[2] 然而,驱动个体参与武装冲突的动机极为复杂,不仅包括资源获取的经济动机,还涉及暴力恐惧、同侪压力、群体规范,以及报复、悲伤和愤怒等社会情感因素。[3] 因此,仅针对粮食安全的干预措施对缓解武装冲突的效果可能相当有限。

在宏观层面,粮食价格波动与武装冲突爆发或重燃存在关联。粮食安全影响武装冲突的机制主要体现在两个层面:一方面,群体层面的粮食价格上涨和粮食不安全加剧了自我认知中的贫困感与排斥感,激化对现有体制的不满,当这种不满与族群或宗教分歧叠加时,社会分裂与内乱风险陡增;[4] 另一方面,个体层面的粮食不安全降低了参与武装派别的机会成本,间接增加了冲突可能性。此外,气候变化与特定商品价格波动等全球不确定因素所致的粮食不安全,还可能引发跨境冲突,尤其影响依赖农业或特定商品贸易生存的群体。[5]

---

[1] 潘玥:《全球政治经济风险与东南亚粮食安全的韧性——以印度尼西亚为例》,《东南亚研究》2023年第1期。

[2] Patricia Justino, "Poverty and Violent Conflict, A Micro-Level Perspective on the Causes and Duration of Warfare," Journal of Peace Research, Vol. 46, No. 3, 2009, pp. 315-333.

[3] Stathis Kalyvas, "The Logic of Violence in Civil War," Cambridge: Cambridge University Press, 2006.

[4] Cullen Hendrix, Henk-Jan Brinkman, "Food Insecurity and Conflict Dynamics: Causal Linkages and Complex Feedbacks," Stability: International Journal of Security and Development, Vol. 2, No. 2, 2013; Naomi Hossain, Devangana Kalita, "Moral Economy in A Global Era: The Politics of Provisions during Contemporary Food Price Spikes," Journal of Peasant Studies, Vol. 41, No. 5, 2014, pp. 815-831.

[5] Emmy Simmons, "Harvesting Peace: Food Security, Conflict, and Cooperation," Environmental Change & Security Program Report, Vol. 14, No. 3, 2013.

(二) 武装冲突与性别平等的相互影响

武装冲突研究领域虽然成果丰硕，但通过社会性别视角探究武装冲突或分析两者间相互影响的研究相对匮乏。实际上，武装冲突不仅强化了既有的父权制结构，还在粮食安全、性暴力、人口贩运、难民流离和贫困等方面加剧了对妇女及其他遭受歧视群体的风险，这一现象在俄乌冲突背景下尤为明显。[①] 以战争媒体报道为例，俄乌冲突中女性记者比例增加并非源于妇女解放与赋权，反而是性别刻板印象的产物——女性被视为更感性，而男性则被认为更适合报道技术性军事行动。这一现象凸显出学界对冲突背景下妇女权益研究远落后于现实需求。

现有研究虽然承认武装冲突对性别角色产生重大影响，特别是在粮食安全和教育成果方面，但对不同性别的影响差异缺乏系统性解释。[②] 迄今为止，学界尚未通过科学方法或有力逻辑揭示冲突中性别角色的规律性，也未能解释为何女性在性暴力、粮食不足和教育中断等方面遭受更多苦难，而男性则在伤亡、武装组织招募和绑架等方面更易受害。值得关注的是，武装暴力通常导致三个层面的变化：家庭结构、两性经济角色和社会政治生活参与程度。

在家庭结构层面，武装冲突期间女性常被迫扮演养家糊口的一家之主。对柬埔寨和东帝汶冲突的研究显示，受影响地区女性户主数量显著增加，进入劳动力市场的女性人数上升，女性承担起家庭基本生存需求的重任。[③] 然而，这种变化伴随着抚养比增加、收入下降的困境，导致冲突期

---

① "Women in Conflict: Impact of The War in Ukraine," Sciences Po Paris School of International Affairs, March 8, 2022, https://www.sciencespo.fr/psia/sia/headlines-events/women-conflict-impact-war-ukraine.html.

② Patricia Justino, "War and Poverty" in M. Garfinkel & S. Skaperdas, eds, "Handbook of The Economics of Peace and Conflict," Oxford: Oxford University Press, 2012, pp. 676 – 705; Patricia Justino, "Violent Conflict and Changes in Gender Roles: Implications for Post-Conflict Economic Recovery," in D. Haynes, F. N. Aoláin, N. Valji and N. Cahn, eds, "Handbook of Gender and Conflict," Oxford: Oxford University Press, 2015, pp. 75 – 85.

③ Alldén. S, "Microfinancial Entrepreneurship: A Tool for Peacebuilding and Empowerment in Timor-Leste and Cambodia?" San Francisco: International Studies Association (ISA) Annual Congress, 2008.

间女性经济脆弱性加剧，尤以女性户主家庭为甚。这解释了为何在俄乌冲突影响下，印度尼西亚食用油供应不足时，排队购买限购食用油的主要是女性。生存压力最终促使两性经济角色发生转变，但必须指出，冲突导致的女性经济参与很少转化为实质性的性别平等。女性在就业机会、职业选择和薪酬水平方面仍面临多重限制，且随着男性回归和传统角色压力恢复，女性往往在冲突结束后会失去工作岗位。[1] 此外，由于男性的暂时缺席，女性在冲突期间的社会政治生活参与程度会有所提高。

国际社会已认可女性在和平建设中的积极贡献。联合国安理会第 1325 号决议及后续决议强调了妇女在经济复苏、社会团结和政治合法性方面的关键作用，而第 2122 号决议（2013 年）更明确承认"赋予妇女经济权力，对摆脱武装冲突后的社会稳定作出了巨大贡献"。[2] 研究表明，受冲突影响地区女性公民的政治参与程度的提高对地方机构产生积极影响，促进更稳定的和平进程；妇女赋权水平较高的社区展现出更强的经济复苏和减贫能力。[3] 妇女通过家庭领域的网络和团体参与和平建设，妇女组织在支持冲突后性别平等与和平方面具有潜在价值。然而，关于妇女组织如何长期保持活力及其对冲突后恢复与和平建设的贡献，相关研究和证据仍然有限，人们对如何通过干预措施加强两性参与和平建设进程的认识依然不足。

和平观念本身存在显著的性别差异，这或许能部分解释为何妇女在和平建设活动中的作用受到限制。男性倾向于持有单一而狭隘的和平观念，聚焦于传统的避免武装冲突；相比之下，女性的和平观念更为宽泛，将和平建设与实现教育权、粮食安全、生计机会和减少家庭冲突等基本人权相

---

[1] Kumar K., "Women and Women's Organizations in Post–Conflict Societies: The Role of International Assistance," Washington DC: USAID, 2000.

[2] Fionnuala Ní Aoláin, "Peace and Security Means Addressing Social and Economic Rights for Women," Just Security, March 9, 2015, https://www.justsecurity.org/20539/beijing-20-peace-security-means-addressing-social-economic-rights-women/#:~:text=Economic%20and%20social%20rights%20can%20and%20should%20be, to%20the%20stabilization%20of%20societies%20emerging%20from%20conflict.%E2%80%9D.

[3] Petesch P., "Women's Empowerment Arising from Violent Conflict and Recovery: Life Stories from Four Middle-Income Countries," Washington DC: USAID, 2011.

联系。性别平等甚至能够提升对人权的尊重,促进民主发展并降低贪腐水平,[①] 这些因素均可成为和平建设得以成功的核心要素。然而,女性参与正式和平建设活动通常仅为短暂现象——一旦冲突结束,若性别身份未能根本性转变,传统父权价值观往往会限制这些机会,导致女性迅速被排除在正式和平进程之外。这一现象的形成机制尚未完全厘清,且受到反向因果关系和变量偏差等统计问题的影响。

(三) 粮食安全与性别平等的相互影响

粮食安全与性别平等之间存在复杂而深刻的互动关系,尽管其确切联系尚未被完全阐明。根据《粮食系统和营养自愿准则》,性别关系和文化规范是导致饥饿、营养不良和不健康饮食的核心因素,其中妇女和女童往往不成比例地承受粮食不安全的负担。这种不平等现象主要源于根深蒂固的结构性矛盾,限制了女性获取收入、农业技术、教育、信贷和土地的机会,同时,家庭和文化习俗常常优先保障男性的食物获取权,削弱女性在家庭支出和食物分配方面的决策权。[②] 在全球农村地区的贫困人口中,约80%依赖农业生计,其中半数为小规模农民;20%则无土地可耕。特别值得注意的是,女性在农业部门的依赖度显著高于男性——非洲地区63%的职业女性依赖农业(男性为48%),亚洲地区则有57%的女性劳动者依赖农业(男性为48%)。[③] 随着男性向非农产业转移,农业女性化趋势日益明显,然而,粮食安全对性别平等的具体影响机制仍有待深入探究。

基于性别的暴力构成了妇女儿童实现食物权的重大障碍。联合国妇女

---

① Barro R. J., "The Determinants of Economic Growth: A Cross-Country Empirical Study," Cambridge, USA: MIT Press, 1997; Swamy A., Knack S., Lee Y. and Azfar O., "Gender and Corruption," Journal of Development Economics, Vol. 64, 2001, pp. 25-55; Melander, E., "Political Gender Equality and State Human Rights Abuse," Journal of Peace Research, Vol. 42, No. 2, 2005, pp. 149-166.

② Brody A., "Gender and Food Security: Towards Gender-Just Food and Nutrition Security-Overview Report," Brighton: BRIDGE Cutting Edge Programmes, 2015; Committee on World Food Security, "Framework for Action for Food Security and Nutrition in Protracted Crises," Food and Agriculture Organization of the United Nations, 2015.

③ Sakiko Fukuda-Parr, "Re-framing Food Security as if Gender Equality and Sustainability Mattered," in M. Leach, ed, "Gender Equality and Sustainable Development," London: Rutledge, 2015, pp. 82-104.

署 2020 年发布的文件显示，全球约有 2.43 亿 15—49 岁的妇女和女孩在前一年遭受伴侣的性暴力或身体暴力。[1] 新冠疫情引发的社会限制措施进一步加剧了这一风险，直接削弱了女性面对灾害的恢复能力，使她们在粮食安全方面的脆弱性显著高于男性。2019 年的研究表明，即使在控制社会经济特征的情况下，女性遭遇中度粮食不安全的可能性仍比男性高 13%，遭遇重度粮食不安全的可能性则高出 27%。[2] 新冠疫情背景下，性别不公与粮食危机的相互强化效应日益凸显。行动限制削减了食物获取渠道，而女性承担了不成比例的负面影响，加剧了就业、工资、资源控制等方面的性别差距。[3] 因此，预防和应对性别暴力必须成为应对疫情和气候危机的核心内容，否则食物权的实现将无从谈起。

联合国食物权问题特别报告员迈克尔·法赫里的食物权定义超越了简单的营养需求，强调了定期、永久且不受限制地获取足量且符合文化传统的食物的权利，这一权利应保障个体和群体有尊严与安全的生活。[4] 然而，有害的社会性别规范常常导致家庭内部女性"吃得最少、最后吃、获得营养最少"的现象。[5] 更为深层的问题在于，关于土地、资产和资源所有权的性别歧视性规范实质上剥夺了女性的社会经济权利、公民权利和政治权利，构成了一种结构性暴力。

剥夺食物权本身即一种基于性别的暴力形式。同时，性别暴力又会通过损害幸存者的身心健康而加剧粮食不安全——身体伤害限制了受害者的

---

[1] "COVID-19 and Ending Violence Against Women and Girls," UN Women, April 2020, https://www.unwomen.org/en/digital-library/publications/2020/04/issue-brief-covid-19-and-ending-violence-against-women-and-girls.

[2] FAO, IFAD, UNICEF, WFP, and WHO, "The State of Food Security and Nutrition in The World," Transforming Food Systems for Affordable Healthy Diets, Rome: Food and Agriculture Organization, 2020, https://doi.org/10.4060/ca9692en.

[3] Sonia Akter, "Gender Inequality And Food Insecurity In The Asian Food System During The COVID-19 Pandemic," Asian Development Outlook 2021 Update Background Papers, 2021.

[4] "About the Right to Food and Human Rights: Special Rapporteur on The Right to Food," UN Office of the High Commissioner for Human Rights, https://www.ohchr.org/en/special-procedures/sr-food/about-right-food-and-human-rights.

[5] "Left Out and Left Behind: Ignoring Women Will Prevent Us from Solving the Hunger Crisis Policy Report," Care International, 2020.

工作能力和获取食物的能力，社会污名化则进一步减少了她们获得食品分发、农业技术培训和其他支持的机会。

粮食不安全往往加剧基于性别的不公平现象。粮食政治化进程中，女性和边缘化社区的权益尤其容易受限，获取粮食援助和人道主义支持的机会相对有限。新冠疫情对低收入和中等收入国家造成了不成比例的冲击，加剧了针对妇女儿童的性别暴力。联合国世界粮食计划署的调查显示，在17个受调查国家中，有10个国家的女性比男性更易经历粮食不安全。[1] 联合国妇女署则指出，全球范围内女性面临严重粮食不安全的风险比男性高27%，且这一性别差距在疫情后可能进一步扩大。[2] 然而，缺乏按性别分列的数据仍然阻碍了我们全面理解女性粮食不安全状况的努力。

相较于粮食安全对性别平等的影响，性别平等对粮食安全的促进作用已得到较为充分的研究证实。大量文献表明，改善性别平等对粮食安全具有积极影响，特别是通过改变家庭内部资源、资产或权力的分配而惠及儿童。联合国粮农组织估计，若能保障男女农民平等获取生产资源的机会，发展中国家的农业产出可增长2.5%—4%。[3] 这种积极效应同样存在于其他行业和职业领域。[4]

增强女性赋能的关键途径之一是教育，通过教育可以实现家庭粮食安全和其他福利目标。另一重要渠道是促进女性在社区层面参与地方决策和政治进程。研究表明，女性的社会政治参与不仅对家庭内部福利分配产生积极影响，还能惠及整个社区和相关机构。[5] 印度的案例研究显示，由女

---

[1] "Progress on the Sustainable Development Goals," UN Women, 2020, https://www.unwomen.org/-/media/head-quarters/attachments/sections/library/publications/2020/progress-on-the-sustainable-developmentgoals-the-gender-snapshot-2020-en.pdf.

[2] "Progress on the Sustainable Development Goals," UN Women, 2020, https://www.unwomen.org/-/media/head-quarters/attachments/sections/library/publications/2020/progress-on-the-sustainable-developmentgoals-the-gender-snapshot-2020-en.pdf.

[3] "Women in Agriculture: Closing the Gender Gap for Development-The State of Food and Agriculture 2010-2011," FAO, 2011, https://www.fao.org/3/i2050e/i2050e.pdf.

[4] Ilaria Sisto, Paolo Groppo, "Improving Gender Equality in Territorial Issues," FAO, 2017, https://www.fao.org/3/i6629e/i6629e.pdf.

[5] Sonia Bhalotra, and Irma Clots-Figueras, "Health and the Political Agency of Women," American Economic Journal: Economic Policy, Vol. 6, No. 2, 2014, pp. 164-165.

性领导人管理的农村地区，儿童享有更高的免疫接种率和入学率，尤其是女童。[1] 综合而言，性别平等的改善能够有助于保障粮食安全。

（四）武装冲突、粮食安全与性别平等的互动机制

根据对武装冲突、粮食安全与性别平等三者间两两关系的文献梳理，可以看出武装冲突、粮食安全与性别平等存在一定的互动和影响机制。但迄今为止，关于粮食安全与性别平等之间联系的知识或证据非常有限，性别平等对武装冲突的发生、持续、缓解和预防存在何种作用仍不明确，包括不清楚冲突后社会的和平建设进程如何进一步影响粮食安全和性别平等，从而形成良性循环。基于此，本文尝试提供一个框架，以便更好地理解在受冲突影响的情况下，在粮食安全干预措施中，解决性别问题的具体优先事项如何影响和平进程的建设，并在暴力冲突之后改善性别平等。

综上，在某些两两关系中，相互间的影响或互动机制也存在不平衡或不明确之处，具体详见图6。从图6可知，武装冲突对粮食安全与性别平等的影响是非常明确的，但与之相反则不然，粮食安全与性别平等如何影响武装冲突或和平建设的机制尚不明确；同时，武装冲突对粮食安全或性别平等的影响有时候并非是直接的，而是先影响粮食安全或性别平等，继而进一步影响性别平等或粮食安全。

如果能够明确或尝试干预粮食安全或性别平等的举措，则有可能进一步缓解武装冲突并推进和平建设。而在设计干预粮食安全或性别平等的举措时，还需要明确性别平等对粮食安全的影响机制，以进一步明确当武装冲突对粮食安全或性别平等存在间接影响时，干预粮食安全或性别平等的举措如何发挥缓解武装冲突和推进和平建设的既定效果。因此，需要解决三大问题：粮食安全和性别平等的双重进程和干预措施如何缓解武装冲突或鼓励和平建设？怎样的机制能形成粮食安全、性别平等与武装冲突或和平建设之间的相互作用？这些机制如何影响粮食安全和性别平等的干预措施，以缓解武装冲突和实现可持续和平？

---

[1] Lori Beaman, et al, "Women Politicians, Gender Bias, and Policy-Making in Rural India," Background Paper for the UNICEF State of the World's Children Report 2007, 2006.

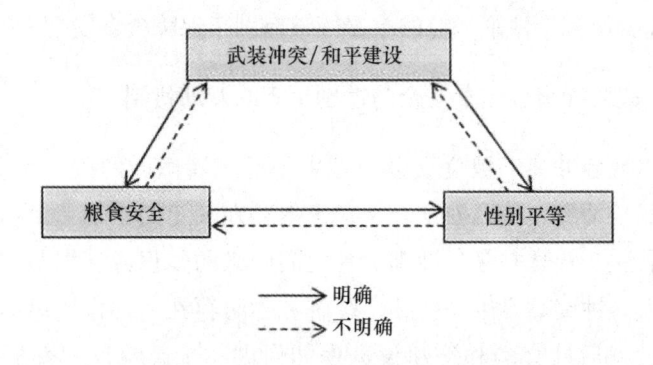

图6 武装冲突、粮食安全与性别平等三者间两两关系
资料来源：作者自制。

为解决这些问题，本文基于不同的文献和证据，以建立一个概念框架（详见图7），能系统地思考在冲突背景下的粮食安全、和平建设与性别平等间的潜在相互作用，以便确定政策干预的具体切入点，促进可持续和平和性别平等，支持在武装冲突影响下的社会与公众的营养和粮食水平恢复正常。

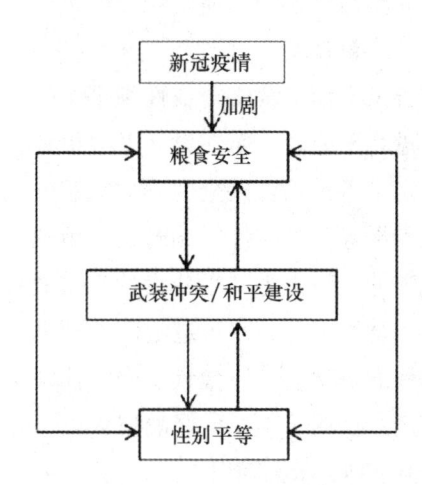

图7 武装冲突、粮食安全与性别平等的互动机制
资料来源：作者自制。

在这个框架中,武装冲突被视为一个外部变量,它通过粮食安全这一中介变量影响性别平等。粮食安全作为中介变量,反映了冲突对资源分配和家庭经济的影响,进而决定了性别平等的实现程度。性别平等的提升被认为是一个调节变量,它可以缓解武装冲突的负面影响,并促进社会稳定和粮食安全。通过这个理论框架,我们可以更系统地分析和解释武装冲突、粮食安全和性别平等之间的相互作用,并为未来的研究和政策制定提供理论基础。

二、俄乌冲突背景下的东南亚

与现有的大部分研究不同,探讨俄乌冲突与东南亚粮食安全与性别平等的互动机制,存在特殊性与典型性。首先,东南亚并非俄乌冲突的主战场,俄乌冲突对东南亚粮食安全与性别平等的影响,更多通过全球化和供应链形成。其次,以发展中国家为主的东南亚地区,人口超6.81亿,是主要农作物和谷物的重要生产和供应地。[①] 但受全球气候变暖影响,东南亚农产品减产,生产商、贸易商和零售商债务增加,粮食及其他农产品供应链面临断裂风险。东南亚医疗资源较落后,几次成为亚洲新冠疫情重灾区,各国为遏制疫情采取了严格封控措施,给境内和跨境粮食供应带来挑战。随着经济结构变化,务农人口大量减少,国内农业规模萎缩。俄乌冲突进一步凸显出东南亚面临的粮食危机。粮食危机一定程度上挑战了东南亚的性别平等,剥削和剥夺了该地区妇女儿童的生存权、食物权和发展权。

(一)恶性循环:俄乌冲突与粮食贸易保护主义

俄乌冲突导致能源和基本必需品价格大幅上涨,也导致整个亚洲大陆食用油短缺。俄乌冲突不仅影响油价和通货膨胀,还威胁到粮食安全。东南亚国家人口基数大、发展中国家多,局部粮食短缺和粮食安全危机风险

---

① "South-Eastern Asia Population," Worldometer, https://www.worldometers.info/world-population/south-eastern-asia-population/.

更为突出,会进一步抬高东南亚各国食品价格,多个国家面临粮食和食用油危机。印度尼西亚、菲律宾、马来西亚、泰国、老挝和越南正着手应对这些难题,其中低收入家庭价格压力最为显著。在 2020 年的东盟农业与林业部长会议上,东盟发表联合声明,呼吁高度重视粮食短缺及营养不良问题,确保稳定和可持续的粮食供应,为民众特别是贫困人口提供数量充足、负担得起、安全有营养的食物。①

1. 棕榈油与食用油

在俄乌冲突的影响下,全球粮食贸易保护主义迅速蔓延,东南亚地区首当其冲。食用油,尤其是棕榈油的供应紧缩最为突出。印度尼西亚作为全球棕榈油主要生产国,虽产量超过国内需求,却仅生产初级产品而将加工环节置于出口市场。为应对国内短缺,印度尼西亚政府采取了日益严厉的措施:从 2022 年 3 月限制每人购买量并实施"国内市场义务"(要求出口商将 30% 的毛棕榈油和精炼棕榈油在国内以固定价格销售),② 到 4 月全面禁止所有相关产品出口。③ 禁令生效前夕,政策进一步收紧,范围扩大至原棕油及其衍生品。④ 此举不仅加剧了全球市场的不确定性,还在国内引发连锁反应:食品价格全面攀升,民众生活负担加重,政府被迫增加预算补贴;与此同时,国内新鲜油棕果价格暴跌,农民收入锐减。这一政策的影响迅速辐射至邻国,东帝汶食用油价格相比 2021 年飙升 27%,⑤ 而马来西亚则抓住时机,采取不限制出口策略,积极销售库存。

---

① 《东盟承诺在新冠肺炎大流行期间确保粮食安全》,越南《人民军队报》官网,2020 年 4 月 20 日,https://cn.qdnd.vn/cid-6130/7188/nid-569827.html。

② M. Faiz Zaki, "Mulai Besok, Kemendag Naikkan Kuota DMO Minyak Sawit Jadi 30 Persen," Tempo, Maret 9, 2022, https://bisnis.tempo.co/read/1568903/mulai-besok-kemendag-naikkan-kuota-dmo-minyak-sawit-jadi-30-persen.

③ "Indonesia Larang Ekspor Minyak Sawit dan Minyak Goreng, Pasar Global Terguncang," Kompas, April 22, 2022, https://www.kompas.tv/article/282539/indonesia-larang-ekspor-minyak-sawit-dan-minyak-goreng-pasar-global-terguncang.

④ 《印尼禁止原棕油和棕榈油产品出口,全球食用油市场不确定性加剧》,《联合早报》,2022 年 4 月 28 日。

⑤ "Harga Minyak Goreng Melonjak, Kementerian MTKI Lakukan Survei," Tatoli, April 8, 2022, http://tatoli.tl/id/2022/04/08/harga-minyak-goreng-melonjak-kementerian-mtki-lakukan-survei/.

原油与油脂价格的高度关联性是推动食用油价格上涨的另一关键因素。棕榈油、菜籽油、大豆油等植物油对石油具有一定替代功能，尤其是棕榈油可以作为生物柴油的主要原料。① 国际原油价格攀升促使部分欧美国家将生物柴油计划提上日程，企业转向利用植物油加工生物燃油，进一步推高了食用油价格。

这一系列连锁反应引发东南亚乃至全球通胀压力与物价上涨。菲律宾虽与冲突地区地理位置遥远且经济联系有限，却仍然受到能源产品价格上涨的间接冲击，进而导致食品价格攀升。泰国同样如此，尽管其与俄乌的贸易总额仅占外贸总额1.4%（约30亿美元），但2022年2月该国总体通胀率达5.28%，创2008年9月以来新高。② 在通胀已然严重的情况下，消费者还面临俄乌冲突导致的茉莉香米、棕榈油、橡胶和生猪价格上涨的困境。根据联合国世界粮食计划署数据，2022年3月东帝汶多种食品价格较上年同期大幅攀升：大米增长31%、洋葱和番茄各上涨19%、辣椒增长16%、豆类上涨9%。③ 4月起，燃料价格急剧攀升，导致巴士司机和公共加油站收入减少，相关部门被迫裁员。④

俄乌冲突彻底扰乱了全球食用油市场格局。作为全球"粮食篮子"的黑海地区，原本在葵花籽植物油出口中占据78%的全球份额，⑤ 冲突爆发后物流中断、保险费用攀升，致使农产品难以运输。东南亚国家转而寻求替代品——主要产自阿根廷、巴西和巴拉圭的豆油，然而这一替代方案面临运输周期长、成本高昂以及气候变化可能造成减产的多重挑战。与此同时，全球食用油贸易限制措施不断升级：印度尼西亚实施出口禁令，阿根

---

① 《全力保障"油瓶子"安全》，央广网，2022年4月11日，http://food.cnr.cn/rdjx/20220411/t20220411_525791896.shtml。

② 《乌克兰危机外溢：印尼"国民方便面"缺货，东南亚粮食安全受冲击》，澎湃新闻网，2022年3月22日，https://m.thepaper.cn/newsDetail_forward_17247599。

③ "Timor – Leste – Food Prices," Humanitarian Data Exchange, https://data.humdata.org/dataset/wfp–food–prices–for–timor–leste.

④ "Harga BBM Naik, Pendapatan SPBU dan Sopir Angkot Menurun," Tatoli, April 7, 2022, http://tatoli.tl/id/2022/04/07/harga–bbm–naik–pendapatan–spbu–dan–sopir–angkot–menurun/.

⑤ "Natuur en Voedselkwaliteit. Russia – Ukraine: Effects on Argentine Agriculture," Ministerie van Landbouw, Maret 9, 2022, https://www.agroberichtenbuitenland.nl/actueel/nieuws/2022/03/29/russia–ukraine–effects–on–argentine–agriculture.

廷提高出口税并暂停豆粕和豆油出口，摩尔多瓦、匈牙利和塞尔维亚禁止部分粮食出口。① 在此背景下，印度尼西亚、马来西亚和泰国等严重依赖阿根廷豆制品的东南亚国家，预计将转向美国市场寻求供应。

2. 小麦与混合麦

乌克兰是印度尼西亚最大的谷物供应国。印度尼西亚国家统计局数据显示，乌克兰在2021年向印度尼西亚出口了280万吨小麦与混合麦，总值达8.4亿美元。② 印度尼西亚其他的主要小麦与混合麦进口国是加拿大和阿根廷。③ 俄乌冲突危机持续，其影响已外延至全球食品供应领域。乌克兰的小麦出口因战争锐减，依赖进口乌克兰小麦的印度尼西亚正遭受"小麦荒"之苦。全球小麦价格触及近14年新高并继续波动，根据印度尼西亚面粉生产商协会的数据，2021年的面粉消费量增长约5%。④ 对此，印度尼西亚担忧乌克兰冲突将导致全球食品价格上涨，给本地食品市场带来压力。随着俄乌冲突开始影响小麦采购，印度尼西亚食品生产商可能要寻求替代进口来源。

除农产品外，化肥也是农产品产业链重要的一环。2020年，俄罗斯为全球出口了12.6%的化肥，是全球最大的化肥出口经济体。其中，全球超过10%的钾肥、氮肥和混合肥料都由俄罗斯供应。⑤ 马来西亚的食品安全则因化肥和动物饲料价格飙升而受到影响。虽然与乌克兰和俄罗斯的贸易仅占马来西亚外贸总额的0.5%，但其家禽业严重依赖进口饲料，其中

---

① 《粮食贸易保护主义抬头，阿根廷叫停豆粕和豆油出口》，新浪财经网，2022年3月15日，https://finance.sina.com.cn/stock/hkstock/ggscyd/2022 - 03 - 15/doc - imcwipih8604682.shtml。

② Muhammad Choirul Anwar, "Indonesia Langganan Impor Gandum dari Ukraina dan Rusia, Cek Datanya," Kompas, Maret 3, 2022, https://money.kompas.com/read/2022/03/03/192956226/indonesia - langganan - impor - gandum - dari - ukraina - dan - rusia - cek - datanya? page = all.

③ Viva Budy Kusnandar, "Gandum Indonesia Juga Diimpor dari Ukraina, Harga Mie Instan Dikhawatirkan Naik," Databoks, Februari 25, 2022, https://databoks.katadata.co.id/datapublish/2022/02/25/gandum - indonesia - juga - diimpor - dari - ukraina - harga - mie - instan - dikhawatirkan - naik.

④ Kodrat Setiawan, "Produsen Tepung Terigu Jamin Pasokan Gandum RI Terjaga Meski Ukraina Bergejolak," Tempo, Maret 6, 2022, https://bisnis.tempo.co/read/1567717/produsen - tepung - terigu - jamin - pasokan - gandum - ri - terjaga - meski - ukraina - bergejolak/full&view = ok.

⑤ Daniel Workman, "Top Fertilizers Exports by Country," World's Top Export, https://www.worldstopexports.com/top - fertilizers - exports - by - country/.

90%来自乌克兰、巴西和阿根廷等国。① 如今，马来西亚鸡肉和鸡蛋价格已显著上涨，迫使该国政府实施价格管控，以减轻消费者负担。马来西亚统计部门发布的报告显示，受俄乌冲突及对俄制裁影响，马来西亚面临明显的通胀问题。相关人士指出，俄乌冲突带来的化肥价格上涨，是部分农产品价格飞涨的主要因素。②

（二）粮食危机、粮食贸易保护主义与逆全球化

俄乌冲突加剧了农产品供给的不确定性。对于高度依赖从俄乌进口农产品和化肥的经济体来说，一方面俄乌冲突造成农产品价格的上涨进而推升通胀，另一方面，农作物短缺可能会导致局部粮食危机。经济较为薄弱的经济体对俄乌农产品依赖高，农业发达的经济体对俄罗斯的化肥进口依赖较强，俄乌冲突的次生影响较大。当这些经济基础较弱的经济体遭遇俄罗斯和乌克兰粮食化肥的供给扰动时，更容易受到冲击，甚至陷入粮食危机的旋涡。

另外，农业贸易政策的收紧会互相传染，产生传导效应，进而进一步加剧农产品市场的整体恐慌，触发粮食贸易保护主义倾向，迫使更多农产品生产和出口大国选择将产品留在国内。与更能实现资源最优化配置原则的工业贸易相比，农产品贸易受到自身资源禀赋限制，其中所涉及的利益更为复杂，不仅涉及本国农民的利益，还可能会影响到粮食安全，因此全球农产品的自由贸易程度不高。在地缘政治冲突之下，农业自由贸易也受到冲击，粮食价格叠加能源价格飙升，各国的粮食危机会进一步加剧贸易保护主义和全球通胀的趋势，形成恶性循环。因此，粮食或成为地缘政治博弈的"筹码"，进而冲击全球化，在不久的将来，逆全球化或将加剧。

（三）雪上加霜：双重危机下的粮食危机与性别差异

在家无偿家务劳动及遭受暴力，在外被歧视与忽视，性别不公从根本

---

① 《多国出台措施应对粮食安全风险》，中国网，2022 年 3 月 25 日，http://food.china.com.cn/2022-03/25/content_78129771.htm。
② 《受俄乌冲突影响，马来西亚通胀明显》，央视网，2022 年 5 月 1 日，https://tv.cctv.com/2022/05/01/VIDE1J1YXIvHdvmhbxGY6qqv220501.shtml。

上镶嵌和运作于"劳动市场—家庭"公私两个领域。疫情和冲突使得女性本就遭遇的多维度困境雪上加霜。实际上，妇女在粮食安全方面发挥着重要作用。妇女通常负责为家庭销售、购买和烹饪食物。她们还通过以家庭为基础的家禽、牲畜、蔬菜和水果生产，促进家庭粮食和营养安全。印度尼西亚妇女大会主席吉沃·卢比安托表示，疫情期间，妇女是粮食安全的支柱和先驱。妇女也是改善家庭经济、帮助国家经济摆脱困境的关键。在印度尼西亚的农业生产中，76%的工作由妇女承担，而这一比例在苏门答腊地区高达80%。① 妇女可以开展改善农业经济和维护粮食安全的活动，不是出于恐慌而囤积粮食，而是通过消费寻求粮食多样化。

在俄乌冲突与新冠疫情的双重影响下，粮食危机呈现出明显的性别差异。俄乌冲突也通过粮食危机间接影响了东南亚的性别社会与政治经济。根据印度尼西亚民调机构 Indikator 的数据，印度尼西亚人民对佐科的满意度在2022年1月—3月滑落了约15%，仅为59.9%。逾1/3的受访者表示基本物价持续上涨，是他们对佐科政府不满的主要原因；同时，每5个人中就有4个人反映难以买到食用油。② 受影响的主要是低收入人群，对妇女儿童的冲击尤为严重。

首先，表现在由社会性别规范决定的食物消费上。当粮食不足时，女性比男性更脆弱，更有可能不吃饭或减少进食量，被要求或主动要求最后用餐。③ 除了减少每餐的份量和用餐次数，妇女和以妇女为户主的家庭还减少了营养丰富且种类多样的食物的消费，女性比男性更有可能减少蔬菜、水果和乳制品的消费。④ 此外，妇女应对粮食危机的常见策略还包括

---

① "Perempuan Punya Peran Penting dalam Ketahanan Pangan," Media Indonesia, Juli 17, 2020, https：//mediaindonesia.com/humaniora/329350/perempuan – punya – peran – penting – dalam – ketahanan – pangan.

② Fitria Chusna Farisa, "Survei Indikator：Kepuasan terhadap Kinerja Jokowi Turun Drastis Jadi 59, 9 Persen," Kompas, April 26, 2022, https：//nasional.kompas.com/read/2022/04/26/21462561/survei – indikator – kepuasan – terhadap – kinerja – jokowi – turun – drastis – jadi – 599.

③ Bina Agarwal, "Livelihoods in COVID Times：Gendered Perils and New Pathways in India," World Development, Vol. 139, 2021, p. 105312.

④ Jody Harris, et al, "Food System Disruption：Initial Livelihood and Dietary Effects of COVID – 19 on Vegetable Producers in India," Food Security, Vol. 12, No. 4, 2020, pp. 841 – 851.

变卖资产、动用存款、借贷，努力进入劳动市场，依靠政府和非政府机构的援助等。[1] 这都是家庭内部资源分配中基于性别歧视的结果。针对疫情和冲突带来的粮食危机，社会保护项目的数量继续增加。低收入国家在国家层面应对收入冲击的常见对策是在开放市场上低价限购粮食或进行粮食补贴，然而，疫情和冲突对传统的社会安全措施提出了独特的挑战。在泰国，食品或现金补贴项目进展缓慢，缺乏协调的分配计划以及针对目标群体的全国数据库，导致分配网点人群聚集，加剧了高感染高暴露的可能性。[2] 通过上述渠道获得粮食的时间比平时更长，无疑加剧了妇女获得粮食及履行其生育和照料责任的挑战。此外，疫情封锁期间缺乏公共交通，严重阻碍了偏远地区的妇女前往物资分发点或平价商店获取食物。这就可以理解，为何走上印度尼西亚街头、在暴晒下排队购买食用油的大多是妇女。这对全球最大的棕榈油生产和出口国印度尼西亚来说非常讽刺。食用油的稀缺也进一步揭示了当地女性应对生存困难的脆弱性，尤其是那些专注于家庭的妇女。

其次，表现在医疗卫生资源在性别方面的差异。女性在疫情中陷入两难境地，一方面，全球卫生系统依靠妇女在正式和非正式的照料角色中充当免费的劳动力和工具，而另一方面女性的需求却在政策与实践中被忽视。疫情期间，男性和女性都无法获得医疗服务，但由于女性对医疗服务的需求更高，她们的痛苦远远大于男子，尤其是育龄妇女、孕妇和哺乳期妇女。在东南亚，医疗服务点数量的减少对女性，尤其是孕妇影响最大。在菲律宾，女性更难以获取医疗保健相关的信息和资源，有79%的女性受访者甚至没有收到任何关于新冠疫情的信息，而男性的这一数值仅为57%。[3] 有更多女性在不稳定的且容易被传染的行业和领域工作，一定程度上影响其心理健康。在实施隔离和其他限制性措施期间，表现出抑郁和

---

[1] Anubhab Gupta, et al, "Economic Impacts of the COVID – 19 Lockdown in a Remittance – dependent Region," American Journal of Agricultural Economics, Vol. 103, No. 2, 2020, pp. 466 – 485.

[2] Masayuki Yuda, "Thai Cash Handout Program Creates Risky Crowds Amid Coronavirus," NIKKEI Asia, April 1, 2020, https: //asia. nikkei. com/Spotlight/Coronavirus/Thai – cashhandout – program – creates – risky – crowds – amid – coronavirus.

[3] 侯奇江：《全球女性贫困：疫情之下的社会并发症》，澎湃新闻网，2021年2月3日，https: //www. thepaper. cn/newsDetail_forward_11083302。

焦虑症状的女性比例高于男性。[1] 孕妇和围产期妇女的焦虑、睡眠剥夺和抑郁症状更为明显。[2] 这些都进一步损害着妇女的身心健康,其他驱动因素还包括压力、财务担忧和失业或失去生计引起的沮丧,以及不确定性引起的焦虑。在与流行病做斗争的过程中,性别问题往往被认为是一个"附带问题",但它其实是社会应急和应对能力的本质问题。如果女性贫困和性别问题继续保持隐形,应对致命病毒仅依靠女性坚忍不拔的品质和自我牺牲,这不但会损害女性的健康,打击她们的经济状况,更会让卫生系统继续软弱无力。[3]

再次,表现在性别暴力与家庭暴力上的性别差异。在武装冲突的影响下,女性更容易遭受基于性别的暴力。父权制导致的性别权力动态是男性对女性施加身体压迫的核心,在疫情与冲突的双重影响下进一步扭曲。换句话说,流行病、行动限制、粮食危机或就地庇护命令本身不会造成家庭暴力或对妇女的暴力,但这些因素加剧了导致这种暴力存在的条件。由于疫情期间的"封控",学校限制学生返家、老年家庭成员生病、移民的家庭成员返回、丈夫居家办公或失业赋闲,这些不仅增加了妇女的家务和照料工作负担,而且针对妇女的家庭暴力比例大大增加。截至 2020 年 4 月 3 日,新加坡报告家庭暴力的案件上升 33%。[4] 除了亲密伴侣暴力之外,其他形式的基于性别的暴力事件也在增加。妇女和儿童比男子面临更大的性剥削或贩运风险。根据汤森路透基金会的报告,菲律宾近亲属对儿童进行网络性贩运的案件增加了两倍。[5] 疫情期间的封锁让女性没有藏身之地,她们获得救助服务的机会进一步减少,进一步加剧了妇女应对歧视和犯罪

---

[1] Matthias Pierce, et al, "Mental Health Before and During the COVID-19 Pandemic: A Longitudinal Probability Sample Survey of the UK Population," The Lancet Psychiatry, Vol. 7, No. 10, 2022, pp. 883-892.

[2] Margie H Davenport, et al, "Moms Are Not OK: COVID-19 and Maternal Mental Health," Frontiers in Global Women's Health, 2020, p. 1.

[3] Sophie Harman, "Ebola, Gender and Conspicuously Invisible Women in Global Health Governance," Third World Quarterly, Vol. 37, No. 3, 2016, pp. 524-541.

[4] 侯奇江:《全球女性贫困:疫情之下的社会并发症》,澎湃新闻网,2021 年 2 月 3 日,https://www.thepaper.cn/newsDetail_forward_11083302。

[5] Nanchanok Wongsamuth, "Online Child Sex Abuse Cases Triple under Lockdown in Philippines," Reuters, May 29, 2020, https://www.reuters.com/article/philippinessexcrimes-internet-idUSL8N2D94I3.

的脆弱性。

最后，表现在经济收入上的性别差异。疫情和冲突像棱镜的两面，折射出性别与贫困的复杂关系。流动性的限制和粮食危机带来的物价暴涨，导致农业投入的大量减少，如种子、杀虫剂和化肥。女性经营的农场比男性经营的农场面临的挑战要大得多。2020年5月—8月在缅甸进行的一项农场调查显示，与男性经营的农场相比，女性经营的农场倒闭得更快，销售额和利润损失更大，更难以从亏损中恢复。[1] 而经济收入对于妇女应对家庭暴力具有非常重要的作用。对印度尼西亚近1000名妇女进行的电话调查显示，在疫情期间有工作的妇女更能免受家庭暴力，因为经济赋权减少了妇女对丈夫的经济依赖，并为她们提供了离开虐待关系的选择。[2] 虽然就业对女性抵御疫情和冲突的风险至关重要，但女性就业改善的程度远低于男性。重返工作岗位也并不意味着收入的同等恢复，收入的恢复将因工作时间的强度而异，特别是在非正规部门，同时还受到农业的季节性劳动力需求影响。随着双重影响下的高失业率和经济的严重萎缩，女性极端贫困的比例将明显上升，现有的结构性性别和阶级不平等将意味着针对妇女的许多不利影响可能持续存在，甚至恶化。

联合国17项可持续发展目标之一是"实现性别平等，赋权所有妇女和女童"。[3] 许多研究表明，性别平等和妇女赋权对农业生产率、粮食安全以及营养均衡具有显著的积极影响。[4] 新冠疫情和俄乌冲突在世界各地产

---

[1] World Bank, "The Firm – Level Impacts of the COVID – 19 Pandemic: Round 5 Results Myanmar COVID – 19 Monitoring No. 9," Washington DC: World Bank, October 13, 2020, http://documents1.worldbank.org/curated/en/194721606720893008/pdf/Fifth – Round – Results.pdf.

[2] Jena Derakhshani Hamadani, et al, "Immediate Impact of Stay – At – Home Orders to Control COVID – 19 Transmission on Socioeconomic Conditions, Food Insecurity, Mental Health, and Intimate Partner Violence in Bangladeshi Women and Their Families: an Interrupted Time Series," Lancet Glob Health, Vol. 8, No. 8, 2020, pp. e1380 – e1389.

[3] UN, "Transforming Our World: The 2030 Agenda for Sustainable Development," New York: United Nations, 2015, http://www.un.org/pga/wpcontent/uploads/sites/3/2015/08/120815_outcome – document – of – Summit – for – adoptionof – the – post – 2015 – development – agenda.pdf.

[4] Harper S., et al, "Women and Fisheries: Contribution to Food Security and Local Economies," Marine Policy, Vol. 39, 2013, pp. 56 – 63; Sraboni E., et al, "Women's Empowerment in Agriculture: What Role for Food Security in Bangladesh?" World Development, Vol. 61, 2014, pp. 11 – 52.

生了负面影响,抹去了过去几十年在性别平等各个领域取得的进展。这些不利影响预计将在疫情和冲突结束后持续存在,使实现可持续发展目标比最初设想得更为困难和漫长。全球社会和政策制定者应采取紧急措施,防止性别不平等现象加剧,并提高妇女福利,最重要的是使政策对性别问题敏感。政府的刺激政策和社会保障计划应更有针对性,并考虑到妇女的需求。例如在疫情期间提高对妇女在粮食安全中作用的认识。希望通过提高社会对妇女在粮食安全中重要作用的认识,并加强对妇女的培训教育,更好地保障粮食供应,从而有助于缓解疫情和冲突的负面影响。

另外,食品的稀缺也对女性造成了严重的影响,她们的责任——再生产工作——没有得到尊重。因此,还需要制定加强妇女政治、经济和社会参与度的政策。然而,在一个与父权制相结合的资本主义制度中,女性在决策岗位上的代表性,不足以动摇正在经历的剥削性发展的根源。

三、域外的东南亚如何影响俄乌冲突

东南亚在俄乌冲突的物理影响范围以外,俄乌冲突对东南亚粮食安全或性别平等的影响机制主要通过全球供应链实现,如何设计东南亚地区的粮食安全或性别平等的干预举措,才可以发挥缓解俄乌冲突并推进和平建设的既定作用?

(一)多措并举促进农业生产,确保粮食安全

俄乌冲突改变了全球生产和消费的方式,全球粮食供应链条受阻。当前,库存不足或将减少的预期持续推高食品价格并屡次刷新创纪录高位,食品价格上涨可能会引发暴力抗议和骚乱。世界银行数据显示,2022 年全球食品和粮食在 2021 年上涨 31% 的基础上,继续上涨 22.9%。[1] 俄乌冲突加剧了全球粮食短缺,联合国世界粮食计划署将难以向约 1.25 亿需要帮助

---

[1] Matt Egan, "Higher Food and Energy Prices Could Last 'For Years,' World Bank Warns," CNN Business, April 27, 2022, https://edition.cnn.com/2022/04/27/business/world-bank-ukraine-shock/index.html.

的人提供食物，这将是自二战以来最严重的"粮食危机"。[1]

受冲突影响，乌克兰国内粮食积压严重，国内粮价下跌，但乌克兰并未完全停止粮食出口，因此，这并非一场关于粮食总量供给的危机，而是由于粮食分配不均，或粮价承受能力差别带来的粮食危机，粮食供需区域性矛盾突出。[2] 这种粮食危机给地区和全球带来的政治、经济与社会威胁远超前者，更像是一场政治危机。[3] 这不仅让粮食进口国忧心忡忡，疲于应对严重的通胀压力，连粮食出口国也开始提高警惕，全球粮食贸易体系受创，粮食保护主义抬头。而一旦东南亚主要粮食出口国都开始为保障国内食品供应而采取保护主义措施，东南亚地区乃至全球的粮食供应就会雪上加霜。

东南亚地区是亚太地区农作物的重要生产和供应地，为积极应对粮食危机带来的挑战，区域各国应多措并举促进农业生产，确保粮食安全。减少粮食脆弱性和改善就业机会，可能对建设和平进程产生积极影响，并降低重新引发冲突的可能性。这不仅有助于东南亚地区的和平与稳定，更有利于营造俄乌冲突背景下更稳定的国际环境。

首先，资本的逐利性和单纯的人道主义，无法彻底改变粮食安全的严峻形势，因此，东南亚各国只有通过持续加大农业扶持力度，不断推动全球粮食贸易的融合，加快绿色新能源技术，建立有效的粮食供给体系和储备才能缓解"粮食危机"的不利影响。其次，东南亚各国以及东盟应积极参与世界粮食安全治理。积极响应和参与联合国粮农组织、世界粮食计划署等涉粮国际组织的倡议和活动，进一步重塑有利于自身农业发展的国际农业规则，以维护全球市场稳定。在共建"一带一路"倡议、《东盟印太展望》和全球发展倡议的促进下，应推动增强东南亚的发展中国家和东盟在涉粮国际组织中的代表性和发言权，支持发展中国家的合理诉求。最

---

[1] "Ukraine Conflict: Food Crisis Worst since World War-2, Says UN WFP Chief," Business Today, March 30, 2022, https://www.businesstoday.in/latest/world/story/ukraine-conflict-food-crisis-worst-since-world-war-2-says-un-wfp-chief-327859-2022-03-30.

[2] 周欣瑜：《谁在推动"粮食危机"?》，华尔街见闻官网，2022年5月2日，https://wallstreetcn.com/articles/3658403。

[3] William F. Engdahl, "Seeds of Destruction: The Hidden Agenda of Genetic Manipulation," Montreal: Global Research, 2007, pp. 2-3.

后，东盟国家应加强区域农业合作，提高粮食安全。一是与国际组织加强合作，确保粮食进口多元化；二是参与全球供应链建设，完善海外物流体系，增强应对风险能力；三是积极参与全球贸易规则制定，在粮食支持等议题上发声，推进产业升级。各国需评估区域和全球粮食形势，加强协调确保市场开放、粮食流通，减少供应链干扰。区域合作是保障东盟粮食安全的关键。

（二）提高女性赋权和地位，转变性别角色的社会规范

在改善粮食安全现状的同时，有效提高女性赋权和地位，更有可能带来性别平等、和平稳定和长期可持续的惠益。在俄乌冲突和新冠疫情引发的粮食危机和经济下滑背景下，东南亚社会的复苏与稳定需要激活女性的经济活力，否则将难以完成全社会的秩序重建和经济修复。改善性别平等不仅对建设和平进程有积极影响，而且能够减少冲突重燃或引发新冲突的可能性。

第一，需要提高妇女在家庭和社区中的地位和议价能力。尽管冲突期间性别角色变化往往是暂时的，但这些变化对个人、家庭和社区应对冲突和后续恢复具有重要影响，也影响建构和平与性别平等。应从个人、家庭和社区层面提高妇女的能力和地位，比如增强她们进入市场的意愿，提高家庭决策权，加强她们与社会网络的联系。将这些措施与粮食安全干预结合，可在建设可持续的和平方面发挥积极作用。东南亚需要重视增加妇女赋能，使其在冲突应对和后冲突重建中发挥关键作用。

第二，应转变性别角色和关系的社会规范。虽然冲突地区妇女参与劳动参与率和地方建设参与度有所增加，但赋权改善往往是暂时的。然而，提高妇女政治和经济参与度，改变家庭地位，可能在一定程度上重塑性别规范，改变某些刻板的性别态度。将推动性别平等的干预措施与粮食安全政策相结合，可能产生类似效果。但一些法律和习俗做法往往限制妇女获得资源，影响家庭粮食安全。因此，支持改变促进性别平等的社会规范，也可能对实现可持续和平有重要影响。对此，需要进一步分析政治机构如何影响个人和家庭经济福利，以及暴力与治理之间的关系，以制定有效的性别敏感型干预措施。

第三，应该提高社会凝聚力，加强人道主义干预。强大的地方组织是建立稳定经济的基础。地方集体行动可以解决资源分配问题，提供支持网络。应促进性别平等和妇女参与，提高妇女在地方组织中的地位。应确保人道主义援助能够真正帮助弱势群体，尤其是妇女、儿童和老人。这些举措可以为粮食安全援助提供切入点，通过加强社区凝聚力和性别平等，促进集体行动。但是，支持这些举措的系统证据还不够全面，还需要进一步研究人道主义干预如何推动性别平等和粮食援助，支持冲突地区实现和平。

上述这些粮食安全和性别平等的干预措施应致力于支持和平建设进程，通过系统性社会韧性的构建，提升特定群体抵御经济政治复合冲击的能力。粮食安全和性别平等干预措施不能与冲突期间出现并在冲突后继续存在的体制和政治进程脱钩，需要系统地与国家和非国家行为体接触，了解它们在冲突中如何行动和竞争，以及它们如何与当地民众互动。

四、结论

武装冲突、粮食安全与性别平等体现了联合国和平、人权和发展的三大宗旨。在新冠疫情和俄乌冲突的双重影响下，全球部分粮食供应出现明显紧缺，粮食价格暴涨，继而引发一定程度的全球性粮食安全危机，也加剧了东南亚社会的性别不公问题，使得妇女儿童的生存处境备加艰难，进一步剥夺和剥削了东南亚妇女儿童的生存权、食物权和发展权。由于东南亚地区并非俄乌冲突的主战场，俄乌冲突对东南亚粮食安全与性别平等的影响，更多通过全球化背景下的供应链波动实现。在俄乌冲突的影响下，东南亚国家出于粮食安全考虑纷纷采取贸易保护措施，这一趋势与全球范围内的逆全球化浪潮相互呼应，共同推动了贸易保护主义的蔓延。贸易壁垒的增加进一步推高了粮食价格，加剧全球通胀压力，而通胀预期又促使更多国家实施贸易限制措施，由此形成贸易保护与通胀互相强化的恶性循环。。同时，俄乌冲突在某种程度上也通过粮食危机间接影响了东南亚的性别社会与政治经济。食物消费、医疗卫生资源和经济收入出现明显的性别差异，同时还加剧了性别暴力与家庭暴力的现象。因此，需要设计东南亚地区的粮食安全或性别平等的干预举措，发挥缓解俄乌冲突并推进和平建设的既定效果，例如多措并举促进农业生产，确保粮食安全；提高女性赋权和地位，转变性别角色的社会规范。当前及未来，全球的两大困境依然是和平、人权和发展下的全球化的失衡与重构，以及地缘政治的冲突与演绎。武装和非武装冲突将不断发生，需要各个国家、组织和国际社会共同关注和努力，突破武装冲突、粮食安全和性别平等相互交织的迷网，共同维护地区乃至全球的和平、繁荣和稳定。

政策摆锤、产业锚点与二战后东南亚国家的工业化[*]

任 华[**]

从近代以来世界性大国崛起的历史经验来看,工业化是一个国家或者地区成长为区域领导力量甚至全球领导力量的物质基础。工业化与全球领导力量之间的详细因果链条在于:工业化及工业体系的建立—科技创新和新兴产业引领—全球交往中的虹吸效应。对一个国家或者地区来说,工业化不仅仅是区域性大国(力量)成长为世界性大国(力量)的必要条件,更是在经济全球化和区域经济一体化共同深入发展情况下,区域性大国能够持续维持其领导地位的保障。

东盟在亚太区域合作中的领导地位以及东南亚作为一个区域[①]的地位一直广受质疑。从绝对实力尤其是经济实力(工业是经济实力最重要和直接的体现)来看,东盟国家太小太弱,无法成功地"平衡"大国本身。[②]

---

[*] 本文系国家社科基金重大项目"大变局加速演进背景下中国与东盟共建命运共同体研究"(23&ZD332)的阶段性成果。

[**] 任华,云南省"兴滇英才计划"青年人才,云南大学周边外交研究中心、国际关系研究院/区域与国别研究院助理研究员。

① Amitav Acharya, "Imagined Proximities: The Making and Unmaking of Southeast Asia as a Region," Southeast Asian Journal of Social Science, Vol. 27, No. 1, 1999, pp. 55 – 76.

② Shin'ichi Ichimura, "Japan and Southeast Asia," Asian Survey, Vol. 20, No. 7, 1980, p. 756.

从亚太地区的权力结构来看，东盟在亚太区域合作中领导地位的建立，并非由于其超强的软硬实力，更多在于中国、美国、日本、印度等域内外大国之间地缘政治经济的平衡、博弈和妥协，使东盟能够以"调解者"等角色成为亚太地区合作的领导者，但其领导地位是非常脆弱的，外界的质疑是具有基础性原因的。那么，以下这个问题至关重要：尚未完成工业化的东盟国家是否能够持续以"小马拉大车"的方式，在亚太地区复杂的地缘政治经济环境中，继续维持之前的地区"领导者"地位？东盟作为未完成工业化进程的"小马"，其领导地位会在中国、美国等完成工业化的"大车"在各领域竞争的背景下，变得更加脆弱。因此，未来，东盟及东盟国家必须将其主要政策调整到工业化上来，借助全球地缘政治经济变动、全球产业转移（尤其是中国产业转移）的机遇，再次重启工业化进程并实现工业化，才能继续长期保持其在亚太地区的领导地位。

从中国的角度来看，东南亚作为"全球南方"的重要地区，完成工业化进程的东南亚国家能够与中国建立更加匹配的产业结构体系，形成更加紧密的产业联系和经济网络，促进中国和东盟继续推动亚太区域的经济一体化。从区域经济一体化和发展环境来看，相比二战后的其他区域性贸易安排，中国和东南亚国家已经签署的《区域全面经济伙伴关系协定》（RCEP）自2022年1月1日实施以来，已经极大促进了东南亚国家与中国、日本、韩国等国家的贸易，并使大部分东南亚国家从中获益，这构成了东南亚国家再次重启工业化进程并实现工业化的重要外部机遇。从全球范围来看，东南亚国家是"全球南方"国家中工业化基础条件较好的国家，具备启动工业化一般所需要的人力、资金和技术转移等条件。因此，研究东南亚国家之前的工业化进程、经验等，既是中国强化与东南亚国家的全方位合作、构建中国—东盟命运共同体等一系列国际战略的动力，也是在新时期实践全球发展倡议，促进与"全球南方"合作的应有之义。

一、既有研究与研究框架

（一）既有研究

东南亚国家是中国重要的周边国家。从全球各国工业化的历史经验和经济规律来看，工业和技术的扩展一般遵循临近的原则。当然，国际政治因素也会在很大程度上影响工业化进程。尤其是后发国家的工业化，国际政治因素往往通过影响全球产业布局和转移的方式，加速或者延缓某一国家或者地区的工业化进程。近年来，中国的产业向东南亚转移的趋势愈加明显。东南亚国家若能够借助中国产业转移的机遇，开启第五次工业化进程并实现工业化，对于其提升在全球范围内的地缘经济地位和地区领导地位都大有裨益。当前，对东南亚国家工业化的研究主要包括以下主题。

第一，对二战后东南亚工业化进程的宏观研究。张帅认为，"部分制造业从中国向东南亚转移是中美贸易争端爆发后中国与东南亚经济关系中最引人注目的一个现象"。[①] 这实际上研究了东南亚重新开启工业化进程的宏观环境。甘佩璐从资源禀赋和工业化历程两方面比较了东南亚国家和拉美—加勒比国家在二战后的工业化进程，认为"东南亚和拉美—加勒比国家不仅需要经济改革来重新找到经济增长动力，更需要综合的政治解决方案以突破既得利益群体的限制。持续性的产业转型升级政策必然是在打破原有利益群体的垄断之后才能得到彻底的落实和实施"。[②]

第二，对二战后东南亚某一工业产业结构及其变迁的研究。藤田邦子和理查德·查尔德·希尔研究了东南亚汽车工业的跨国生产组织、国家产业战略和本土发展状况，认为在东南亚产业发展过程中，日本丰田汽车公司与其在东南亚国家的子公司之间存在与工业和工业相关的技术转移和生

[①] 张帅：《产业升级、区域生产网络与中国制造业向东南亚的转移》，《东南亚研究》2021年第3期。

[②] 甘佩璐：《东南亚与拉美—加勒比地区工业化历程》，《中国外资》2021年第21期。

产本地化。① 王勤认为，"战后，随着东南亚国家的工业化进程，各国的产业结构发生了一系列变化。这主要表现为：农业在国内生产总值和就业的比重不断下降，工业（尤其是制造业）增加值和就业比重迅速提高，服务业增加值和就业比重总体上趋于上升"。②

第三，对二战后东南亚国家工业化经验及其教训的研究。李启航在研究了二战后马来西亚槟城州的工业化进程后认为，"槟城州政府通过出口导向工业化，使槟城州开始从衰败的贸易港口向东南亚电子制造业中心转型，政府在这一过程中充当了规划者、建设者和协调者的角色"。③ 这实际上强调了政府在东南亚国家工业化中的角色和作用。

可以看出，现有研究在研究视角上较为单一，要么强调经济或者产业视角，要么强调政府（政治）视角。而工业化历来受到政治和经济因素的双重影响，对东南亚国家来说也不例外。那么，如何从政治和经济及其两者相互联系的角度更深入地解读、更加全面地认识和研究二战后东南亚国家的工业化进程，这正是本文尝试解决的问题之一。

（二）研究框架

在全球化时代，一个国家或者地区的工业化进程较 20 世纪之前更为复杂，需要政府通过政策合理引导、规划和支持，更需要在产业选择上做出决断。从政治角度来看，政府只有持续不断地对工业化进行支持并保持政策的连续性，才能为工业化提供良好和稳定的政治环境；从产业角度来看，二战后的工业化进程已经不同于第一次工业革命和第二次工业革命时的工业化进程，在产业的科学水平与技术含量、产业间的关联、产业区位的选择等方面，都呈现出更高的要求。

简而言之，二战后的工业化需要政策上的稳定和产业选择上的远见卓识。因此，本文根据国内外相关研究，提出"政策摆锤"和"产业锚点"

---

① Kuniko Fujita and Richard Child Hill, "Auto Industrialization in Southeast Asia: National Strategies and Local Development," ASEAN Economic Bulletin, Vol. 13, No. 3, 1997, p. 320.
② 王勤：《东南亚国家产业结构的演进及其特征》，《南洋问题研究》2014 年第 3 期。
③ 李启航：《论政府主导下的马来西亚槟州工业化进程（1969—1990）》，《江苏第二师范学院学报》2023 年第 4 期。

的概念，以此为出发点和视角对二战后东南亚国家的工业化进程进行研究。"政策摆锤"被用来形象地描述政策在不同方向或力度上的变化，类似于钟摆在摆动过程中的运动轨迹，主要指政策调整与变化、政策力度的波动以及政策导向的摇摆。这种政策导向的摇摆也可以被形象地比喻为摆锤的摆动。"产业锚点"是指在一个地区或国家经济发展中起关键作用的产业领域，这些领域的发展不仅能够带动相关产业的发展，还能促进整个经济的增长和转型升级。产业锚点通常具有较高的技术含量和附加值，能够吸引投资和技术人才，形成产业集聚效应，进而提升地区的综合竞争力和经济发展水平。

因此，本文尝试回答以下几个问题：第一，二战后东南亚国家的四次工业化进程取得了哪些成就，存在哪些不足？第二，二战后东南亚国家的四次工业化进程存在哪些限度？第三，东南亚国家能否在未来开启第五次工业化进程，并从根本上提升其实力，成为名副其实的"亚太地区的领导者"？

二、二战后东南亚国家的四次工业化进程及特点

二战后，东南亚国家在获得民族解放和国家独立后，面临着经济发展的历史任务，工业化是菲律宾、新加坡、马来西亚、泰国和印度尼西亚发展经济的主要经济战略。按照之前西方国家的经济发展路径、经验和标准，这些东南亚国家先后进行了四次工业化进程。从时间上来看，在二战后到20世纪末的50多年时间里，东南亚国家反复开启工业化进程，可见，东南亚国家也认识到工业化在增强国家实力等方面的基础性地位。

（一）二战后东南亚国家的四次工业化进程

二战后，菲律宾、新加坡、马来西亚、泰国、印度尼西亚先后进行了四次工业化，建立了一定的工业基础，工业产值在国民经济中的比重大幅度上升，是未来可能进行第五次工业化的产业基础。

第一次工业化进程。20世纪五六十年代，菲律宾、新加坡、马来西亚、泰国、印度尼西亚是开展工业化的主要国家。这些国家工业化的主要

策略是进口替代,主要方式是建立本国的日用品制造工业。其原因在于二战后东南亚国家都面临经济恢复的重要历史任务,有一些国家刚刚独立,产业结构以农业为主,技术水平有限,通过进口替代策略,可以解决民众的温饱和日常生活问题,并建立初步的工业基础。

第二次工业化进程。20世纪60年代末至70年代末。东南亚国家工业化的主要策略是建立和发展面向出口的工业,以从贸易中获得的利润支持本国工业的发展,主要发展轻工业。第二次工业化进程从进口替代的工业化策略转变为出口工业策略,反映出东南亚国家工业化过程中技术水平的进步。在这个时期,泰国、马来西亚、印度尼西亚、菲律宾等国经济发展迅速,年均经济增长率超过6%,[1] 被外界称为"老虎经济体"或者"亚洲奇迹"。[2]

表10　1965年和1990年东南亚国家的产业结构

	1965年			1990年*		
	农业	工业	服务业	农业	工业	服务业
印度尼西亚	51	13	36	22	40	38
马来西亚	28	25	47	17.3	43.8	38.9
菲律宾	26	27	47	22	35	43
新加坡	3	24	74	0	37	63
泰国	32	23	45	12	39	48

* 马来西亚为1991年数据。

资料来源:"World Development Report," World Bank, 1992; "Asian Development Outlook," Asian Development Bank, 1992。

第三次工业化进程。20世纪70年代末到80年代中期。与第二次工业化进程中的出口替代战略相比,第三次工业化进程中采取的出口替代战略

---

[1] Geoffrey B. Hainsworth, "Economic Growth and Poverty in Southeast Asia: Malaysia, Indonesia and the Philippines," Pacific Affairs, Vol. 52, No. 1, Spring 1979, p. 5.

[2] Mark Beeson, "Southeast Asia and the Politics of Vulnerability," Third World Quarterly, Vol. 23, No. 3, 2002, pp. 551–552.

有所变化，主要发展重工业。随着日本等国经济的崛起，对东南亚国家的投资大幅度增加，大大降低了东南亚国家发展重工业的门槛。但由于重工业需要比轻工业更多的投资、人力资本等，在第三次工业化进程中，东南亚国家只建立了一些与汽车工业相关的较为初级的重工业，而在石油化工、化学工业、高端机械制造等较为高级或者投资更大的重工业上则建树不多。

第四次工业化进程。20世纪80年代中期到90年代中期，东南亚国家再次回到面向出口的工业化策略。第四次工业化策略转变，是因为在前三次工业化进程中，一些东南亚国家积累了一定的经验和技术，同时，西方发达国家也将研发等核心部门逐渐转向东南亚国家，在提升本土化程度的同时，降低生产和交易成本。如20世纪80年代末进入马来西亚的日本消费电器制造商松下公司，在1990年成立了研发子公司，以适应当地生产和材料采购条件，并为区域市场创造新产品；1992年，松下在马来西亚设立了一个空调产品的研发中心；1994年，松下又在马来西亚设立了区域模具设计和生产中心。这三个中心在当地雇用了120多名工程师和专业技术人员。[1] 在松下公司的带动下，索尼、日立等日本公司随后也将研发部门迁往马来西亚。这种变化提升了东南亚国家的工业化水平和产品的技术水平。

（二）二战后东南亚国家工业化的特点

二战后东南亚国家四次工业化呈现出以下特点。

第一，实施工业化进程的东南亚国家基本上实现了经济结构从农业社会向工业社会的转变，虽然转变后的经济结构相对发达经济体来说仍然较为初级。

从四次工业化的成就来看，东南亚国家工业产值的总量和年平均增长率不仅低于欧美等发达国家和地区，还低于中国等发展中国家，仅高于墨西哥、印度等国；从工业化的标准和程度来看，东南亚国家这四次工业化

---

[1] Greg B. Felker, "Southeast Asian Industrialization and the Changing Global Production System," *Third World Quarterly*, Vol. 24, No. 2, 2003, pp. 263 – 264.

成果有限，既没有让其实现完全意义上的工业化，也没有大幅度提升其在世界经济格局中的地位。由于各国的经济规模大多相对较小，东南亚国家并未形成完整的工业体系，基础工业发展较慢，资本密集型工业未能实现规模经济。① 但是，东南亚国家的工业化提升了本国工业在国民经济中的比重，实现了从农业社会向工业社会过渡的基本目标。

表11　20世纪七八十年代东南亚国家与其他国家工业发展状况

国家与地区	1970年 十亿美元	比例	1985年 十亿美元	比例	年平均增速（%） 1965—1980年	1980—1986年
环太平洋区域	342.0	48.2	1379.1	52.6	-	-
东盟四国*	4.2	0.6	32.2	1.3	8.5	3.5
新兴经济体**	5.2	0.7	59.5	2.4	16.5	6.3
美国	254.1	36.1	803.4	31.8	2.7	3.4
日本	73.3	10.4	395.1	15.6	9.4	6.2
欧盟国家	274.4	38.7	831.9	31.8	-	-
联邦德国	70.9	10.1	201.6	8.0	3.3	1.0
法国	40.5	5.8	124.4	4.9	5.3	-0.5
英国	36.0	5.1	101.5	4.4	1.1	0.8
其他国家	92.8	13.1	407.8	15.6	8.0	-
巴西	10.4	1.5	58.1	2.3	9.6	1.2
墨西哥	8.4	1.2	43.6	1.7	7.4	0.0
中国	28.8	4.1	95.1	3.8	9.5	12.6
印度	7.0	1.0	35.6	1.4	4.3	8.2
全世界②	709.2	100	2618.8	100	4.3	-

* 指泰国、马来西亚、菲律宾和印度尼西亚。** 指韩国、中国台湾、新加坡、中国香港。

资料来源：Mike Douglass, "Transnational Capital and the Social Construction of Comparative Advantage in Southeast Asia," Southeast Asian Journal of Social Science, Vol. 19, No. 1/2, 1991, p. 21.

---

① 王勤：《东南亚国家产业结构的演进及其特征》，《南洋问题研究》2014年第3期。
② 原文数据有误，这里作者进行了更正。

第二，二战后东南亚国家工业化进程具有相当程度的不均衡性。

一方面，这种不均衡性是二战后资本主义阵营和社会主义阵营在东南亚地区争夺地缘政治经济优势的地区表现。前三次工业化进程以菲律宾、新加坡、马来西亚、泰国、印度尼西亚等资本主义国家为主，这些国家与美国、日本、韩国等西方国家关系较为密切，并借助与这些较为发达的国家和地区的贸易来促进本国的工业化进程。而与社会主义阵营国家关系较为密切的老挝、越南、柬埔寨、缅甸等国的工业化进程则非常缓慢，甚至没有开启工业化进程。另一方面，海岛国家和半岛国家的工业化进程也有所不同。海岛国家是美国等海洋国家的重点争取对象，因此菲律宾、新加坡等国得到的经济援助和支持也就较多；而半岛国家受到苏联的影响较大，接受苏联的军事援助和支持较多。这使得海岛国家的工业化进程、速度都快于半岛国家。

第三，二战后东南亚国家工业化进程并未完全实现其目标。

一方面，东南亚国家经过四次工业化进程，并未建立起完整的工业体系和经济体系，重工业的发展更是远远落后于轻工业的发展；另一方面，二战前后开启的第三次工业革命与之前的第一次工业革命和第二次工业革命相比，在涉及的产业种类、产业技术水平、产业复杂程度、不同产业间的关联等方面都有巨大的发展和提升。而这对二战后刚刚独立的东南亚国家来说，在短期内对诸多工业或产业进行大量投资是十分困难的，甚至是不可能的。

因此，基于上述分析可以看出，二战后东南亚国家虽然进行了四次工业化进程，但成果十分有限，没有改变东南亚国家在亚太地区乃至全球经济、产业布局中的边缘地位。那么，东南亚国家因何没有实现完全意义上的工业化，下文则具体从政策摆锤（政治）和产业锚点（经济）两方面进行分析研究。

三、政策摆锤与二战后东南亚国家的工业化

处于全球贸易十字路口的东南亚国家既因为其在全球贸易、全球地缘政治经济中的优越地位而收获了全球大国的关注，也因为地缘政治经济压

力的传导致使各国无法在二战后相当长一段时间内维持工业化所需要的长期、稳定的政策环境。在东南亚国家内部，政府的频繁更迭甚至于军事政变的多发，导致各国政府无法在持续推动工业化进程上做到政策的延续，而是像"钟摆"一样来回摆动，这造成了东南亚国家工业化政策的"政策摆锤"效应，使有限的资源更加分散。

（一）二战后东南亚国家工业化政策的"摆动"

二战后，除1975—1978年外的其他时间段，东南亚国家都面临着大国竞争的巨大压力，[①] 在安全保障和经济发展之间必须做出取舍。东南亚国家的工业化政策面临多方面的"摆动"。

1. 安全保障与经济发展谁作为优先项的"摆动"

二战后，东南亚国家大多获得独立，但还面临着与邻国解决领土纠纷等问题，如菲律宾和马来西亚关于沙巴地区主权问题、马来西亚和新加坡之间的领土争端等，使东南亚各国之间的关系一度非常紧张，制约了这些国家对工业化的投入。从外部来看，二战后的东南亚国家成为美苏争霸的前沿，许多国家也被迫陷入安全保障与经济发展"二选一"的战略陷阱之中。在美苏竞逐东南亚地区的过程中，安全保障成为大多数东南亚国家的优先选项，在对外政策和获得的外援中，大量可用于经济发展、工业化的资源（人财物）被投入安全领域。

美苏争霸、越南战争、越南入侵柬埔寨等重大事件大大压缩了东南亚各国经济发展的政策空间。即使东南亚国家联合起来，也无法改变冷战期间美苏争霸大背景下东南亚国家对安全保障的担忧。"东盟成立之初的目的是想作为一个和平解决成员国之间政治分歧的论坛，但它随后陷入了冷战政治。"[②] 1971年，东盟主张东南亚应当成为一个"和平、自由和中立

[①] Muthiah Alagappa, "The Major Powers and Southeast Asia," International Journal, Vol. 44, No. 3, 1989, p. 541.

[②] N. Ganesan, "Testing Neoliberal Institutionalism in Southeast Asia," International Journal, Vol. 50, No. 4, 1995, p. 780.

的地区"①，以抵御来自美国和苏联的安全压力。但随后，苏联和美国对东南亚地区的争夺却愈演愈烈。1979年，越南在苏联支持下入侵柬埔寨，泰国直接面临越南的威胁，美国对泰国的军事援助从1978年的3700万美元增长到1985年的1亿美元，而这些资金原本是可以用来发展经济的。②

从国内来看，菲律宾、泰国、印度尼西亚等东南亚国家还存在着政府频繁更迭、军政府与民选政府在安全保障与经济发展选择之间的巨大差异，导致政府在安全保障与经济发展之间的"摆动"。从全球发展的经验和现状来看，经济发展成功的国家无一例外都具有民选政府的特征。而通过军事政变等方式上台的军政府都无法实现国家经济的发展。这是因为，民选政府几乎可以忽略政府的合法性问题，而将资源投入经济发展中；而军政府则需要将大量的资源投入到维护社会稳定和政府的合法性上，尤其以印度尼西亚总统苏加诺下台后所造成的政治和经济动荡以及泰国他信政府的经济民族主义政策最为典型。③

2. 经济发展与经济安全的"摆动"

工业化需要大量的资金投入，尤其是重工业更是需要极为海量的投资。东南亚国家资金有限，在工业化进程中大量引入了外来资本，导致债务压力陡增，反而影响了经济安全。1996年，在金融危机爆发之前，短期债务占泰国总借款的40%以上，约占印度尼西亚和马来西亚借款的25%；短期债务占外汇储备的比例在泰国约为100%，在菲律宾约为80%，在印度尼西亚则高达176%。金融危机爆发后，西方国家迅速撤走了在东南亚国家的投资，国际货币基金组织等国际组织要求泰国等国进行政治改革以换取更多的资金支持，大大增加了东南亚国家工业化的阻力。

在国别方面，二战后东南亚国家普遍政府更迭频繁，后任政府往往在上台后大幅度或者全盘推翻前任政府的各项政策，导致各国无法实施一贯

---

① N. Ganesan, "Testing Neoliberal Institutionalism in Southeast Asia," International Journal, Vol. 50, No. 4, 1995, p. 785.

② Muthiah Alagappa, "The Major Powers and Southeast Asia," International Journal, Vol. 44, No. 3, 1989, pp. 546 – 548.

③ 参见 Muthiah Alagappa, "The Major Powers and Southeast Asia," International Journal, Vol. 44, No. 3, 1989, p. 557。

的工业化政策。综合战后东南亚各国历届政府的经济政策,各国的经济政策总体上在开放(相信市场)和保守(相信民族乃至民粹主义)之间摇摆。如2001年接任埃斯特拉达的菲律宾总统阿罗约,在经济政策上呈现出非常明显的保守主义倾向,表现出向掌握菲律宾经济命脉的传统政治家族和商业精英妥协的特点。这是菲律宾政府经济政策的重大转变,严重影响了其工业化进程的政治环境与可持续性。

3. 工业化与原有优势产业的"摆动"

工业化的路径大致分为轻工业化、重工业化以及两者并重这三条路径。轻工业化以英国、法国等为代表,重工业化以苏联和中国为代表,轻工业化和重工业化并重则以美国、德国等为代表。遵循何种工业化路径,与各国原有优势产业有着密切的关系。

二战后,朝鲜战争、越南战争对东南亚各国存在着截然相反的影响。在朝鲜战争中,泰国、新加坡等国作为美国的盟友,获得了一定的军事订单,促进了这些国家以出口为导向的工业化策略。而越南战争及越南入侵柬埔寨,导致泰国、新加坡等国面临的安全环境恶化,其更加重视经济安全,各国开始着力发展重工业。而在四次工业化进程中,各国在发展不同工业部门上的摇摆,导致工业化进程无法深入。

4. 内源式发展与外源式发展的"摆动"

这方面主要指东南亚国家在保持政治、外交政策的独立性和产业依赖性之间的摇摆。二战后的相当长一段时间内,东南亚国家作为整体一直是美国的第二大贸易伙伴。[①] 而在产业上,东南亚国家与日本之间形成了纵向的"雁形结构",日本的公司向东南亚国家转让了大量技术。20世纪80年代《广场协议》的签订,又促进了大量的日本资本投向东南亚国家。这样的结果是东南亚国家与日本存在着贸易逆差,而与美国之间存在着贸易顺差。东南亚国家与美国的贸易和日本公司的技术转让,既能促进东南亚各国日用消费品工业的发展,又能强化与美国的经济联系,促进本国的工

---

① Muthiah Alagappa, "The Major Powers and Southeast Asia," International Journal, Vol. 44, No. 3, 1989, p. 548.

业化进程。

但东南亚国家并未从日本的技术转让和与美国的合作中获得工业化所需要的技术和资金。在东南亚工业化过程中，作为亚太地区"领头雁"的日本是二战后东南亚国家在经济合作方面的主要伙伴，但日本一直试图争做"地区核心领导国家"，不愿分享技术和向外国（或至少是东南亚）开放市场。[1] 其原因主要在于：日本更多的是想通过贸易的方式，将东南亚地区作为其工业制成品的主要市场。如在汽车产业中，二战后泰国、印度尼西亚等国的汽车产业虽有所发展，但其主要零部件的制造仍然依赖于日本。从内部来看，过多依赖外部技术可能会导致东南亚国家一直以来坚持的独立自主外交政策无法持续。东南亚国家自身工业化的潜力有限，又无法充分利用国际市场提供的资源以支持自身的工业化发展。因此，二战后东南亚国家的工业化进程多次开启，但又多次"失败"，呈现出非常明显的"半截子"工业化特征。

5. 市场化与非市场化政策之间的"摆动"

近代以来的工业化大致有市场主导和政府主导两种模式，即以西方国家（尤其是英国和美国）为代表的市场化工业化方式（市场主导），以苏联和中国为代表的非市场化工业化方式（政府主导）。但两者的共同逻辑在于市场环境和政策的长期连续性，这就保障了作为市场主体和工业化主体的企业（无论是国有企业还是非国有企业）都能够在长期稳定的市场环境中成长、获利，以及对国内外市场保持经营的信心。

二战后，东南亚国家在市场化与非市场化政策之间的摇摆显然不能为工业企业提供长期发展的、稳定的市场环境。朝令夕改的政策、走马灯式的政府更迭、动荡不安的国内政治环境与权力争斗，都让东南亚国家无法为工业企业的成长及国家的工业化提供良好的市场环境，甚至中断工业化进程（如20世纪80年代的菲律宾[2]）。各国间的纷争又无法为已经逐渐成

---

[1] Richard F. Doner, "Approaches to the Politics of Economic Growth in Southeast Asia," The Journal of Asian Studies, Vol. 50, No. 4, 1991, p. 826.

[2] MacArthur F. Corsino, "The Philippines in 1980: At the Crossroads," Southeast Asian Affairs, 1981, pp. 235–257.

长起来的工业企业提供良好的国际贸易环境。这些都大大削弱了东南亚国家工业化的程度，使诸多的东南亚工业企业要么转向东南亚国家以外的、经营成本更高的外部市场，要么从事利润率、资金周转率更高的第三产业，如旅游业、金融业等。

新古典主义经济学家将东南亚新兴市场国家在战后的经济增长归因于政府在"正确定价"方面的成功，即让自由的市场价格信号决定国家经济增长的最有效资源配置。① 但东南亚国家极具开放性、几乎完全市场化、缺乏监管的金融业对工业化来说是一把"双刃剑"。在20世纪七八十年代东南亚各国经济发展和工业化进程迅速发展的时期，金融业的迅速发展很好地解决了经济发展和工业化所需要的资金及其流通问题；而在20世纪末，马来西亚、泰国和印度尼西亚等东南亚国家处于金融危机之中，金融危机造成的经济崩溃导致了各国政治上的不稳定。外界对这些国家的发展预期迅速陷入螺旋式下降，不仅破坏了各国汇率的稳定，还给各国银行、公司和家庭的产业发展带来了诸多的问题。

（二）政策摆锤与东南亚国家工业化的限度

东南亚国家工业化的政策摆锤，限制了其工业化的深入发展，主要表现在以下两个方面。

1. 限制了东南亚国家工业技术的发展

前文已述，二战后同东南亚国家在经济和产业上联系最为紧密的工业化国家是日本，日本对东南亚国家的直接投资是最多的，且基本上都投入到制造业领域。② 但对比更早完成工业化的日本，东南亚国家作为后发国家，虽然在资源禀赋、内外环境等方面都要更好，但其工业技术的发展却一直迟滞不前。

---

① Richard F. Doner, "Approaches to the Politics of Economic Growth in Southeast Asia," The Journal of Asian Studies, Vol. 50, No. 4, 1991, p. 818.

② Shin'ichi Ichimura, "Japan and Southeast Asia," Asian Survey, Vol. 20, No. 7, 1980, p. 758.

表12 1987年和1988年各国或地区对东南亚国家的直接投资

投资来源地	投资对象国							
	泰国		菲律宾		马来西亚		印度尼西亚	
	*	**	*	**	*	**	*	**
日本	3063	217	95	229	214	134	226	-56
中国香港地区	446	266	27	-3	50	350	232	90
韩国	109	742	2	100	9	1013	209	1249
新加坡	275	330	2	166	66	22	255	1876
中国台湾地区	850	184	109	1109	157	212	923	11584
合计	4743	221	235	222	496	158	1845	267
全球合计	6225	220	452	171	768	158	4426	267
日本占比（%）	49.2	-	21.0	-	27.9	-	5.1	-
新兴经济体占全球的比重（%）	27.0	-	31.0	-	35.4	-	36.6	-
日本和新兴经济体占全球的比重（%）	76.2	-	52.0	-	63.3	-	41.7	-

*1987年投资量，单位为百万美元。**1988年比1987年增加的投资量，单位为百万美元。

资料来源：Mike Douglass, "Transnational Capital and the Social Construction of Comparative Advantage in Southeast Asia," Southeast Asian Journal of Social Science, Vol. 19, No. 1/2, 1991, p. 16。

早在二战前，日本就已经是一个成熟的工业强国。尽管二战给日本带来毁灭性的打击，但它拥有基本的制度基础和称职的官僚机构，以及高效的商业政府关系，这使它能够以前所未有的速度"赶上"北美和西欧的竞争对手。[1] 在日本不愿意向东南亚国家转移技术和东南亚国家试图保持对外政策独立性的情况下，二战后东南亚国家形成了"向日本出售原材料并从日本购买资本设备，但向美国出售制成品"[2] 的经济发展模式，这种模式对处于产业链底端的东南亚国家来说是一个"无奈"的选择。

---

[1] Mark Beeson, "Southeast Asia and the Politics of Vulnerability," Third World Quarterly, Vol. 23, No. 3, 2002, p. 552.

[2] Richard F. Doner, "Approaches to the Politics of Economic Growth in Southeast Asia," The Journal of Asian Studies, Vol. 50, No. 4, 1991, p. 827.

2. 政策摆锤和各国政治稳定之间存在密切关系

政治稳定能够为工业化和经济发展提供良好的环境。政治稳定意味着国内各派政治力量和社会在工业化、经济发展等方面存在着较大共识，可以充分利用已有的政治和社会资源促进工业化和经济发展，实施稳定、一贯和长期的政策。这对于吸引外来投资、推进本国工业化进程都是大有裨益的。

二战后，东南亚国家的民主化进程大大改变了传统政治精英与民众之间的关系，促进了东南亚国家政治与社会结构的改变，政治制度与社会状态都呈现出更加开放的趋势。但这种改变不是彻底的，一些研究将东南亚国家的民主进程形容为"半民主化"（Semidemocracies）。[1] 东南亚许多国家的政治动荡限制了东南亚各国之间的贸易活动以及对工业化的持续、稳定投入。东南亚各国在二战后初期普遍实行进口替代工业化策略，但是在执行过程中贸易保护主义盛行。[2] 这大幅度限制了东南亚国家之间的贸易发展，反过来又影响了各国工业产品的进出口，阻碍了工业化进程。

四、产业锚点与二战后东南亚国家的工业化

产业尤其是主导产业的选择和空间分布（产业聚集）是产业锚点的主要内容。产业锚点既具有历史性（国家的基础条件），又需要能够代表未来科技的发展方向。二战后，东南亚国家工业化进程中的产业选择，反映了各个国家的国情，也反映了当时全球产业的发展趋势。

（一）二战后东南亚国家工业化主导产业的选择

产业锚点对工业化最重要的意义是确立其在全球和区域产业链、价值链中的地位。东南亚国家都属于中小国家，只能将有限的资源投入产业发

---

[1] William F. Case, "Can the 'Halfway House' Stand? Semidemocracy and Elite Theory in Three Southeast Asian Countries," Comparative Politics, Vol. 28, No. 4, 1996, pp. 437–464.

[2] 李启航：《论政府主导下的马来西亚槟州工业化进程（1969—1990）》，《江苏第二师范学院学报》2023 年第 4 期。

展中。二战后，东南亚国家基本都选择了某一产业而非更多产业作为"锚点"，如纺织、食品加工和初级电子产品加工与制造等轻工业。

东南亚国家工业化主导产业的选择基本上遵循了一二三次产业的传统进阶路径。在二战前和二战后的一段时间内，东南亚各国的经济和产业结构都以第一产业为主，工业化是各国最为重大的经济发展方向。20世纪60年代以来，东南亚主要国家的工业化进程不断加快；各国的工业增长率不仅大大高于农业，而且高于国内生产总值的发展速度，工业在国民经济中的地位不断提高。[1] 在工业内部，则遵循了从轻工业到重工业的工业化路径。对东南亚国家来说，优先发展轻工业可以满足本国居民的日常消费，降低日常消费的成本，起到稳定社会的作用。从技术和资金层面来看，减少技术含量较低的日用品进口，可以节省一定的外汇，以积累资本发展技术含量更高、资金投入更多的重工业。东南亚国家在20世纪60年代开启工业化后，与日本的合作是重点。在重工业以小型零部件制造为主的20世纪六七十年代，日本松下公司在马来西亚建立了18家装配、零部件和工具的子公司，为区域和全球出口市场生产空调和彩电。[2] 此后，随着马来西亚汽车等产业的发展，1988年，马来西亚政府推出了一项名为"供应商发展计划"的政策。该计划由政府、私人投资者和跨国公司共同实施，以支持当时日益发展的汽车产业实现本土化，在马来西亚本土形成支持汽车产业发展的本地供应网络。[3]

东南亚国家工业化的产业布局采取了绝对优势理论中区域产业分工的方式，即工业部门中设计、研发与制造部门分离。二战中，日本占领了许多东南亚国家，在当地有一定经济基础。二战后日本经济迅速发展，与东南亚国家之间的经济联系更加密切，双方之间的产业存在着相当程度的互补关系。与日本的高科技行业相比，东南亚各国也都拥有一定的优势产业，如印度尼西亚的食品与烟草制造产业，越南、马来西亚和泰国的机械

---

[1] 王勤：《东南亚国家产业结构的演进及其特征》，《南洋问题研究》2014年第3期。
[2] Greg B. Felker, "Southeast Asian Industrialization and the Changing Global Production System," Third World Quarterly, Vol. 24, No. 2, 2003, pp. 262–263.
[3] Kuniko Fujita and Richard Child Hill, "Auto Industrialization in Southeast Asia: National Strategies and Local Development," ASEAN Economic Bulletin, Vol. 13, No. 3, 1997, pp. 312–332.

运输与设备产业等。因此，日本与东南亚国家之间建立了非常紧密的联系，形成了以日本为首的"雁形结构"，这也是二战后日本与东南亚国家之间贸易关系非常密切的重要原因。

表13 1977年日本和美国在部分东南亚国家对外贸易额中的占比

		印度尼西亚	马来西亚	菲律宾	新加坡	泰国
出口	日本	40.2%	21.1%	23.2%	9.5%	25.8%
	美国	27.7%	15.6%	35.3%	15.5%	10.0%
进口	日本	27.1%	21.3%	24.9%	17.5%	32.4%
	美国	12.5%	12.6%	20.5%	12.6%	13.4%

资料来源：Shin'ichi Ichimura, "Japan and Southeast Asia," Asian Survey, Vol. 20, No. 7, 1980, p.757。

在汽车产业方面，日本丰田等汽车公司很早就在泰国、马来西亚、菲律宾等国布局，逐步实现了更多零部件在东南亚国家生产。20世纪80年代初，马来西亚槟城州拥有包括英特尔在内的大多数世界领先半导体公司的关键装配设施，而摩托罗拉和德州仪器则将其业务设在吉隆坡附近；泰国吸引了新加坡对磁盘驱动器组装的溢出投资，并在20世纪90年代吸引了大部分汽车零部件组装的投资。20世纪90年代末，菲律宾在苏比克湾地区开发了计算机组装集群，在马尼拉以南的拉古纳省开发了磁盘驱动器组装集群。[①] 东南亚国家这些产业的发展为日本汽车产业在东南亚布局提供了产业链基础。1988—1995年，泰国本土对丰田汽车的供应商数量从17家增加到130家，其中34家为泰国企业，其余为日本本土或日本合资企业。这些企业供应了159种不同的汽车零部件，包括铝铸件、支架、歧管、燃油喷射器等非核心零部件。尤其是20世纪90年代初日元升值，为了进一步降低成本，日本汽车公司加速了在东南亚国家的产业布局。[②]

[①] Greg B. Felker, "Southeast Asian Industrialization and the Changing Global Production System," Third World Quarterly, Vol. 24, No. 2, 2003, p. 262.

[②] Kuniko Fujita & Richard Child Hill, "Auto Industrialization in Southeast Asia: National Strategies and Local Development," ASEAN Economic Bulletin, Vol. 13, No. 3, 1997, p. 320.

（二）主导产业的空间发展

东南亚国家工业化遵循了产业聚集的原则，基本原则是资源临近或者市场临近。东南亚国家的工业区大多集中在首都、重要城市和沿海地区，这些地区临近消费市场或者交通便利。尤其是泰国、印度尼西亚、菲律宾等国还出现了工业区主要分布于首都附近的空间格局，形成了在全国范围内产业空间布局的"中心—外围"结构。

在工业化过程中，东南亚国家大都市（首都）和港口城市地区是工业化的先行区，是各国工业的聚集区，如泰国首都曼谷、菲律宾首都马尼拉、印度尼西亚雅茂德丹勿地区等。日本半导体和磁盘驱动器组装商则在马尼拉以南的拉古纳省集聚。1987年，马来西亚雪兰莪州、槟城州和柔佛州这三个州共占制造业外国投资总额的70%。同时，马来西亚从槟城州到吉达的西海岸地区还分布着许多工业区。国际层面的产业聚集也在东南亚国家出现，如马来西亚柔佛州、新加坡与印度尼西亚廖内省之间的产业聚集被称为"柔佛—新加坡—廖内增长三角"（The Johor – Singapore – Riau Growth Triangle）。在这个三角内，各国的生产要素被重新分配并优势互补：马来西亚柔佛州和印度尼西亚廖内省拥有充足的土地和低成本劳动力，而新加坡的土地有限，劳动力成本高[1]，但资金较为雄厚。

在可以预见的未来，东南亚国家会继续成为全球产业转移的主要承接地，东南亚一些城市会继续成为产业聚集地，"雅加达、马尼拉、河内和胡志明等大都市地区必须继续建设高效的产业集聚区"[2]。

（三）产业锚点与东南亚国家工业化的限制

产业锚点对东南亚国家工业化的限制是非常明显的，主要表现在以下方面。

---

[1] Sree Kumar, "New Directions for Economic Growth in Southeast Asia," Southeast Asian Affairs, 1993, p. 34.

[2] Fukunari Kimura, "Unbundling Regimes and Development Strategies in ASEAN: Old Issues and New Challenges," Journal of Southeast Asian Economies, Vol. 35, No. 1, Special Issue: Commemorating the 50th Anniversary of the ISEAS – Yusof Ishak Institute, 2018, pp. 33 – 34.

1. 产业选择的有限性和相似性导致东南亚国家工业化进程中产业同质化发展

东南亚国家都位于热带地区，除新加坡和文莱以外，其他国家的自然资源禀赋和社会经济条件非常相似，在工业化的主导产业选择等方面面临着产业同质化、产业选择有限等基础性困境。在几次工业化过程中，各国大多依靠自然资源禀赋和产业内贸易实现经济发展动力的转型和升级，这种单一、简单、初级的经贸发展模式长期发展下去极有可能陷入中等收入陷阱甚至是出口的贫困增长，这是东南亚和拉美—加勒比地区各国都有可能面临的风险和困境。① 这种困境会导致各国工业产品同质化，陷入低水平的价格战中，不仅不利于各国间贸易的发展，而且会降低各国工业产出的利润，使其只能处于全球和地区产业链的末端。

2. 高科技产业、产品本土化程度非常有限

二战后东南亚国家工业化大多以纺织品、服装等轻工业为主，对高科技产业发展的重视程度有限。如马来西亚著名的半导体产业，在20世纪80年代初，约87%的原材料依赖进口，另外约10%由其他跨国公司供应，只有约3%来自出口加工区以外的本土企业。② 20世纪90年代后，马来西亚等国开始启动钢铁制造、汽车生产、水泥和石油化工等产业，并通过吸引外资的方式壮大本国的制造业。③ 但总体来看，东南亚国家在高科技产业的本地供应链方面存在严重的不足；高科技产业、产品本土化程度非常有限。这种状况的长期存在，使得工业化所产生的大部分利润被其他国家分走，留在东南亚各国的利润十分有限。因此，是否尽力以及以何种方式发展高科技产业，选择何种高科技产业，是未来东南亚国家产业锚点需要考虑的重要因素。

3. 重工业发展有限

四次工业化进程中，大部分时段、大部分国家都以轻工业为主，基本

---

① 甘佩璐：《东南亚与拉美—加勒比地区工业化历程》，《中国外资》2021年第21期。

② Mike Douglass, "Transnational Capital and the Social Construction of Comparative Advantage in Southeast Asia," Southeast Asian Journal of Social Science, Vol. 19, No. 1/2, 1991, p. 31.

③ Sree Kumar, "New Directions for Economic Growth in Southeast Asia," Southeast Asian Affairs, 1993, p. 26.

上放弃了发展重工业。相比轻工业，重工业的发展需要大量的资本，大批受过系统教育和培训的工程师、专业技术人员等社会条件，再加上东南亚国家尤其是海岛国家岛屿众多，领土的相对分散和破碎的自然地理状况，使东南亚国家的重工业发展一直严重受限（重工业需要大面积较为平整和连续的土地）。未来，如果东南亚国家不能建立起强大的重工业产业基础，那么其工业化进程仍然是不完全的，也就无法完全摆脱对其他国家的依赖，更无法充分回应外界对东盟（东南亚国家）作为亚太地区领导者的质疑，其领导地位从根本上来说也是不稳固的、脆弱的。

未来东南亚国家工业化不仅需要东南亚国家之间的产业整合，而且还要在横向产业结构上促成各国与周边国家在关联性大的产业上的融合，谋求共同发展。在产业选择上，随着信息化和人工智能时代的到来，东南亚国家更应选好产业锚点，选择信息技术与数字产业、航空航天产业等技术密集型产业作为国民经济的主导产业。在未来的工业化进程中，东南亚国家应当选择中国、日本、美国等较为发达的经济体作为产业合作的对象，利用这些经济体产业转移的有利机遇，促进本国产业的升级和工业化进程。

五、结语

二战后东南亚国家的四次工业化进程虽然取得了一些成就，但总体上看，各国和东盟在全球产业、经济中的地位仍然是非常脆弱的，其工业化仍然存在着诸多的限制。

东南亚国家工业化受到政策摆锤和产业锚点的巨大影响，导致其工业化本质上是"半工业化"。在政策摆锤上，二战后，东南亚国家在安全保障与经济发展、经济发展与经济安全、工业化与原有优势产业、内源式发展与外源式发展、市场化与非市场化等政策方面的摆动，限制了工业技术的发展、各国间的贸易活动，以及对工业化的持续稳定投入。在产业锚点上，二战后东南亚国家基本上遵循了一二三次产业的传统进阶路径，采取了从轻工业到重工业的工业化路径、绝对优势和区域产业分工的方式，各国都形成了一定的优势产业。但各国在产业空间布局上表现出向大城市、主要城市和沿海港口聚集的特征，内陆或者偏远地区的工业化发展水平仍然较低。东南亚国家在工业化进程中，产业选择的有限性和相似性、高科技产业和产品本土化程度的有限性、重工业发展严重受限使各国陷入了一定的困境。上述两方面的限制长期没有得到彻底解决，导致自20世纪90年代中期以来，东南亚国家再没有开启新的工业化进程，东盟（东南亚国家）在亚太区域中的经济地位一直在下降，东盟在政治上的领导作用也深受质疑。

进入21世纪以来，中国、美国、日本等国更加重视参与东南亚国家的经济合作。[1] 未来，东盟（东南亚国家）想继续保持在亚太地区的领导地位，需要进一步推进工业化。当前，其面临工业化技术难度大、国际形势更加复杂等问题，需要东南亚国家在产业政策、产业选择等方面作出选择。

---

[1] Patrick M. Cronin and Anthony Cho, "Averting Disengagement: A Geoeconomic Strategy for the Trump Administration in Southeast Asia," Center for a New American Security, 2017, pp. 1–15.

澜湄合作机制下的跨境公共卫生安全问题与治理合作

邹春萌 李 妍[*]

公共卫生是指"通过有组织的社区努力来预防传染病、延长寿命、促进健康的科学和艺术,这些努力包括改善环境卫生、控制传染源、开展健康教育、组织医护人员为传染病早期诊断和预防性治疗提供服务"。[①] 2007年,世界卫生组织在《世界卫生报告》中正式提出"公共卫生安全"概念,即通过采取预见性和反应性行动,最大程度地确保人群免受突发公共卫生事件的威胁。[②] 其核心在于迅速应对各类突发性公共卫生危机事件,最大程度地减少损失和危害,确保全球人民的身体健康和生命安全。其中"跨境公共卫生安全"因具有跨国性,日益呈现出区域化乃至全球化的发展趋势,其发生不再局限于某一特定地区,而是涉及多个国家和地区的公共卫生体系,使一般群体性公共卫生事件演变为区域性、全球性公共卫生

---

[*] 邹春萌,云南大学国际关系研究院研究员;李妍,云南大学国际关系研究院硕士研究生。
[①] 1920年美国公共卫生之父查尔斯·爱德华·温思洛对"公共卫生"概念进行定义,世界卫生组织于1952年将其作为公共卫生的基本定义沿用至今。参见 J. M. Martin – Morenet al, "Defining and Assessing Public Health Functions: A Global Analysis," Annual Review of Public Health, January 2016, https://doi.org/10.1146/annure v – publhealth – 032315 – 021429。
[②] 赵磊:《把生物安全纳入国家安全体系》,《理论探索》2020年第4期。

安全问题的概率大幅提升。因此，跨境公共卫生安全问题已超越单一国家边境安全治理的范畴，成为需要区域携手应对的共同挑战。

由于受到地理环境特性和社会经济发展水平的双重影响，澜湄地区成为疟疾、艾滋病、登革热等传染病肆虐的重灾区，长期面临着严峻的跨境公共卫生安全问题。① 其中，水资源的开发利用为多种病原体的传播提供了便利条件；② 频繁的跨国犯罪活动也会加剧传染病的传播，特别是毒品走私活动。③ 公共卫生基础设施的落后，也使该地区难以避免传染病的危害，对传染病的监测、隔离、预防等措施的需求更为迫切。④ 2023 年全球登革热病例激增至 500 万例，呈现出病例数显著增长和多地规模性爆发的趋势，甚至蔓延到此前未曾遭受影响的地区。尽管该病重症患者死亡率高达 20%，但目前尚未发现病原菌治疗方法，只能采取物理防御和发病后对症治疗。湄公河流域国家 2023 年官方报告的登革热病例总数约 34.6 万，其中死亡 286 例。⑤ 这些国家作为中国登革热病例境外输入的主要来源地，通过携带四种不同血清型病毒的伊蚊传播登革热，导致中国边境县市不断出现季节性的突发传播趋势。这不仅反映出澜湄流域国家在生态气候、跨境流动、蚊媒密度等方面的密切关联，也凸显出澜湄地区跨境公共卫生安全问题的紧迫性。

---

① Campbell J. R., "Human Health Threats and Implications for Regional Security in Southeast Asia," Springer Nature, October 2011, https：//doi.org/10.1007/978 – 94 – 007 – 1799 – 2_9. PMCID：PMC7121934.

② Alan D. Ziegier and Trevor Neil Petney, "Dams and Disease Triggers on the Lower Mekong River," PLOS Neglected Tropical Diseases, Vol. 7, No. 6, 2013.

③ Asian Development Bank, "HIV and the Greater Mekong Subregion：Strategic Directions and Opportunity," 2007, https：//www.greatermekong.org/sites/default/files/hiv – aids – greater – mekong – subregion.pdf.

④ David B. H. Denoon, "Nontraditional Security Threats in ASEAN and Beyond," China, The United States, and the Future of Southeast Asia：U.S. – China Relations, May 2017, https：//doi.org/10.18574/nyu/9781479866304.003.0003.

⑤ 泰国公共卫生部报告 2023 年登革热患者为 156097 例，死亡 187 例；柬埔寨卫生部 2023 年 9 月报告登革热患者为 21568 例（相比 2022 年同期 7597 例增长约 2 倍），死亡 38 例；越南卫生部 2023 年 11 月报告登革热患者为 135879 例，死亡 35 例；老挝卫生部 2023 年 11 月报告登革热患者为 30292 例，死亡 19 例；缅甸国管委下属卫生部 2023 年 5 月报告登革热患者为 1717 例，死亡 7 例。

现有研究根据澜湄地区传染病发展形势的特殊性，发现澜湄合作机制已将公共卫生安全升级为优先合作领域。① 澜湄合作机制通过深化已有的重大传染病联防联控预警监测机制，有效遏制传染病在澜湄地区的跨境传播趋势；② 并针对澜湄六国公共卫生治理能力的差异，建立对经济欠发达国家的长期性援助机制。③ 对此，有学者认为，澜湄合作机制为实现澜湄卫生健康共同体的构建，正在不断完善其参与主体的多元性。④ 这使澜湄国家的集体互动能力得以充分展现，推动澜湄合作机制的公共卫生安全治理能力与时俱进。⑤ 也有学者主张在澜湄合作机制中发挥中国的主导性优势，⑥ 侧重通过共建"一带一路"倡议进行公共卫生交流，⑦ 着力打造高质量公共卫生服务水平的"健康丝绸之路"，⑧ 以此对中国与湄公河国家的公共卫生合作模式进行制度化完善，⑨ 助力澜湄地区公共卫生安全的一体化建设，保障澜湄合作机制下公共卫生安全事业的可持续发展。⑩

　　澜湄合作机制自2016年建立以来，比澜湄地区原有机制更重视非传统

---

① 卢光盛、张励：《澜沧江—湄公河合作机制与跨境安全治理》，《南洋问题研究》2016年第3期。
② 周兴武、杨中华、杨锐等：《澜沧江—湄公河流域公共卫生合作现状、主要问题与发展思路》，《中国病原生物学杂志》2021年第5期。
③ 张洁：《中国与东南亚的公共卫生治理合作——以新冠疫情治理为例》，《东南亚研究》2020年第5期。
④ 戴永红、曾凯：《澜湄合作机制的现状评析：成效、问题与对策》，《国际论坛》2017年第4期。
⑤ 刘稚、徐秀良：《澜湄国家命运共同体视域下的区域公共卫生安全合作治理》，《太平洋学报》2020年第12期。
⑥ 李巍、罗仪馥：《中国周边外交中的澜湄合作机制分析》，《现代国际关系》2019年第5期。
⑦ Kun Tang, Zhihui Li, et al, "China's Silk Road and Global Health," Lancet, Vol. 390, No. 10112, 2017, pp. 2595-2601.
⑧ 信强、文少彪：《"健康丝路"视角下的中国与全球卫生治理》，《现代国际关系》2020年第6期。
⑨ 王丹、刘继同：《中国参与湄公河地区全球卫生合作的基本类型及特点》，《太平洋学报》2019年第4期。
⑩ 黄河、杨海燕：《区域性公共产品与澜湄合作机制》，《深圳大学学报》（人文社会科学版）2017年第1期。

安全的治理合作问题。① 早期的湄公河流域疾病监测网络虽然拥有维持各级疾病监测和控制所需的公共卫生能力,② 但只有澜湄合作机制具备跨境安全治理的最佳条件,能在跨境公共卫生安全等领域确定早期收获项目,并起到示范和带动效应。③ 特别是云南省开展的跨境传染病联防联控,实现了对跨境传染病的有效防控。④ 当然,澜湄合作机制与原有机制也被视为互补合作关系。⑤ 这种关系不仅能为公共卫生安全合作奠定理论基础,还能推动澜湄合作机制下的公共卫生安全治理合作模式向平台化发展,促进澜湄地区跨境合作利益网的共建。⑥ 但是,也有学者认为,澜湄合作机制与原机制之间是竞合关系,在公共卫生安全领域存在功能重叠和利益冲突的情况,包括疾病监测预防、卫生政策协调、医疗资源整合等方面。⑦ 因此,评估澜湄合作机制在公共卫生安全治理中的实际成效,不仅需要综合考虑其与现有区域合作框架的兼容性,还应当关注机制内各国在权力动态、利益分配和政策执行等方面的一致性,以及未来如何在不断变化的全球卫生安全环境中,通过制度创新和技术合作来加强公共卫生安全治理能力。

总体而言,现有研究已关注到澜湄合作机制在公共卫生安全领域的重要作用,但尚未深入剖析该机制在跨境公共卫生安全治理合作中所展现的内在逻辑和发展脉络,反映出研究热度倾向于对官方话语与理念的宏观阐释与研究成果滞后于现实发展需要的问题。因此,本文将围绕澜湄合作机

---

① 卢光盛:《澜湄机制如何从湄公河地区诸多边机制中脱颖而出?》,《当代世界》2016 年第 5 期。

② Borsa, Sergiu Viorel, "Public Health in the Framework of the International Security: A Constructive Approach," Acta Medica Marisiensis, Vol. 65, No. 1, 2019, pp. 3 – 6.

③ 卢光盛、金珍:《超越拥堵:澜湄合作机制的发展路径探析》,《世界经济与政治》2020 年第 7 期。

④ 魏玲、杨嘉宜:《规则、关系与地区安全治理——以大湄公河次区域公共卫生协作治理为例》,《国际安全研究》2022 年第 1 期。

⑤ 卢光盛、别梦婕:《澜湄合作机制:一个"高阶的"次区域主义》,《亚太经济》2017 年第 2 期。

⑥ 李志斐:《澜湄合作中的非传统安全治理:从碎片化到平台化》,《国际安全研究》2021 年第 1 期。

⑦ 黄德凯、聂姣:《地缘政治权力结构下的澜沧江—湄河合作:结构特点、运行机制及现状评析》,《东南亚纵横》2019 年第 3 期。

制下跨境公共卫生安全的核心问题和主要挑战，分析澜湄流域国家在治理合作中不同理念规范与话语之间的交流互动，并结合中国在澜湄合作机制中参与公共卫生安全治理合作的规范建设和话语实践，以期为澜湄合作机制未来深化跨境公共卫生安全治理合作提供可探索的发展路径。

一、澜湄地区跨境公共卫生安全问题

澜湄地区独特的自然地理条件为病原体提供了适宜的生存环境，各类病原体因此具有高度耐药性，在传播过程中极易变异为更强传染性的毒株。同时，传染病的跨境传播不仅受病原体本身的特性影响，还与跨境人员的频繁流动密切相关。该地区跨境贸易市场繁荣，跨境人员和货物流通量大。尽管各级口岸、通道受到严格管控，但仍存在大量缺乏正规检疫和监管机制的便民通道。这些通道在为沿线居民提供跨境活动便利的同时，也成为传染病传播和扩散的潜在途径。此外，当传染病出现扩大性蔓延趋势时，相关信息也因澜湄流域六国的国情差异，无法及时进行横向分享或传递，导致澜湄合作机制难以根据传染病传播的实时情况调整合作策略。

（一）传染病种类多

澜湄地区作为由寄生虫、病毒、细菌等病原体所引发的热带病流行地区，其传染病种类多样，包括以蚊媒进行传播的疟疾、登革热、基孔肯雅、利什曼病等自然疫源性疾病，以及由病毒引发的结核病、艾滋病、麻风病、致盲性沙眼等烈性传染病。这些疾病的特征主要表现为：多数已流行数个世纪，传播过程常涉及多种生物媒介，流行地区经济水平落后，妇幼群体受侵害程度严重等。[1] 中国作为热带病流行的主要国家之一，至少深受 11 种热带病的危害，其中土源性蠕虫病的流行范围较广，利什曼病的疫情范围正在扩大，而食源性吸虫病中的肝吸虫病影响尤为显著。此外，

---

[1] "Ending the Neglect to Attain the Sustainable Development Goals: A Road Map for Neglected Tropical Diseases 2021–2030," World Health Organization, January 2021, https://www.who.int/publications/i/item/9789240010321.

这些传染病不仅具有独特的传播方式和病理特征，也因同期并存而带来交叉传播和叠加感染的风险。例如，该地区的结核病和艾滋病就会相互影响，其中结核病患者感染艾滋病毒的风险更高，而艾滋病患者的免疫力下降则会增加其患结核病的风险。[1]

（二）病毒变异性强

病原体在澜湄地区的传播过程中展现出极强的环境适应性，不仅能够在水域、土壤和空气等环境中生存和繁殖，还能通过跨境人员的流动来实现不同毒株基因片段的重组，形成具有更强耐药性的新毒株，从而削弱现有抗病毒药物的治疗效果。因此，尽管多数传染病的传播趋势和特征具有相似规律性，但跨境人员流动会加速病原体变异这一客观现实也不容忽视。其中，疟疾菌株为适应湄公河国家更广泛的生存环境和宿主群体，通过跨境人员流动，在不同宿主体内实现基因重组，逐渐变异为具有更强繁殖和感染能力的恶性疟原虫，对现有以青蒿素为基础的联合疗法产生抗药性。2016—2017 年，疟疾在湄公河流域出现由多个亚群寄生虫共同作用的 KEL1/PLA1 基因株，部分基因株进行氯喹抗性转运基因突变的现象也愈发普遍，成为柬埔寨、越南和泰国最主要的疟疾寄生虫菌株，导致这三国的年均患病率增长超过 50%。[2]

（三）传播途径广

澜湄地区的传染病传播途径相当广泛，主要通过水平、垂直两种方式进行。一方面，传染病通过跨境人员交往过程中的飞沫、水域、土壤、虫媒、血液和性行为等媒介进行横向的水平传播。另一方面，携带病原体的孕产妇也会通过妊娠行为将病毒直接垂直传播给子代。例如，艾滋病可同时通过水平、垂直两种方式进行传播，使澜湄地区成为艾滋病新型毒株产

---

[1] "Global Tuberculosis Reports 2023," World Health Organization, November 2023, https://www.who.int/teams/global-tuberculosis-programme/tb-reports.

[2] "World Malaria Report 2023," World Health Organization, November 2023, https://www.who.int/publications/i/item/9789240086173.

生地和群体性规模感染地。① 其中，泰国艾滋病感染程度最高，年感染总量超过50万例。这些病例主要集中在参与性行为、进行毒品注射的特定人群，其中跨性别工作者是最主要的传播人群。② 此外，泰国移民群体的感染率也高于普通人群。尽管2013年泰国公共卫生部就为缺乏社会保障的跨境移民劳工提供以抗反转录病毒治疗为主的健康保险政策，并规定外籍劳工在进入泰国工作前必须提供未携带任何传染病的健康证明，但从事渔业的邻国移民仍是主要的跨境传播群体。

（四）防治难度大

现阶段澜湄流域各国的传染病出入境检疫机制，不仅无法对各类出入境行为及时进行全方位的检疫，也未能为传染病监测网络体系的建立提供数据支撑，导致出入境检疫标准不统一、资源配置差异化、疾病数据监测滞后等问题。同时，由于跨境人员具有不同的国别背景，存在着因健康状况差异而携带潜在病毒的可能。如果这些人员未经正规检疫渠道进行跨国和跨地区的流动，就会增加出入境检疫的难度。中国云南省口岸的出入境检疫就存在这一情况，处于中缅、中老、中越边境的瑞丽、耿马、景洪、勐腊、河口等县（市）长期存在各类传染病的输入性病例，具体表现为缅甸输入德宏州、临沧市、保山市，老挝输入西双版纳州，越南输入红河州。此外，跨国犯罪集团利用非法跨境人员进行毒品走私、人口贩卖、跨境洗钱等违法活动，也会进一步加剧出入境管理的难度。③

二、澜湄合作机制下的跨境公共卫生安全治理

澜湄合作机制为构建更为全面、深入的跨境公共卫生安全治理合作体

---

① 陈鑫、庞伟、周衍衡等：《澜沧江—湄公河次区域HIV-1分子流行病学及跨境传播研究进展》，《中国国境卫生检疫杂志》2014年第1期。

② "HIV - Number of People (allages) Living with HIV," World Health Organization, https://www.who.int/data/gho/data/indicators/indicator-details/GHO/estimated-number-of-people--living-with-hiv.

③ 张海林：《云南省登革热和基孔肯雅热跨境传播、本地流行、发展趋势及对策》，《中国媒介生物学及控制杂志》2021年第1期。

系，一方面通过机制建设来为治理合作提供制度保障，另一方面积极促进澜湄国家间的优势互补，以形成协同高效的治理格局。在这一过程中，中国扮演着关键角色。中国不仅将医疗基础设施建设视为与湄公河国家"硬联通"的关键方向，还将医疗技术经验作为"软联通"的重要支撑，更把民众健康安全看作"心联通"的坚实保障，以此彰显中国在维护澜湄流域公共卫生安全、推进澜湄卫生健康共同体建设的坚定决心。

（一）跨境公共卫生安全治理合作进展

1. 治理机制的制度化建设

澜湄合作机制既在机制功能上涵盖政治安全合作的内容，为跨境公共卫生安全问题的解决提供必要框架，又在成员构成上保障各参与国享有平等的治理合作地位，形成紧密的多双边互动机制。[①] 目前，澜湄地区已针对传染病建立一系列联防联控机制和合作项目。2016 年，澜湄流域国家达成"聚焦可持续发展议题"共识，一致决定将跨境传染病联防联控设置为加强澜湄六国公共卫生安全治理合作的重点。[②] 2018 年，在"3＋5＋X 合作框架"基础上发布的《澜沧江—湄公河合作五年行动计划（2018—2022）》，将"加强对登革热、疟疾等新生和再发传染病防治合作，建立并完善跨境新发和再发传染病预警和联防联控机制"纳入行动计划。[③] 2020 年《澜沧江—湄公河合作第三次领导人会议万象宣言》聚焦公共卫生问题，强调澜湄合作机制要加强公共卫生合作，构建澜湄卫生健康共同体，凸显各国在公共卫生安全方面的集体努力。[④] 2023 年的《澜沧江—湄公河合作五年行动计划（2023—2027）》专门把"公共卫生合作"放在首位，

[①] 卢光盛、张励：《澜沧江—湄公河合作机制与跨境安全治理》，《南洋问题研究》2016 年第 3 期。

[②] 《李克强在澜沧江—湄公河合作首次领导人会议上的讲话（全文）》，中国外交部，2016 年 3 月 23 日，https：//www.mfa.gov.cn/web/gjhdq_676201/gjhdqzz_681964/lcjmghhz_682662_1/zyjh_682672/20160 3/t20160323_10406849.shtml。

[③] 《澜沧江—湄公河合作五年行动计划（2018—2022）》，新华网，2018 年 1 月 11 日，http：//www.xinhuanet.com/world/2018-01/11/c_112224868.htm。

[④] 《澜沧江—湄公河合作第三次领导人会议万象宣言》，人民网，2020 年 8 月 25 日，http：//world.people.com.cn/n1/2020/0825/c1002-31835059.html。

强调开展虫媒传染病防控合作，加强传染病监控和早期预警方面技术转让的重要性。① 为进一步加强和完善热带病的联防联控合作机制，推动卫生人才培养和联合科研等领域的深入合作，2024 年澜湄六国代表在澜湄流域热带病联防联控合作项目协调会中共同签署《澜湄国家热带病卫生合作备忘录》，标志着澜湄国家的公共卫生安全合作迈入新阶段。②

表 14　2001—2024 年澜湄六国公共卫生安全联防联控合作一览表

时间	国家	主要内容
2001 年 11 月	中国、老挝、缅甸、泰国、越南、柬埔寨	"湄公河流域传染病监测网络"：跨境防疫数据监测共享
2003—2005 年	中国、缅甸、英国（无国界卫生组织）	"中缅边境地区疟疾联防联控项目"：正式提出"联防联控"概念
2009 年 11 月	中国、越南	"中国—越南疟疾联防联控项目"：建立疫情暴发报告和资源共享机制
2010 年 6 月	中国、老挝、缅甸、泰国、越南、柬埔寨	"大湄公河次区域中缅越老边境地区登革热项目"：增加登革热等病种
2011 年 11 月	中国	《国务院关于支持云南省加快建设面向西南开放重要桥头堡的意见》：构建卫生应急救治联动机制、边境地区传染病联防联控模式
2014 年 7 月	中国、老挝、缅甸、越南	联防联控项目扩展到中缅、中老、中越边境地区的 19 个县
2015 年 5 月	中国、老挝、缅甸、泰国、越南、柬埔寨	《关于湄公河流域传染病监测合作的谅解备忘录》：强化传染病防控合作，建立常见和突发急性传染病的信息沟通机制
2016 年 3 月	中国、老挝、缅甸、泰国、越南、柬埔寨	"澜沧江—湄公河合作首次领导人会议"：聚焦澜湄可持续发展议题共识，强化跨境传染病联防联控

---

① 《澜沧江—湄公河合作五年行动计划（2023—2027）》，中国政府网，2023 年 12 月 26 日，https://www.gov.cn/yaowen/liebiao/202312/content_6922341.htm。
② 《澜湄六国官员专家共商热带病卫生合作新方向》，中国新闻网，2024 年 3 月 27 日，https://www.chinanews.com.cn/sh/2024/03-27/10188270.shtml。

续表

时间	国家	主要内容
2017年9月	中国、老挝、缅甸、泰国、越南、柬埔寨	"澜湄次区域虫媒传染病联合防控平台V1.0"：云南省寄生虫病防治所在老挝边境地区建立监测网络实验室
2018年1月	中国、老挝、缅甸、泰国、越南、柬埔寨	"澜沧江—湄公河合作第二次领导人会议"："3+5+X合作框架"下深化医疗卫生合作新领域；《澜沧江—湄公河合作五年行动计划（2018—2022）》：建立跨境传染病预警和联防联控机制，开展新生和再发传染病防治合作等
2018年3月	中国、老挝、缅甸、泰国、越南、柬埔寨	《澜沧江—湄公河次区域疟疾和登革热联防联控合作协议（2018—2022）》：建立澜湄次区域虫媒传染病联防联控平台
2018年9月	中国、老挝、缅甸、越南	"澜沧江—湄公河流域四国（中、老、缅、越）边境地区跨境传染病联合应对合作会议"：对《澜沧江—湄公河流域四国边境地区传染病联合应对合作谅解备忘录》达成共识，以共建澜湄地区四国边境地区跨境传染病联防联控和联合处理机制
2019年3月	中国、老挝、缅甸、泰国、越南、柬埔寨、孟加拉国	"澜沧江—湄公河合作疟疾和登革热联防联控信息交流与协调会及第二届澜湄周活动"：澜湄地区疟疾和登革热跨境联防联控长效合作机制、南亚东南亚疟疾和登革热等虫媒传染病联防联控共识
2019年4月	中国、老挝	《构建中老命运共同体行动计划》：中老跨境疫情疫病联防联控合作
2019年12月	中国、泰国	《中泰签署澜湄合作专项基金卫生健康合作协议》：跨境传染病联防联控项目（湄公河地区肝吸虫防控）
2020年3月	中国、老挝、缅甸、泰国	"第91次湄公河联合巡逻执法行动"：澜湄流域治安管控、重大疫情防控、深化联防执法合作
2020年8月	中国、老挝、缅甸、泰国、越南、柬埔寨	《澜沧江—湄公河合作第三次领导人会议万象宣言》：设立"澜湄公共卫生专项资金"支持六国公共卫生合作项目

续表

时间	国家	主要内容
2020年7月	中国、老挝	"2020年度澜沧江—湄公河次区域合作疟疾/登革热联防联控":中老重大虫媒传染病智能化监测预警平台建设与示范、中老重大虫媒传染病智能化监测预警平台建设与示范
2021年3月	中国、老挝、缅甸、泰国、越南、柬埔寨	"澜沧江—湄公河合作启动五周年讲话":将公共卫生作为澜湄合作机制重点方向之一,加强跨境传染病防控能力建设
2021年6月	中国、老挝、缅甸、泰国、越南、柬埔寨	"澜沧江—湄公河合作第六次外长会":发布《在澜湄合作框架下深化传统医药合作的联合声明》,实施"热带病防控行动""健康心行动""本草惠澜湄"等活动
2022年4月	中国、老挝、缅甸、泰国、越南、柬埔寨	"2022年澜湄周公共卫生合作":澜湄重大虫媒传染病联防联控合作发布"澜湄次区域虫媒传染病联防联控平台"2.0版
2023年12月	中国、老挝、缅甸、泰国、越南、柬埔寨	《澜沧江—湄公河合作五年行动计划(2023—2027)》:开展边境地区传染病公共卫生专项联防联控合作
2024年3月	中国、老挝、缅甸、泰国、越南、柬埔寨	"澜湄流域热带病联防联控合作项目协调会":围绕热带病疫情及其防控策略技术、卫生合作等领域签署《澜湄国家热带病卫生合作备忘录》

资料来源:根据相关网站信息整理。

2. 治理主体的多层次合作

一是官方政府主导。政府担任着执行主体的角色,确保治理合作得以顺利实施。2016年,中国牵头建立"大湄公河次区域重要虫媒传染病疟疾和登革热跨境联防联控协同网络平台",截至2017年5月,该平台已投入30余万元项目建设基金,并在缅甸掸邦第二、第四特区和老挝南塔省建立5个网络站点,国内孟连县、勐腊县、勐海县建立7个站点,初步完成了

"澜湄次区域虫媒传染病联合防控平台"系统的建设工作。[①] 2017 年，中国与老挝的琅南塔省与丰沙里省经过需求调研、系统研发、现场测试等阶段，正式发布"澜湄次区域虫媒传染病联合防控平台 V1.0"。[②] 2018 年，中国联合老挝、缅甸和越南三国的卫生部门共同探讨构建边境地区传染病联防联控和联合应对机制，协同开展"边境地区传染病跨境传播联防联控及联合应急处置项目"。2022 年，中国联合老挝设立跨境医疗卫生服务先行示范区，推广整体卫生服务模式。

二是政企协同合作。政府和企业的双向互动，有效提升治理合作的质量和效率。2018 年，中国华大集团与泰国朱拉蓬皇家学院、东部经济走廊代表团，就共建泰国精准医学平台签署三方合作协议，以赋能泰国生命科学 4.0 转型。2019 年，泰国国家基因工程和生物科技研究中心与中国华大集团启动"动脉粥样硬化性心血管疾病"高风险人群的检测项目。同年，中国联众医疗与老挝卫生部共同推动嵌入式门诊系统在医疗云平台领域的应用。

三是企业跨界联合。通过发挥企业的灵活性，共同推动医疗合作的转型与发展。2018 年，中国医疗健康平台"平安好医生"与泰国 Grab 公司合资组建，实现在线医疗健康管理的一站式医疗健康服务。2020 年，中国平安健康保险公司与泰国曼谷杜斯特医疗服务集团以旗下医疗机构进行合作，通过平安应用软件为患者提供及时有效的医疗服务。2021 年，中国华为以泰国诗里拉吉医院为试点，启动在东盟地区的首个 5G 智慧医院项目。2024 年，中国赛尔集团与泰国吞武里医疗集团针对不同传染病的干细胞治疗项目，达成数字化医疗合作。

3. 治理方式的多样化发展

第一，对传统医药进行推广性应用，发挥其在防控治理中的独特优势。2021 年，澜沧江—湄公河合作第六次外长会通过《在澜湄合作框架下

[①]《云南边境传染病联防联控协同网络平台发挥实效》，中国新闻网，2017 年 5 月 30 日，https://www.chinanews.com.cn/sh/2017/05-30/8237640.shtml。

[②]《云南边境传染病联防联控协同网络平台发挥实效》，中国新闻网，2017 年 5 月 30 日，https://www.chinanews.com.cn/sh/2017/05-30/8237640.shtml。

深化传统医药合作的联合声明》，旨在加强澜湄国家在传统医药领域的合作与发展，培养多种形式的传统医学国际化人才。2023 年，首届澜沧江—湄公河传统医药论坛上，进一步强调要深化澜湄国家在传统医药领域的交流与合作，发挥传统医药在防治重大传染性疾病中的治理效能，其中的"本草惠澜湄"项目展现出澜湄流域国家在传统医药领域的合作优势。该项目通过根植于兰茂与滇南本草文化的深厚底蕴，以中医药的对外教育与文化传播为核心脉络，对澜湄地区的传统医药资源进行保护利用，推动传统医药在澜湄地区的广泛传播与深入发展。

第二，注重医疗人力资源的培养，提升公共卫生队伍的整体实力。作为澜湄地区医疗人才培养合作的主要推动者，中国长期向缅甸、老挝、越南、柬埔寨等国提供医护人员的理论教学和临床技能培训，如 2017 年举办第三届中国—东盟流行病学专业专家培训，为老挝、泰国和越南等国家输送专业的流行病学知识。2022 年针对传染病跨境传播问题，中国联合老挝热带病与公共卫生研究所共建"热带病防治澜湄联合实验室"，有效输出中国在传染病防控方面的成功经验、技术和理念。此外，2019 年成立的南亚东南亚医学教育与医疗卫生联盟，也聚焦于澜湄国家在医疗服务领域的重要议题，注重对域内六国医疗人才专业技术的培养。

第三，开展专项医疗援助，为地区整体安全提供坚实保障。一方面，中国实施一系列直接造福澜湄民众的公益项目。自《澜沧江—湄公河合作五年行动计划（2018—2022）》启动以来，中国为湄公河流域国家无偿提供"光明行""公益行""爱心行"等公益医检，并长期派遣医疗专家队伍，如 2023 年向柬埔寨派遣"援柬埔寨中国中医医疗队"，向老挝派遣中国人民解放军第十批援助老挝专家组。另一方面，中国根据湄公河五国实际医疗需求长期援建医疗设施。例如，援建老挝玛霍索综合医院，援建柬埔寨中柬友谊医院、移动诊所，以及援建缅甸杜庆芝妇产医院、纳茂医院等。同时，湄公河国家之间也积极开展互助项目，如：2023 年越南政府向老挝政府援建老越友谊医院；泰国拉玛提博迪医院向老挝友谊医院提供医疗服务，协助开展肾移植手术，建立联合实验室。

(二) 跨境公共卫生安全治理合作挑战

1. 政治互信和合作共识的不足

政治互信的不足是影响治理合作的重要因素。澜湄流域各国在历史发展背景、社会经济结构和地域价值观念等方面的差异，使这些国家难以建立长期的政治互信。因此，在分享关键信息和资源时，部分国家表现得极为谨慎，甚至有所保留。这就导致各国极易在资源分配和责任分担方面产生分歧，进而引发信任危机，直接削弱澜湄合作机制在信息共享、资源整合和协调行动等方面的能力。另外，这种信任危机也会降低域内民众对跨境公共卫生安全治理合作的认同感，减少对相关政策和治理合作最新动态的关注和参与。

同时，合作共识的缺乏也会限制合作治理的顺利运行。因湄公河国家在经济发展水平、公共卫生水平等方面存在显著差距，对治理合作的目标和路径选择也不尽相同，这就导致澜湄合作机制在制定共同的政策和行动计划时，难以促使各国达成合作共识。尤其是在非法跨境行为的处理方面，各国对非法移民及相关问题存在不同的政策取向。当中国对非法跨境人员进行遣返时，部分国家在接收遣返人员方面并未积极配合。

2. 机制整合和利益协调的欠缺

在机制整合方面，澜湄合作机制尚未在跨境公共卫生安全领域形成一个协调、高效的运行机制。域内六国目前主要依赖双边治理合作，缺乏多边层面的统一规划和有效协调，存在协调沟通不畅、信息传递滞后以及资源分配不均等问题。这种制度性缺失直接导致六国难以进行协调一致的集体行动和开展多边治理合作，从而限制着澜湄合作机制整体的治理能力。同时，跨境公共卫生安全治理合作也尚未与其他非传统安全领域建立起有效的联动机制，使六国在公共卫生安全领域的合作范围受限，公共卫生产品的研发、生产和分配难以覆盖更广泛的区域。

在利益协调方面，域内六国对澜湄合作机制的依赖程度各异，具有不同的利益诉求和成本考量。各国都希望避免付出过高的公共卫生安全成本，又渴望获得最大的政治经济效益。在这种情况下，部分国家因不愿承担相应的治理合作成本，表现出较低的参与积极性，导致责任分担不明确，治理合作的效率低下。此外，出于维护本国利益考虑，部分国家对于跨境治理合作持谨慎态度，不愿为不确定的集体利益而牺牲自身利益，更担心在合作过程中会对他国产生依赖。

3. 医疗资源和供给需求的失衡

第一，医疗物资供需矛盾突出。湄公河国家除泰国外，在医疗物资储备方面普遍不足，基本不具备独立应对公共卫生安全危机的能力，且对外部援助的依赖性较强。更因为缺乏充足的医疗物资保障，当地居民难以及时发现潜在传染病的存在并进行防护，导致传染病极易蔓延至周边国家。第二，医疗基础设施建设落后。湄公河发展中国家大多受限于经济发展水平，未能建设与现代化接轨的医疗设施，也无法对传染病的流行趋势进行准确的判断。这导致当地居民在就医时面临诸多限制，不仅难以获得高质量的医疗服务，还极易发生交叉感染的情况。第三，医疗人力资源供求失衡。老挝、柬埔寨、缅甸和越南四国的医疗卫生体系相对薄弱，这些国家缺乏培养医疗人才所需的教育资源、技术设施和国际交流平台，导致医疗卫生人力资源的数量和质量都存在明显不足。此外，由于发展机会有限，许多有潜力的医疗人才转而流向更发达、就业机会更丰富的国家，造成严重的人才外流。因此，当新发传染病事件出现时，这些国家无法及时对其进行诊断和控制，只能等待国际组织和其他国家医疗专家提供援助。

三、澜湄合作机制下跨境公共卫生安全治理合作的优化路径

（一）筑牢合作共识的互信基础

首先，需要将澜湄流域民众的健康安全利益放在首位，作为推动跨境公共卫生安全治理合作的出发点。通过开展公共卫生教育和跨境治理防控活动，增强民众的健康意识和自我防护能力。同时，持续推进中国主导的医疗援助活动，如"澜湄周""滇老卫生健康共同体行动"等，在湄公河国家进行医疗技术交流、经验分享和知识普及，从而提升澜湄流域民众整

体的健康生活水平。

其次,充分理解和尊重澜湄流域国家的利益诉求,寻找各国参与跨境治理合作利益的契合点。一方面需要湄公河国家认识到自身在跨境治理合作中的重要角色,主动进行信息交流、资源共享和行动协调。另一方面,中国应清晰传达其合作立场和意图,以打消湄公河国家的潜在疑虑和误解,避免因沟通不畅而给有不良企图的域外国家和非政府组织可乘之机。

此外,还需探索澜湄流域国家之间的文化共鸣,发挥"澜湄意识"的情感纽带作用。通过培育"平等相待、真诚互助、亲如一家"的澜湄文化,① 提升澜湄流域民众对"澜湄意识"的认同感,携手打造"团结互助、平等协商、互利互惠、合作共赢"的澜湄国家命运共同体。这将有助于凝聚澜湄流域国家的合作共识,增强澜湄流域民众对澜湄合作机制的认同感,为跨境公共卫生安全治理合作的开展奠定坚实的民意基础。

(二)强化机制建设的治理效能

一是优化合作机制的顶层设计,推动跨境治理从双边合作向多边合作转变。多边合作能有效汇聚澜湄各国的智慧和力量,对公共卫生资源进行集中和共享。这就要求澜湄合作机制对各国的跨境治理责任进行清晰界定,确保各国对跨境治理合作的具体实施和预期目标达成共识,从而有效协调各国的政策和行动,减轻单一国家的风险负担,增进各国的相互理解和信任,提高跨境合作机制的治理成效。

二是建立联动的合作机制,深化与其他非传统安全合作的利益联系。这意味着跨境公共卫生安全治理合作需增强其兼容性,通过寻找其他非传统安全合作在跨境治理合作中的优势,进行互补性合作,从而避免功能重叠和资源浪费。例如,在打击跨国犯罪的同时进行公共卫生防护,不仅能够为执法机构提供医疗卫生支持,还能有效防止传染病的进一步扩散。

三是完善跨境监测体系建设,积极探索跨境人员智能化身份识别系

---

① 《澜沧江—湄公河合作第三次外长会联合新闻公报》,中国外交部官网,2017 年 12 月 16 日,http://www3.fmprc.gov.cn/web/gjhdq_676201/gjhdqzz_681964/lcjmghhz_682662_1/zywj_682674/201712/t20171216_10406840.shtml。

统。通过利用大数据分析、预警系统等现代科技手段，实时监控跨境人员流动和传染病的流行动态，并以此制定切合澜湄各国利益需求的跨境联防联控治理标准。这些标准将涵盖政策法规查询、居留手续办理、工作机会寻找等方面，旨在防止非法入境和身份冒用，最大限度地降低传染病的跨境传播风险。

（三）促进医疗资源的提质扩容

第一，设立公共卫生安全合作专项资金。这就需要澜湄各国政府机构提供必要的政策支持和资金投入，以确保应急物资储备的充足和医疗队伍建设的完善。同时，域内六国需根据实际需求制订长期医疗物资储备计划，开展队伍常规化训练，以便在出现突发公共卫生事件时能及时进行响应。

第二，构建多层次的医疗设施防护体系。通过搭建公共卫生安全跨境治理的立体屏障，定期对澜湄边境地区携带病原体的蚊虫进行监测。当出现入境就医的疑似病例时，实施全面的防蚊隔离措施，并对在境外感染、入境时处于潜伏期的病例进行严格检疫，以此提升跨境检疫服务质量，打造辐射广、服务优的"国门医院"。

第三，推动医疗人才交流的高层次合作。通过建立高水平的澜湄跨国医疗教育合作平台，定期开展科研交流与研修培训活动，如传染病原学鉴定、流行病学调查、实验室传染病检测等。这将有助于实现域内六国复合型公共卫生医学人才队伍的高质量培养，提升其在传染病的预见、控制、分析、检测等方面的专业能力。

（四）发挥中国的建设性作用

在澜湄合作机制中，中国作为核心驱动力，肩负着双重使命。一方面，中国需与湄公河国家携手，共同探索跨境公共卫生安全治理合作的最佳模式。在此过程中，中国将发挥引领作用，为湄公河国家提供经济和技术支持。在医疗技术领域，中国将加强与各国医疗科研机构的合作力度，深入研究传染病的防控策略。在实践治理层面，中国也会积极开展跨境疾病监测、疫苗接种和防疫联合演练等活动，以提升澜湄地区整体的公共卫生应急响应能力，确保各国在关键时刻能够迅速形成合力，共同守护澜湄民众的健康与安全。

另一方面，中国需加强话语能力建设，推广蕴含中国智慧的公共卫生治理经验。这要求中国深入研究澜湄流域跨境公共卫生安全的实际形势，力求形成具有前瞻性和指导性的理论成果。同时，紧密结合国际公共卫生安全治理的最新动态，为治理合作提供科学、务实的行动指南。此外，中国与澜湄流域各国共同构建多层次的沟通交流平台也至关重要。通过定期举办澜湄公共卫生论坛、研讨会等活动，将中国的公共卫生治理经验进行广泛分享，并与湄公河各国进行互学互鉴，共同推动治理合作向更深层次发展。

四、结语

澜湄合作机制为域内六国筑牢跨境公共卫生安全治理防线，解决跨境公共卫生安全治理合作困境，已针对该问题的低敏感性和低政治性达成合作意向并付诸行动。因此，对中国而言，深化与湄公河国家的跨境治理合作，不仅能为国家安全和经济发展提供坚实保障，还能推动公共卫生治理体系的完善与发展。对湄公河国家来说，积极参与跨境治理合作，既符合其长期发展利益的需要，也是提升其公共卫生安全问题应急处理能力的重要途径。未来，在澜湄合作机制的引领下，域内六国将进一步全面深化澜湄健康共同体的合作意识，通过制度建构与利益协调，确保跨境公共卫生治理合作机制化常态化运作，推动六国医疗资源的提质扩容，从而不断提升治理合作韧性，为澜湄地区提供更加和平稳定健康的公共卫生环境。

第二部分

东盟外交政策与区域安全

新加坡对美国"印太战略"的回应及新美关系的新发展[*]

杨静林　雷思雨[**]

新加坡构成了美国"印太战略"中的一环,从自身的国家利益审视美国的"印太战略"。对美国提出的"印太战略",新加坡经历了从谨慎到支持的调整与适应过程,支持美国在东南亚地区的军事存在及强化美新军事、经贸、科技等多层面的合作关系,其用意不是与美国抱团对抗中国,而是依仗美国的力量强化新加坡自身的能力建设,主张中美关系的调和与对话,缓解大国对抗对东南亚地区局势的不稳定影响,提升新加坡在东盟和国际社会的政治地位。

---

[*] 本文系广西千人青年骨干教师计划科研基金项目"亚太战略下广西海洋经济发展研究"的阶段性成果。

[**] 杨静林,博士,副教授,广西民族大学东盟学院新加坡研究所所长;雷思雨,西南交通大学希望学院马克思主义学院助教。

一、美国"印太战略"的提出及新加坡在美国"印太战略"中的地位

(一) 美国"印太战略"的提出

美国有关印度—太平洋的政府文件、官方讲话最早可以追溯到2010年美国国务卿希拉里·克林顿在檀香山的演讲。演讲中提到"我们正在扩大与印度海军在太平洋地区的合作,因为我们了解印度—太平洋盆地对全球贸易和商业的重要性"。[1] 2017年美国出台《美国国家安全战略报告》,把"印太"的地理范围划定在印度西海岸至美国西海岸,美国"印太战略"也逐渐走向实体化。[2] 2019年美国国防部发布《印太战略报告》,对美国在印太地区的战略规划、面对的挑战、预期目标等进行系统性阐明,报告称印太地区是对美国未来最重要的一块区域,并认为中国、俄罗斯和朝鲜对美国在印太地区的利益造成威胁。[3] 报告称,安全联盟是美国在印太地区的战略基础,互利的联盟和伙伴关系对美国的战略至关重要,它提供了一个持久的、不对称的战略优势。盟友和伙伴网络是实现和平、威慑和可互操作作战能力的关键一环。

美国的"印太战略"是要在印度—太平洋地区建立一个维护美国利益、围堵中国的战略部署,《印太战略报告》的发布标志着美国正式将"印太战略"上升为国家战略的高度,完全取代"亚太再平衡"战略。"印太战略"的两大支柱为安全和经济。"印太战略"旨在加强美国与日本、韩国、澳大利亚、菲律宾和泰国的联盟,以及扩大与新加坡、新西兰和蒙古国的合作伙伴关系。在加深与印度的主要防御伙伴关系的同时,寻

---

[1] "America's Engagement in the Asia–Pacific," U. S. Department of State, October 2010, https://2009-2017.state.gov/secretary/20092013clinton/rm/2010/10/150141.htm.

[2] "National Security Strategy of the United States of America," The White House, December 2017, https://trumpwhitehouse.archives.gov/wp-content/uploads/2017/12/NSS-Final-12-18-2017-0905.pdf.

[3] "Indo–Pacific Strategy Report: Preparedness, Partnerships, and Promoting a Networked Region," Department of Defense, July 2019, https://media.defense.gov/2019/Jul/01/2002152311/-1/-1/1/DEPARTMENT-OF-DEFENSE-INDO-PACIFIC-STRATEGY-REPORT-2019.PDF.

求与斯里兰卡、马尔代夫、孟加拉国和尼泊尔的新兴伙伴关系。美国还将继续加强与东南亚的合作伙伴关系，包括与越南、印度尼西亚和马来西亚的安全关系，并维持与文莱、老挝和柬埔寨的合作。美国的这些行动旨在重塑美国在印太地区的同盟体系，以对抗中国的共建"一带一路"倡议和迅速增强的影响力。①

拜登上台后，基本延续了特朗普政府所构建的"印太战略"，深化伙伴关系是"印太战略"的重要目标。2022年，拜登政府发布最新版《印太战略报告》，明确指出印太地区的重要性以及美国在该地区的重大利益，必须"坚定地将美国锚定在印太地区"。拜登政府将印太地区的大国博弈与对国际秩序的总体把控更加紧密地联系起来，重视增强与盟友之间的协同，力图构建"有力的且相互强化的联盟网络"（a latticework of strong and mutually reinforcing coalitions），打造针对中国等对手的"集体实力"（collective capacity）。强化美国在印太、欧洲等广大范围内构建同盟与伙伴关系，打造针对中国的多点状和网络化联盟体系。② 拜登的"印太战略"明确了五大目标：第一，促进印太地区在政治、海空域和新技术领域的"自由开放"；第二，基于美国的盟友伙伴关系，加强印太地区各国之间及同域外国家之间的联系；第三，以"印太经济框架"和基础设施建设合作等驱动印太地区经济繁荣；第四，以"一体化威慑"、军事技术创新、安全合作等方式强化印太地区安全；第五，加强应对新冠疫情等非传统安全挑战的能力，增强地区韧性。③ 相比特朗普政府，拜登的"印太战略"存在三点不同：首先，着重强调了美国的"回归"，淡化了保护主义色彩，意图创造条件拉拢盟友；其次，进一步强调对华战略竞争的主题，弱化其他地区的问题；最后，寻求多种方式的综合运用，不再以军事手段为主。④

---

① "Indo – Pacific Strategy Report: Preparedness, Partnerships, and Promoting a Networked Region," Department of Defense, July 2019, https://media.defense.gov/2019/Jul/01/2002152311/ – 1/ – 1/1/DEPARTMENT – OF – DEFENSE – INDO – PACIFIC – STRATEGY – REPORT – 2019. PDF.
② 李家胜：《美国"印太战略"与地区两极化》，《印度洋经济体研究》2022年第3期。
③ 李晨：《拜登政府正式出台"印太战略"》，《世界知识》2022年第6期。
④ 李晨：《拜登政府正式出台"印太战略"》，《世界知识》2022年第6期。

(二) 新加坡在美国"印太战略"中的地位

在美国 2019 版《印太战略报告》中，新加坡是处在第二梯队伙伴关系（第一梯队为联盟）中首个被提到的国家。2019 版《印太战略报告》声称，"新加坡仍是美国在东南亚地区坚定的合作伙伴，并致力于促进地区和全球的稳定"。① 在美国政府 2022 版《印太战略报告》中，新加坡被归为"印太战略"的"主要区域合作伙伴"。② 在"印太战略"的推进过程中，美国希望能够借助新加坡来达到遏制中国、拉动东盟的目的。新加坡以"主要区域合作伙伴"的身份为美国推进"印太战略"提供区域和机制上的便利。

新加坡扼守中西方海上的重要通道，具有极其重要的地缘价值，是美国推进"印太战略"所必须拉拢的国家。马六甲海峡联通印度洋和太平洋，是中东和东亚之间最短的海上航线，也是中国、日本、印度、韩国等周边各国海上交通的必经之路。美国将马六甲海峡列为其力图控制的"海上咽喉"之一。③ 中国已成为全球最大货物贸易出口国，90% 的贸易货物通过船舶运送，其中，对中国有战略意义的石油和液化天然气的进口绝大部分通过马六甲海峡运输。可以说，马六甲海峡是中国的"海上生命线"，一旦发生海上封锁，将会对中国的经济和安全构成极大威胁，形成所谓"马六甲困局"。④

马六甲海峡并非新加坡独有，但新加坡控制了马六甲海峡最重要的一段——新加坡海峡。新加坡海峡是马六甲海峡的一部分，在遇到特殊情况时，新加坡能够轻易对整个海峡进行封锁，从而控制来往船舰的通航。相比马来西亚和印度尼西亚，新加坡是海峡三国中唯一支持美国在该地区军

---

① "Indo-Pacific Strategy Report: Preparedness, Partnerships, and Promoting a Networked Region," Deparment of Defense, July 2019, https://media.defense.gov/2019/Jul/01/2002152311/-1/-1/1/DE-PARTMENT-OF-DEFENSE-INDO-PACIFIC-STRATEGY-REPORT-2019.PDF.

② "Indo-Pacific Strategy of the United States," The White House Washington, p. 9, https://www.whitehouse.gov/wp-content/uploads/2022/02/U.S.-Indo-Pacific-Strategy.pdf.

③ Reynolds B. Peele, "The Importance of Maritime," May 12, 1997, https://press.armywarcollege.edu/cgi/viewcontent.cgi?article=1828&context=parameters.

④ 庞昌伟：《"马六甲困局"之化解路径》，《新疆师范大学学报》（哲学社会科学版）2018 年第 5 期。

事存在的国家。有学者认为，美国如果想封锁马六甲海峡，不仅需要海峡三国和东盟的应允，还需要在技术层面对船只属地进行准确区分，这些都使得封锁马六甲海峡变得十分困难。① 但从中国能源安全角度来看，马六甲海峡依然是一条至关重要的航线。2015 年发布的《中国的军事战略》白皮书首次指出"海外能源资源、战略通道安全以及海外机构、人员和资产安全等海外利益安全问题凸显"。② 中国在东南亚地区推进共建"一带一路"倡议，建设公路、铁路、港口和石油天然气管道等基础设施；加强与俄罗斯的资源贸易合作，打通北极航道；租借缅甸皎漂港，打通国际陆海通道，这些努力都是为了实现能源进口多元化，打破"马六甲困局"。但目前而言，马六甲海峡在中国的进出口贸易中的"龙头地位"在短时间内无法被取代。

美国在"印太战略"中将其战略范围从原来的亚太地区扩大到印太地区，马六甲海峡作为两洋关键连接处的战略地位愈发重要。2020 年 11 月，"四方安全对话"成员国美日印澳在马六甲海峡北面水域进行代号为"马拉巴尔"的联合反潜演习，假想敌就是中国。该演习的目的在于控制马六甲海峡的战略要道，掐住中国面向中东、欧洲的海上航路。自 2017 年"印太战略"实施后，美国在新加坡部署了更多更为先进的武器装备，如 2019 年 7 月部署的"蒙哥马利号"濒海战斗舰、2023 年 1 月部署的 RQ - 4 "全球鹰"无人机等。③ 这些举措无不显示出美国对新加坡的信任，以及对马六甲海峡地缘政治价值的重视。美国能够通过新加坡对中国南海施以更多影响，并在关键时刻控制马六甲海峡。

---

① 陈腾瀚：《"马六甲困局"再思考：被"过度解释"的风险》，《东南亚研究》2018 年第 6 期。

② 《国防白皮书首提"海外利益攸关区"彰显大国责任》，中国国务院新闻办公室官网，2015 年 5 月 27 日，http: // www. scio. gov. cn/ztk/dtzt/2015/32868/zcjjd32881/Document/1435298/1435298. htm。

③ Mike Yeo, "US Rotationally Deploys RQ - 4 Drone from Singapore," Defense News, March 13, 2023, https: //www. defensenews. com/unmanned/2023/03/13/us - air - force - rq - 4 - drone - conducts - rotational - deployment - from - singapore/.

二、新加坡对美国"印太战略"的回应

(一)新加坡对美国"印太战略"的谨慎转变为支持

美国"印太战略"的实质是通过联合盟友以及伙伴对中国进行围堵和遏制,从而在中美战略博弈中掌握优势,这与新加坡不选边站的"大国平衡"战略产生了一定的分歧。"印太战略"出台后,新加坡没有选择完全的欢迎或拒绝,而是在尽可能保持外交中立性和灵活性的前提下,最大程度地实现自身的利益。因此,新美合作领域不断拓展,合作内容更加广泛,但新加坡政府也更为谨慎,新加坡外交部部长维文强调:"东盟国家拒绝选边站,对在亚洲搞'分界线'没有兴趣。"① 美国通过召开美国—东盟峰会等方式对东盟多次游说和施压,此表态也被外界认为是新加坡拒绝美国拉拢的回应。新加坡内政部部长兼律政部部长尚穆根提到:"小国如果受到大国威迫或遭利诱,让他国来决定自己的身份和利益,那么这些小国将无法长久维持国家的独立主权地位。"②

新加坡不愿意成为美国盟友,成为未来国际冲突的前线或缓冲地带。新加坡在大国均势原则的基础上,以灵活和慎重的方式处理大国关系,往往在采取符合国家利益的立场的同时,保留最广泛的选择余地,尽可能与所有大国都保持友好关系。新加坡坚持拒绝美国的拉拢,"不选边站"是新加坡应对地区体系不确定性的策略选择。新加坡外交部部长维文表示,"新加坡秉持独立自主的外交政策,以维护国家主权和所有新加坡人的利益。新加坡也期望加强与各国的伙伴关系,避免树敌"。③ 可见,新加坡对美国亚太战略并未全盘接受,尤其是美国的拉拢,大搞小集团,捆绑中国

---

① Vivian Balakrishnan,"Keynote Address at the 37th ASEAN Roundtable,"November 1,2022,https://www.mfa.gov.sg/Newsroom/Press-Statements-Transcripts-and-Photos/2022/11/20221101asean.

② 尚穆根:《"一带一路"理念须集体来实现》,《联合早报》,2017年9月2日。

③ Cooper, Cortez A. III, Michael S. Chase,"Regional Responses to U.S.-China Competition in the Indo-Pacific: Singapore. Santa Monica,"RAND Corporation,2020.

周边国家与华竞争与对抗，加剧大国地缘政治的冲突，引起新加坡的不安与恐慌。李显龙依据多年的从政经验和外交实践，认为新加坡在国际事务中的外交立场和做法与其他任何国家无关，都是基于新加坡独立自主的外交政策。无论这些国际舆论指控新加坡在立场上偏向哪一个域外国家，都有可能引起新加坡周边国家的不满，造成潜在的外交危机。因此，在缓解小国的安全脆弱性的同时，防止与周边国家产生利益冲突是新加坡外交政策的重要挑战之一。

美国在印太地区的战略部署和中国在东南亚地区不断扩大的政治影响力，对新加坡乃至整个东盟产生巨大影响。新加坡在保持外交中立性和灵活性的情况下，对"印太战略"进行"有限支持"。美国长期以来在亚太地区扮演重要的和建设性的角色，新加坡一贯支持美国在本区域的存在。外交历史的沿革与传统促使了新加坡支持美国在亚太地区的安全与经济部署。首先，新美签署《1990年谅解备忘录修正议定书》，美军可继续使用新加坡的空军与海军基地直至2035年，这为美国"印太战略"的推进提供了稳定的保障机制。其次，新加坡在"印太战略"的推进中对美国的战略部署给予配合。2022年的"四方安全对话"领导人峰会声明中，新加坡被确定为四个区域信息融合中心之一，是"印太海域态势感知伙伴关系"的重要组成部分。随着美国退出跨太平洋伙伴关系协定，新加坡随之转向支持美国构建的"印太经济框架"，并成为"印太经济框架"的14个初始成员国之一。2022年3月29日，新加坡总理李显龙与美国总统拜登举行会谈，拜登在发言中至少6次提到印太地区，双方讨论了美国在亚太地区同时加强战略和经济投入的重要性。李显龙表示，促进构建一个开放、包容、时新而且灵活的经济议程是重要的，新加坡因此欢迎美国提议的"印太经济框架"。

（二）新加坡支持美国在东南亚区域安全中发挥作用

新加坡希望美国持续在东南亚地区的存在，但不希望美国借助新加坡作为跳板与中国发生冲突，新加坡难以承受中美大国冲突升级带来的危害。李显龙政府对美国作为亚太地区"保障者"持肯定态度，一方面不断深化新美两国伙伴关系，另一方面，谋求战略自主的新加坡避免陷入美国

"追随者"的刻板形象。李显龙多次重申："这是一个常见的误解，虽然新加坡与美国有着密切的工作关系和战略伙伴关系，但新加坡不是美国的盟友。美国没有向新加坡提供正式的安全保证，新加坡也没有与美国的集体安全义务。"① 而对于"印太战略"中"主要区域合作伙伴"的定位，新加坡则是基本接纳，在延续与美国已有安全合作的基础上，力求拓展更多的新合作。

新加坡视美国为其外部安全的保证，支持美国在不引发地区冲突的前提下强化在东南亚的军事存在，多数东盟成员国接受"美国在这个地区的军事安全存在对地区稳定与和平所发挥的积极作用"。2019年第三十四届东盟峰会发表了《东盟印太展望》，阐明东盟关于地区合作的新主张，将自身的中心地位设定为促进印太区域合作的基本前提，并通过与美国的互动机制使其成为印太合作的主要平台。新加坡的地理位置造成其对外部环境有着根深蒂固的不安全感，美国的存在有助于保障该地区的和平与稳定。新加坡希望在面临更加危险和动荡的地缘政治环境时，东盟能够在国际舞台上成为强大而有力的组织。通过东盟维护本地区的稳定与和平，确保东盟成员国的繁荣。

（三）呼吁中美关系的调和及发挥东盟的中心性作用

对于美国提出的"印太战略"，新加坡审慎对待，将其视为中介平台，促进本国和地区经济发展，努力在其中找到自己合适的站位，同时，合理规避"选边站"的困境，继续保持与中美大国的良好关系，促进经济发展和地区稳定。随着中美之间贸易冲突不断加剧，李显龙政府意识到平衡中美在东南亚地区的力量越发不易，开始寻求与中美双方都保持平等友好关系，以免中美对抗有损新加坡的利益。李显龙政府频繁强调稳定的中美关系对区域安全的重要性，呼吁中美缓解冲突，希望中美两国拥有更加和平、稳定、富有建设性的格局。新加坡内政部部长兼律政部部长尚穆根在

---

① Lee Hsien Loong, Richard Haass, "PM Lee's Dialogue with the Council on Foreign Relations," March 31, 2022, https：//www.channelnewsasia.com/singapore/pm－lee－hsien－loong－dialogue－council－foreign－relations－2597991.

2017年亚洲经济论坛开幕词中提到："美国遏制中国崛起的任何手段都是行不通的，本区域几乎所有国家都不会支持这些行动。"① 李显龙表示："美国和中国应'培养共同的朋友圈'，这与新加坡的理念契合，新加坡既要加入美国的朋友圈，也要加入中国的朋友圈。"② 2024年3月李显龙总理访问澳大利亚，呼吁强化包括中国和美国等合作伙伴参与的论坛，以缓解该地区的大国竞争烈度，减少摩擦"升级为公开冲突"的风险。③ 新加坡清楚地认识到，无论是美国和中国之间的大国冲突，还是印太地区冲突，都可能会破坏东南亚地区的稳定，威胁新加坡的国家安全。

为了自身的国家利益，新加坡采取多元化的对外政策，不跟随美国，对美政策的实施可以概括地描述为"不结盟"和"力量平衡"的巧妙结合。2024年6月在香格里拉峰会上，新加坡防长表示，如果大国施压，小国将"受到考验"。"我们的做法实际上是说服包括大国、中等国家和其他国家在内的各方，建立一个保护各类国家权利的体系，符合集体利益……并具有包容性，能够避免军事联盟和贸易集团。"④

拜登政府调整了美国对东南亚政策，与东盟升级为全面战略伙伴关系，表示东南亚地区是美国政府"印太战略"的核心。新加坡认为，在中美两国的大国竞争中要保持和平环境，东盟需要做出权衡并保持中立。新加坡拉惹勒南国际研究院副教授李明江表示："新加坡希望在地区多边安全协商中扮演中心角色，在东盟最重要的工作是推动各国经济合作，以及

---

① K. Shanmugam, "Asia Economic Forum on The One – Belt One – Road Initiative: Impact and Implications," August 28, 2017, https://www.mha.gov.sg/mediaroom/speeches/asia – economic – forum – on – the – one – belt – one – road – initiative – impact – and – implications – speech – by – mr – k – shanmugam – minister – for – home – affairs – and – minister – for – law/.

② "National Day Rally 2016," Prime Minister's Office, August 21, 2016, https://www.pmo.gov.sg/Newsroom/national – day – rally – 2016.

③ "Australia's Continued Engagement with ASEAN Critical for Stability in Region, Amid Great Power Rivalry: PM Lee," Channel News Asia, https://www.channelnewsasia.com/asia/australias – continued – engagement – asean – critical – stability – region – amid – great – power – rivalry – pm – lee – 4177716.

④ "US and China don't need a Third Party to Help with Problems in Relationship: Ng Eng Hen," Channel News Asia, https://www.channelnewsasia.com/singapore/us – china – dont – need – third – party – shangri – la – dialogue – ng – eng – hen – 4380796.

促使东盟达成'团结一致'的共同立场。"① 新加坡政府表明，东盟尊重各成员国的独立、主权、平等、领土完整和民族特性，也暗示了东盟国家在国际事务上的表态可能不会按照美国的意愿进行。通过强化东盟的国际话语权，新加坡得以更有效地维护国家利益，有效规避了东盟成为大国或更广泛的亚太地区的附属。2023 年新加坡召开亚洲前瞻峰会，新加坡乐见东盟各国保持中立的立场，新加坡副总理王瑞杰在会上表示，"这种值得信赖的中立性是一个重要方面，我们欢迎不同党派在不偏袒任何一方的情况下与我们密切合作"。② 新加坡外交部部长维文也公开表示，"东盟是团结的，东盟各国不愿意成为任何强国的代理人或附庸，以保持东盟团结、凝聚力和中心地位的重要性"。③ 新加坡力促东盟中心地位和统一性以促进东南亚地区的和平与稳定。

三、"印太战略"下新加坡与美国关系的新发展

新加坡地处印太地区中心，具有重要的地缘战略地位，是美国在该地区的重要合作伙伴，是美国亚太地区战略的忠实支持者。从越南战争、反恐战争到"亚太再平衡"，再到最新的"印太战略"，新加坡都为美国提供军事基地、后勤补给等方面的支持，并抓住每次美国调整其战略的机会，加深与美国的安全合作机制，在涉及政治战略、贸易与投资、军事安全、网络安全、气候与人文交流等方面进行深度合作。

（一）政治战略方面

新加坡更加重视新美战略伙伴关系。美国的《2020 财年国防授权法

---

① 李明江：《亚洲正进入一个中美战略竞争加剧的时代》，凤凰新闻网，2022 年 5 月 9 日，https：//news.ifeng.com/c/8Fshp1GdyNz。
② "Countries should Look for Common Ground to Meet Long – Term Interests：DPM，Heng，" Straitstimes，https：//www.straitstimes.com/singapore/countries – should – look – for – common – ground – to – meet – long – term – interests – dpm – heng.
③ "Asean States may Differ in Approach to South China Sea Spat，but All are Seeking Peace：Vivian，" Straitstimes，https：//www.straitstimes.com/asia/se – asia/south – china – sea – claimants – should – settle – dispute – peacefully – vivian.

案》写道："美国和新加坡共和国在长期和互利合作的基础上建立了牢固、持久和前瞻性的战略伙伴关系,两国在安全、防务、经济和人文交流等领域的合作,对促进印太地区的和平与稳定至关重要。"新美两国都主张维护以规则为基础的国际秩序,以及国际法和《联合国宪章》所强调的原则,包括尊重主权、和平解决争端、国家间合作和基本人权。这些原则是美国构建印太地区和世界秩序的基础。两国本着平等伙伴关系,大力支持东盟中心地位和以东盟为中心的地区架构。2022 年,在新加坡的推动下,美国与东盟将双方关系升级为全面战略伙伴关系。新加坡总理李显龙在东盟峰会与美国总统拜登会晤期间表示,"东盟与美国的关系已达到新高度,新加坡将与美国一起在全面战略伙伴关系下加强合作"。[1]

(二) 贸易与投资方面

新加坡是美国在亚洲的第二大外资来源国,美国则是新加坡最大的外资来源国。2019 年美国在新加坡的投资总额为 2880 亿美元,主要投资于制造业、金融业和保险业、批发贸易领域,超过美国在中国(1162 亿美元)和日本(1318 亿美元)的投资总额,占新加坡外商直接投资总额的 20% 以上,约占美国在东南亚投资总额的 80%。[2] 新加坡在美国拥有超过 730 亿美元的投资,是美国商业房地产市场上最大的亚洲投资者,新加坡在美投资创造了超过 25 万个就业岗位。[3] 2020 年双边贸易额翻了一番,美国与新加坡的商品和服务贸易总额估计为 937 亿美元。[4] 2022 年的投资总额达 4218 亿美元。美国在新加坡的投资总额超过美国对中国、日本和韩国

---

[1] Hariz Baharudin, "Asean and US Elevate Ties to a Comprehensive Strategic Partnership," November 2022, https://www.straitstimes.com/asia/asean-and-us-elevate-ties-to-a-comprehensive-strategic-partnership.

[2] "2021 National Trade Estimate Report on Foreign Trade Barriers," The Office of the United States Trade Representative, March 31, 2021, https://www.wita.org/atp-research/2021-national-trade-report/.

[3] "2022 Investment Climate Statements: Singapore," Bureau of Economic and Business Affairs, September 2, 2022, https://www.state.gov/reports/2022-investment-climate-statements/singapore/.

[4] "Singapore," The Office of the United States Trade Representative, 2021, https://ustr.gov/countries-regions/southeast-asia-pacific/singapore.

投资额的总和。2022年新加坡对美投资总额价值达575亿美元。①

　　成熟的产业经济环境和优良的招商引资优惠政策吸引多家全球领先的美国企业入驻新加坡，两国不断加强的经贸和技术合作推动新加坡各类企业的发展与壮大，进而提升了新加坡的科技与经济水平。目前有超过140家新加坡公司设在美国，5400家美国公司在新加坡设立总部，主要涉及半导体、芯片及生物医药等高科技产业。新加坡一直倡导经济多元化，美国是新加坡最主要的贸易伙伴之一，两国在经贸领域合作紧密，在国际经济合作中新美贸易的依存度高。

　　新美两国深化在金融、科技、数字经济等方面的合作，增强新加坡经济的实力与创新型产业的发展。美国在世界银行、国际货币基金组织和世界贸易组织等国际金融组织中具有主导权，新加坡将美国视为国际金融秩序的重要引导者，积极协同美国维护自由贸易与全球价值链的稳定运转。2021年美国副总统哈里斯访问新加坡之际，新美两国将经济关系提升为增长与创新伙伴关系，双方签署"美国—新加坡增长与创新伙伴关系计划"，旨在促进两国在商业伙伴关系和政策发展方面的交流，并依托先进数字技术，通过共同制定国际标准，最大限度提高数字经济时代下两国的经济效益。新美加强两国私营部门之间合作以确保地区经济包容性增长的关键推动因素，主要涉及数字经济、能源与环境科技、先进制造业和医疗保健四大主题。② 在数字经济方面，新美合作的方向是扩大数字化平台的基础设施投资，加深云技术在各行各业的应用以提高企业的工作效率。对于新加坡企业而言，美国提供了巨大的市场机会，融入美国的商业生态系统也有助于吸引更多的海外投资。对于美国企业而言，新加坡营造了有利于企业发展且充满活力的创业中心，是通往亚洲新兴市场的门户。为营造良好的创新与创业生态系统，截至2022年，新加坡单是科技创业公司就多达

---

① "Singapore and US to Venture into New Areas to Beef up Ties, Says DPM Lawrence Wong," Straitstimes, https：//www.straitstimes.com/world/united－states/singapore－and－us－to－venture－into－new－areas－to－beef－up－ties－says－dpm－lawrence－wong.

② Bower Group Asia, "A Partnership of Possibilities," September 2022, AmCham, https：//amcham.com.sg/wp－content/uploads/2022/09/AmCham－BGA－IndustryRecommendations－for－PGI_September－15.pdf.

4000 家，主要从事资讯科技、电子商务、人工智能、金融科技等领域。①

（三）军事安全方面

新加坡通过获得美国在区域内的战略支持并推动国防武器装备现代化，对潜在安全威胁形成了有效的军事威慑。在军贸关系上，美国为新加坡提供先进国防技术和军事训练设施，因而新加坡优先考虑美国的国防装备，以寻求武器系统的互操作性。新加坡武装力量的主战装备基本来自美国，只有部分武器装备为自主设计。2017—2021 年，美国授权通过直接商业销售模式向新加坡永久出口价值超过 274 亿美元的国防物品。运往新加坡的装备类别主要包括航空零部件、燃气涡轮发动机和军用电子产品。②新加坡在与美国的安全合作中不仅成功缓解了自身的"生存脆弱性"问题，同时还通过购买美国先进的武器一跃成为东南亚地区首屈一指的军事强国，拥有东南亚地区最先进的军事装备，对周边的威慑能力由此加强。

新加坡与美国的防务关系进一步升温。新美两国在安全防务领域的广泛合作为新加坡提供了东南亚区域外的安全保障，借助美国的国防能力对周边国家起到威慑作用，以改变新加坡安全的脆弱性。2019 年，两国签署《关于新加坡共和国驻关岛安德森空军基地空军训练支队的谅解备忘录》，新加坡得以在美国基地建立四支新加坡空军战斗机训练分遣队，以持续保持良好的战备状态，弥补新加坡国内受牵制的空中训练空间。2021 年美国白宫透露，美新再度达成防务协议，其内容主要包括美国 P–8 反潜巡逻机和濒海战斗舰在新加坡的轮流部署，该协议重申美国在东南亚地区的存在。③ 美国海军则在新加坡设有"西太平洋后勤补给群司令部"，负责协调区域军舰，新加坡为部署在该地区的美国军事部队提供了至关重要的后勤补给。

---

① 《初创生态"疫"起蓬勃发展 新加坡"独角兽"走向世界》，《联合早报》，2022 年 11 月 25 日。

② "U. S. Security Cooperation With Singapore," US Department of State, August 2022, https://www.state.gov/u‑s‑security‑cooperation‑with‑singapore/.

③ 《哈里斯访问东南亚：绕不开的阿富汗与需要安抚的"朋友"》，澎湃新闻网，2021 年 8 月 24 日，https://m.thepaper.cn/wifiKey_detail.jsp?contid=14174875&from=wifiKey#。

两国积极开展双边海上演习，如年度双边军事演习"虎豹演习"、海军联合演习"太平洋狮鹫"、美国与东南亚国家在南海地区举行的系列双边联合海上战备和训练演习"卡拉特"等。此外，新加坡也积极参与美国主导的区域多边涉海演习，如"环太平洋演习""金色眼镜蛇""东南亚合作训练"等，这些演习和行动往往针对海盗和人道主义援助/灾害救济等各国共同面对的跨国威胁。一方面，新加坡将自身定位为南海的"利益攸关方"，期望利用可能引发潜在冲突的南海争端，以确保自身在东盟的战略地位，尽可能提高新加坡的区域和国际影响力；另一方面，新加坡长期借助美国的威慑，防范中国崛起可能带来的未知威胁，实现新加坡在中美博弈下的利益最大化，获取更多的战略主动权和话语权。

（四）网络安全方面

在网络安全合作方面，新加坡和美国举行了首届美国—新加坡网络对话，在双边对话中，官员们就跨国部门合作、信息共享、勒索软件打击、供应链安全保障、区域网络能力建设、网络技术人才和劳动力发展，以及电信诈骗的防范治理展开讨论，新加坡战略与安全委员会和美国国家网络主任办公室决定建立一个智能技术与网络安全技术交叉的双边工作组。通过交换网络威胁信息、协调网络安全事件响应、降低勒索软件风险以及联合网络安全培训和演习等方式，新加坡与美国致力于共同构建一个更安全、更有弹性的网络生态系统，制约网络犯罪分子及其基础设施，防止他们滥用金融系统。

新美两国还共同致力于亚太经合组织跨境隐私规则的推广，呼吁企业加入该体系以证明其遵守国际公认的数据隐私保护措施，强调有效的数据保护和隐私对于加强消费者和企业对数字交易的信任至关重要。通过构建增长与创新伙伴关系，新加坡与美国不断深化在前瞻性领域的合作，营造鼓励创新的社会环境，促进各类通用技术之间的全球互操作性，倡导企业与人民更包容地参与数字经济。

东盟与美国以网络安全为主要抓手，推进"美国—东盟智慧城市伙伴关系"的建设，其中新加坡是促进双方数字经济合作的关键力量。在美国—东盟智慧城市伙伴关系的框架下，新加坡和美国拓展第三国培训计划中的技术培训领域，开展"美国—新加坡针对东盟的网络安全和技术援助项目"，促进东盟国家打造可持续发展的智慧城市，并在数字经济国际规则、网络空间治理等方面不断加大对东盟的引导，帮助东南亚国家维护其"数字边境"。新加坡政府通过促进东盟与美国的经济往来与技术合作，增强了东盟在本地区经济中的影响力，也使得东盟成为世界政治经济舞台上的重要力量。这不仅有利于增强东盟内部凝聚力，加强东盟在区域合作中的中心地位，也有助于增强东盟共同体的独立话语权，减轻地缘政治博弈对东南亚地区整体发展态势的影响。

（五）气候与人文交流方面

2021年美新建立气候伙伴关系，就气候行动、环境治理、可持续发展和低碳解决方案开展更密切的合作。基于气候伙伴关系，两国共同研发气候工程技术，建设区域清洁能源基础设施，制定高质量的气候标准并在气候和环境风险管理方面开展金融合作。根据项目计划，新加坡贸易与工业部、交通部和财政部的专家将与美国同行进行磋商，推进碳信用市场、可持续金融、能源转型、绿色交通等领域的合作项目，深化绿色产业交流和投资，增强能源体系弹性，保障能源安全稳定供应。

在教育和文化交流领域，《东南亚态势报告2023》显示，美国连续4年以压倒性优势被选为新加坡人最受欢迎的留学目的地，其中新加坡的海外教育资金投入与高校资源互换计划发挥了重要作用。[1] 2021年，新加坡有4504名学生在美国留学，约占新加坡海外留学总人数的1/5。[2] 美国有超过1000名学生在新加坡高校就读，占美国学生在东南亚留学总人数的22%以上。[3] 41所美国大学与新加坡大学建立合作关系，提供110个交换

---

[1] "The State of Southeast Asia," ISEAS - Yusof Ishak Institute, February 9, 2023, https://www.iseas.edu.sg/category/articles - commentaries/state - of - southeast - asia - survey/.

[2] "Singapore's Demand for Overseas Education," International Trade Administration, February 21, 2022, https://www.trade.gov/market - intelligence/singapores - demand - overseas - education - 0.

[3] "U. S. Relations With Singapore," Bureau of East Asian and Pacific Affairs, October 1, 2021, https://www.state.gov/u - s - relations - with - singapore/.

项目。① 除了大学之间的交换项目，为扩展新加坡和美国政府在教育领域的互动，双方均设有多样化的国际教育交流项目以促进两国人民的专业发展。一方面，新加坡科技研究局、国际基金会等政府机构设立新加坡国际研究生奖、青年社会企业家计划等项目为美国留学生提供资助。另一方面，美国政府设立富布赖特等项目，优选美国教授在新加坡国立大学和东南亚研究所任教或交流，为优秀的新加坡学生赴美学习提供奖学金，也为美国学生在新加坡学习提供奖学金。从人文交流的角度看，新美两国的教育交流加强了新加坡国际传播能力的建设，对推动两国的发展和增进两国人民之间的友好交往发挥了积极作用。但在调查对美国的认可原因时，极少有新加坡受访者表示是因为与美国的政治文化和价值观一致。究其原因，是新加坡政府重视新加坡共同价值观的灌输与培植，整合新加坡多元社会文化价值观，坚决抵御西方世界的"人权外交"和"民主"说教，化解新加坡年轻一代的价值观危机。谨慎对待美国价值观对新加坡的影响，是新加坡政府长期普及国家意识的共同价值观的客观效果。

新加坡不断推动东盟与美国完善合作机制，并积极游说美国参与东盟的各项活动，促成美国—东盟全面战略伙伴关系。2021年东盟与美国的双边贸易额超过3790亿美元，美国是东盟最大的外商直接投资来源国。新美两国也积极构建相关双边和多边机制协调东盟可持续性发展。新加坡助推美国在东南亚的援助，从教育到环境、医疗保健到灾害管理、社会福利到文化和信息等广泛领域，促进东盟数字化转型。新加坡在东盟中的影响力和新美两国的深厚联系使得新加坡成为东南亚区域政策行动磋商和执行的重要利益攸关方，也使美国在东南亚区域事务中获得更多参与机会，从而得以长期维系新美关系及美国与东盟关系的紧密性。

四、结语

对美国而言，新加坡是美国在东南亚地区外交的重要纽带。新加坡不

---

① "Fact Sheet: Strengthening the U. S. – Singapore Strategic Partnership," The White House, August 23, 2021, https://www.whitehouse.gov/briefing-room/statements-releases/2021/08/23/fact-sheet-strengthening-the-u-s-singapore-strategic-partnership/.

断推动两国经济领域的政策协调，向其他东盟国家推广美国的影响力，进一步加强美国与东盟的关系。随着东盟国家的经济体量和影响力日益提升，东盟在未来世界经济格局中地位将不断上升。在亚太乃至印太地区占据经济领导地位，增进在东南亚地区的经济存在是美国"印太战略"中的重要一环，也体现出新加坡在美国地缘经济层面的重要性。

新加坡也是美国塑造印太地缘格局的重要节点。马六甲海峡作为连接其在太平洋和印度洋两个重要战略地区的中心环节，是美国维护其全球军事网络的重要海上战略通道。新加坡的地理优势和完备的基础设施为美国空军和海军提供了印太地区无可比拟的军事后勤通道。两国在安全合作上的战略互补促使美国顺理成章地在新加坡增加军事部署，美国也借机参与东南亚的安全保障事务，力图在东南亚地区建立以美国为主导的多边军事安全体系。

总体而言，在美国践行"印太战略"的背景下，新美两国以共同利益为主线，建立了多领域的合作机制，也促进了新加坡的经济发展。同时，相关政策也符合美国在东南亚地区的战略发展，有助于提升美国对东南亚地区的政治影响力。但是新加坡仍然谨慎把控与美国在安全上走近的节奏，保持自身独立性和包容性，避免成为大国博弈的棋子。

英国与新加坡、印度尼西亚去极端化政策比较研究[*]

许 超[**]

去极端化是近些年研究恐怖主义的一个新视角,旨在切断极端主义思想的传播,防止其发展成为恐怖主义或者对已经极端化的个人或群体进行去极端化改造,使其彻底放弃极端主义思想和行为活动。英国作为一个老牌的发达资本主义国家,在长期的去极端化实践中积累了丰富的经验,并取得了一定的成效。英国针对去极端化工作开展的"渠道"项目在世界各国推行的去极端化政策中具有典型性,这对其他国家的去极端化工作提供了很好的借鉴。东南亚地区也是开展去极端化项目较为成熟的区域,印度尼西亚、新加坡、马来西亚、泰国和菲律宾都有国家层面的去极端化策略,其中以新加坡和印度尼西亚的去极端化项目最具代表性。新加坡是一个城市国家,面积狭小,但该国也是一个由包括穆斯林群体在内的多族群构成的国家。新加坡虽是一个非伊斯兰国家,但出于地理位置的原因同样受到伊斯兰极端主义和恐怖主义的威胁。正是在这样的背景下,新加坡政

---

[*] 本文系2023年度教育部哲学社会科学研究重大课题攻关项目"推进国家安全体系与能力现代化研究"(编号:23JZD030)的阶段性研究成果。

[**] 许超,博士,山东政法学院公共管理学院讲师。

/144/

府开展了去极端化项目,并且由于国家规模的原因使其去极端化具有国家参与度高与社会参与度高的双重特征。印度尼西亚是世界上穆斯林人口最多的国家,但印度尼西亚的穆斯林大都属于温和派,因此该国并未像中东一些国家那样建立君主专制政权,而是选择走世俗化的道路。但是穆斯林人口比重高使其难以摆脱伊斯兰教对国家政治生活的影响,特别是一小部分伊斯兰极端主义分子成为国家安全的威胁。基于此,印度尼西亚政府开展了去极端化工作。通过对英国、新加坡、印度尼西亚去极端化政策的比较,可以进一步丰富去极端化理论的内容,深入探究政治体制、文化背景和社会经济发展程度等对去极端化政策的影响。

一、英国、新加坡、印度尼西亚去极端化政策概述

(一)英国去极端化政策概述

1. 英国去极端化政策提出的背景

为打击滋生恐怖主义的极端主义思想,英国自 21 世纪以来开展的反恐斗争重点就是实行一系列去极端化政策。英国去极端化政策产生的背景主要包括英国多元文化主义实践的失败、伊斯兰极端主义在英国的兴起和英国反恐陷入越反越恐的窘境三个方面。

一是多元文化主义践行的失败。多元文化主义是英国政府针对移民问题推行的国家政策,意在尊重移民群体的少数族群身份,以便少数族群能更好地融入英国主流社会。多元文化主义在一段时期内成效显著,较好地处理了少数族群与主流社会之间的关系,在政治、教育、宗教等领域,英国少数族群特别是穆斯林族群从中受益良多。但多元文化主义也给英国社会带来了各种各样的问题,最终导致其实践的失败。多元文化主义导致穆斯林少数族群与英国主流社会间"平行社会"的出现。多元文化主义政策倡导对差异性的尊重和认可,即少数族群可以随意保持自己的差异,但这一政策在实践中却在某种程度上强化或"合法化"了"飞地"意识,使文化差异的概念固化,并在一定程度上阻碍了族群间的交流,使得政策调节

的空间越来越小。① 对彼此族群间的漠视和较少的交流、沟通很容易产生防范和恐惧心理，极端组织很容易利用这一点来破坏社区和谐和助长分裂。多元文化主义政策使得穆斯林少数族群不断被边缘化。社会调查和新闻报道都显示出英国穆斯林特别是巴基斯坦裔和孟加拉裔穆斯林是英国最贫穷、社会地位最低的少数群体。超过2/3的孟加拉裔和超过1/2的巴基斯坦裔群体生活在英国最贫困的地区，② 在教育、就业、健康状况、政治参与等领域处于劣势地位。多元文化主义政策使少数族群面临着严重的身份认同危机，国家认同感较低。多元文化主义面临的最大挑战是如何维持差异与共性的平衡，在具体实施过程中一味地强调差异而忽视了共性，这就造成了穆斯林少数族群对英国的国家认同感较低。

二是伊斯兰极端主义在英国的兴起。穆斯林少数族群在社会政治经济方面的不平等处境是伊斯兰极端主义在英国兴起的根源。英国穆斯林在教育、就业、社会福利等方面遭遇的歧视及在国家社会经济政治生活中日益加深的整体困境，使其对社会现状感到强烈不满，很容易受到极端分子的蛊惑并加入极端组织，这是英国伊斯兰极端主义兴起的深层根源。对穆斯林的偏见（如"伊斯兰恐惧症"）推动了伊斯兰极端主义在英国的兴起。通过几个对穆斯林群体进行的调查发现，自"9·11"事件以来，80%的穆斯林受访者称自己曾遭遇"伊斯兰恐惧症"，68%的受访者认为自己曾遭遇区别对待，32%的受访者称自己曾在英国机场遭遇歧视。③ "伊斯兰恐惧症"加剧了英国主流社会与穆斯林群体间的紧张关系，使得许多穆斯林特别是穆斯林青年通过加入极端组织来报复英国社会，伊斯兰极端主义得以在英国大行其道。

三是英国反恐陷入越反越恐的窘境。2005年7月7日英国发生了举世震惊的伦敦地铁爆炸案。恐怖主义成为英国的头号安全威胁。2008年3月

---

① Ted Cantle, "Interculturalism: The New Era of Cohesion and Diversity," Basingstoke: Palgrave Macmillan, 2012, p. 32.

② Frances Stewart, "Global Aspects and Implications of Horizontal Inequalities: Inequalities Experienced by Muslims Worldwide," CRISE Working Paper, No. 60, November 2008, p. 11.

③ Robert Briggs and Jonathan Birdwell, "Radicalization among Muslims in the UK, Microcon Working Policy," Working Paper 7, 2009, http://citeseerx.ist.psu.edu/viewdoc/download? doi = 10.1.1.642.7228&rep = rep1&type = pdf.

19 日，布朗政府正式公布了英国首份国家安全战略报告——《英国国家安全战略》，将恐怖主义列为英国最大安全威胁。① 卡梅伦政府于 2010 年 10 月 18 日公布的《不确定时代的强大英国：国家安全战略》报告将恐怖主义列为头号安全威胁。② 2015 年颁布的《国家安全战略和战略防务与安全评估》报告同样将恐怖主义列为英国未来 5 年面临的第一层级风险。③ 恐怖主义成为英国头号安全威胁，那么反恐自然就成为英国安全战略的重心。但是英国十几年的反恐收效甚微，究其原因主要有以下几个方面：英国成为国际恐怖组织的重点袭击目标，反恐压力巨大；极端主义在英国迅速蔓延，"独狼"式恐袭防不胜防；英国军事干预别国的外交政策等。在恐怖袭击爆发后，英国通过提升反恐警戒级别、出台新的强硬反恐举措加以应对，但恐怖主义在英国非但没有偃旗息鼓，反而出现了越反越恐的恶性循环。之所以会出现这种状况，其中一个重要的因素在于英国政府忽视了对内生性根源问题的解决，即英国经济社会发展不平衡导致的族群融合问题。因此，要彻底解决英国恐怖主义问题，就必须改善少数族群的社会经济地位，实现少数族群与主流社会的融合，铲除滋生极端主义和恐怖主义的土壤。

2. 英国去极端化政策的提出

去极端化政策的提出是随着英国反恐阶段的演变而来的，主要经历了四个阶段：2006 年反恐"竞赛"战略的提出；2011 年"预防战略"（Prevent Strategy）的提出；2015 年"去极端化政策"的出台；2018 年打击极端主义委员会的成立。

第一阶段：2006 年英国的反恐"竞赛"战略，明确提出反恐战略的内容。2006 年反恐战略报告明确指出该战略由四个部分组成：预防（Pre-

---

① "The National Security Strategy of the United Kingdom: Security in an Interdependent World," https://www.gov.uk/government/publications/the-national-security-strategy-of-the-united-kingdom-security-in-an-interdependent-world.

② "A Strong Britain in an Age of Uncertainty: The National Security Strategy," https://www.gov.uk/government/publications/the-national-security-strategy-a-strong-britain-in-an-age-of-uncertainty.

③ "National Security Strategy and Strategic Defence and Security Review 2015: A Secure and Prosperous United Kingdom," HM Government, 2015, p. 87.

vent)、追击(Pursue)、保护(Protect)、准备(Prepare)。预防主要是防止个体的极端化,阻止人们变成恐怖主义分子、支持恐怖主义或极端主义分子。其主要包括三个方面的工作:在英国及海外解决产生极端主义的结构性问题,如不平等和歧视;阻止那些支持恐怖主义行为和煽动他人参与恐怖活动的人,改变极端主义者和激进主义者的生存环境;应对恐怖主义意识形态战争,挑战极端主义者为暴力辩护的意识形态。[1]

第二阶段:2011年英国的"预防战略"。2007年,英国工党政府发布《"预防战略":对英格兰地区伙伴的指导》报告,标志着"预防战略"基本目标和实施框架的建立,并对具体工作安排提出了详细要求。[2] 卡梅伦政府于2011年6月正式出台了"预防战略",明确了"预防战略"的三个目标:应对恐怖主义意识形态挑战和威胁;防止人们卷入恐怖主义并确保他们得到合适的建议和支持;与有极端化风险的部门和机构进行合作。[3] 在战略实施方面,"预防战略"由隶属内政部的安全与反恐办公室领导,内政大臣担任首席领导。安全与反恐办公室向内政大臣负责,并负责这一战略的全面发展和评估。国家安全委员会在评估反恐工作的进展和方向方面起着关键作用。内政部负责牵头,横向协调平级的其他政府部门,纵向通过地方政府、法定机构、警察与社区系统开展工作。

第三阶段:2015年英国"去极端化政策"的出台。为了更有效地打击极端主义,英国内政部于2015年10月正式出台了"去极端化政策"。为了应对极端主义的挑战,该战略文件明确指出英国要重点做好以下四个方面的工作。一是反对极端主义意识形态:继续对抗和挑战极端主义宣传,确保极端思想在包括网络在内的所有领域都无立足之地,帮助那些处于极端化边缘的人。二是与所有反对极端主义意识形态的组织建立伙伴关系:与主流的个体、社区组织及其他社会组织一起努力应对极端思想的挑战,

---

[1] "Countering International Terrorism: The United Kingdom's Strategy," HM Government, July 2006, p. 2.

[2] "The Prevent Strategy: A Guide for Local Partners in England," HM Government, 2008, https://www.northants.police.uk/sites/default/files/Prevent%2520Strategy%2520Part%25201%5b1%5d.pdf.

[3] "Prevent Strategy," London: TSO, HM Government, 2011, p. 7

保护脆弱群体。三是阻止极端主义者的行为：明确新的反恐目标，以便灵活应对各类极端主义行为，包括极端分子在社区制造的分裂和对法律规则造成的潜在破坏行为。四是建立更具凝聚力的社区：通过理解和分析部分人群不认同国家及其基本价值观的原因，提出一个新的社区凝聚力方案以帮助那些可能面临社会隔离风险的社区。①

第四阶段：2018年3月，英国打击极端主义委员会成立。打击极端主义委员会将做好以下六个方面的工作：第一，识别和挑战各种形式的极端主义，并为政府提供解决极端主义所需的政策建议。第二，就委员会拟进行的工作议程、职权范围、未来结构，向内政大臣提出建议并征得其同意。第三，广泛参与并准备与致力于在本社区打击和应对极端主义的人进行合作。第四，在公共部门、社区、民间组织、家庭及法律和学术专家中，广泛和公开地开展关于极端主义及英国基本价值观、多元文化的讨论。第五，与政府和其他合作伙伴一道就新出现的调查结果和最后建议进行广泛讨论，并提供有力的证据予以证明。第六，确保公共资金在其开展的工作中物有所值和合理使用。② 2018年9月21日，打击极端主义委员会公布的研究报告主要聚焦五个主题：公众对极端主义的理解、极端主义的规模、极端分子的目标和策略、极端主义造成的危害和当前应对极端主义的对策。③

3. 英国去极端化政策的主要内容

英国主要通过与各类风险场所的合作开展去极端化工作。这些风险场所主要包括学校、互联网、宗教组织、慈善机构、医疗机构和监狱系统。通常来说，这六大风险场所最容易受到极端主义意识形态的影响。因此，英国政府的去极端化政策就是要求这些风险场所在去极端化工作中承担责

---

① "Counter－Extremism Strategy," HM Government, October 2015, p. 17.
② "Charter for the Commission for Countering Extremism," March 15, 2018, https://www.gov.uk/government/publications/charter－for－the－commission－for－countering－extremism/charter－for－the－commission－for－countering－extremism.
③ "Commission for Countering Extremism Publishes Plans for Wide－ranging Study into Extremism," September 21, 2018, https://www.gov.uk/government/news/commission－for－countering－extremism－publishes－plans－for－wide－ranging－study－into－extremism.

任，设立专门机构进行指导和监控，负责去极端化工作。与此同时，这些风险场所自身也应积极采取各种举措配合政府的去极端化工作。

英国去极端化工作主要通过"渠道"项目来实现。"渠道"项目是社区反恐的识别机制项目，设立的目的是为被暴力极端主义思想影响的风险个体提供帮助。在"预防战略"被全面推行前，2007年4月，英国内政部在两个警察局进行"渠道"项目试点工作，并在2008年和2009年进行了两次扩展，目前已经在英格兰和威尔士全面推行。[1] "渠道"项目通过同地方政府、警察机构、法定合作伙伴（如教育部门、社会服务机构、青少年服务机构、罪犯管理服务机构等）与地方社区现有的合作，辨识被暴力极端主义思想吸引的个体，评估该风险的性质和程度，为受到风险影响的个体提供最合适的帮助。[2] 2010年和2012年英国政府先后两次以官方报告形式介绍了"渠道"项目的工作机制，对"渠道"项目的流程进行了详细说明。[3] "渠道"项目的运作资金主要来自安全与反恐办公室的"预防战略"拨款，利用警察、地方政府、法定伙伴和当地社区之间的伙伴关系，帮助那些易受暴力极端主义影响的人群。在早期阶段识别容易卷入极端势力的高危人群，通过多机构评估其危险程度和性质，制定最适合个人的"干预"计划以提供支持。

"渠道"项目运作的一般流程为：识别界定风险个体并做出引荐，对被引荐风险个体的风险性质和程度进行评估，对风险个体提供帮助和支持。"渠道"项目的一般流程如图所示。

第一，识别界定风险个体并做出引荐。界定和引荐工作是由包括地方政府、警察局、教育、医疗、监狱、慈善机构、网络、志愿者等在内的多方合作确定，并向"渠道"项目提供引荐人选。这些多方机构是按照一套"恐怖危险辨识指标"，对易受极端思想蛊惑的"脆弱群体"，尤其是对年

---

[1] "National Channel Referral Figures," Association of Chief Police Officers, https://www.npcc.police.uk/FreedomofInformation/NationalChannelReferralFigures.aspx.

[2] "Channel: Supporting Individuals Vulnerable to Recruitment by Violent Extremists, A Guide for Local Partnerships," HM Government, March 2010, p. 7.

[3] 沈晓晨、杨恕：《试析"反恐怖主义激进化"的三个关键维度——基于英国"预防战略"的案例分析》，《欧洲研究》2014年第3期。

轻人进行鉴别。①"渠道"项目对风险个体的鉴定标准包括四个方面：一是观点的表达。公开表达对暴力和恐怖主义及恐怖组织领导人的支持，拒不接受法治原则，坚决反对英国的民选政府。二是物质材料。拥有宣扬暴力极端主义的作品、印刷品、图片影像资料，试图登录或注册宣传暴力极端主义思想的网站，拥有武器或爆炸物等危险品，拥有和军事训练、技能和技巧相关的书籍。三是行为和行为的变化。远离家人、朋友、社交活动，敌视前同事和家人，与被禁组织机构有联系，与持有极端主义观点和提倡暴力的组织建立联系。四是个人历史。曾经参与或与在英国国内外拥护暴力极端主义意识形态的组织有牵扯，参加过在英国国内外军事或恐怖主义的训练，有过包括实施暴力在内的轻度犯罪。②"渠道"项目协调官通过这些辨识指标推荐风险个体，并对风险个体进行初步评估，然后交由多机构组成的专家小组进行更深入的评估。

第二，对被引荐风险个体的风险性质和程度进行评估。随着"渠道"项目的不断发展，被引荐的人数也在不断上升，但并不是所有的被引荐者都是风险个体，如何从被引荐者中识别出风险个体就显得尤为重要。在确认被引荐者后，通过在各个地区派驻警察或地方政府雇员等"渠道"项目协调官来对那些被引荐个体进行筛选和初步评估。"渠道"项目协调官的作用主要有三个：通过建立和维持一个多机构的专家小组，开展有效的合作伙伴关系保护处于风险中的个体，以便进行强有力的风险评估和决策；与合作伙伴建立牢固的关系，增强对"渠道"项目和暴力极端主义脆弱性的理解；与那些可以为风险个体提供帮助的伙伴和组织建立有效的联系。③"渠道"项目协调官会根据经验来判断这些对象是否存在恐怖主义风险，如果没有恐怖主义风险则将这些被引荐个体转交给其他更适合的机构或者退出"渠道"项目。④ 存在恐怖主义风险的个体将被转移至一个由多机构

---

① 《西方国家如何"全民反恐"？澳：社会和谐是根本》，新华网，2014年7月18日，http://www.xinhuanet.com//world/2014-07/18/c_126766636.htm。

② "Channel: Supporting Individuals Vulnerable to Recruitment by Violent Extremists, A Guide for Local partnerships," HM Government, March 2010, p. 9.

③ "Channel: Supporting Individuals Vulnerable to Recruitment by Violent Extremists, A Guide for Local partnerships," HM Government, March 2010, p. 7.

④ "Prevent Strategy," London: TSO, HM Government, 2011, p. 58.

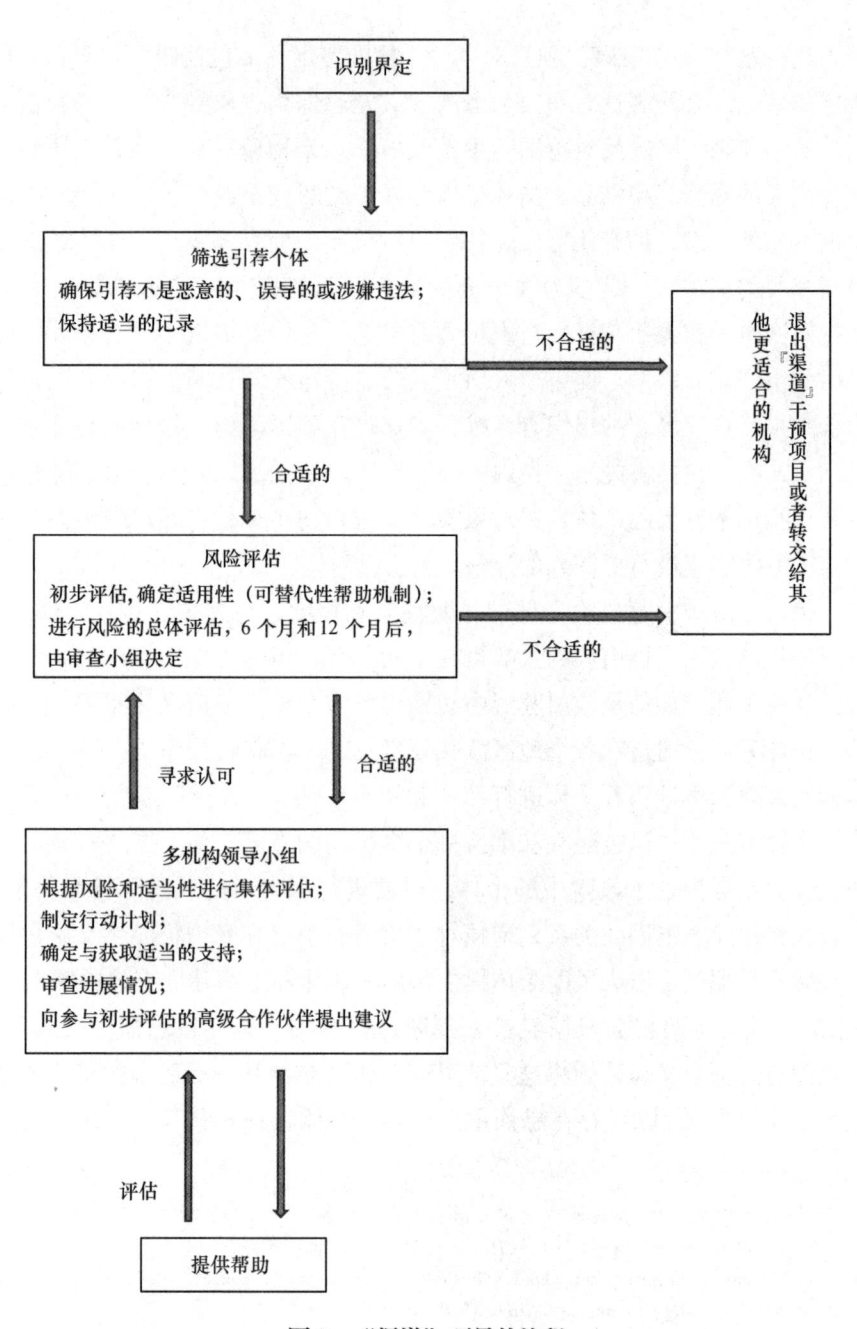

```
                    ┌──────────┐
                    │ 识别界定 │
                    └────┬─────┘
                         ↓
    ┌─────────────────────────────────────┐
    │ 筛选引荐个体                         │
    │ 确保引荐不是恶意的、误导的或涉嫌违法；│──不合适的──┐
    │ 保持适当的记录                       │            │
    └────────────────┬────────────────────┘            │
                     │合适的                            │
                     ↓                                  ↓
    ┌─────────────────────────────────────┐   退
    │ 风险评估                             │   出  退
    │ 初步评估,确定适用性(可替代性帮助机制);│   『  出
    │ 进行风险的总体评估,6 个月和 12 个月后,│──  渠  更
    │ 由审查小组决定                       │ 不 道  适
    └────┬──────────────────┬─────────────┘ 合 』  合
         ↑                  │合适的           适 干  的
         │寻求认可          ↓                 的 预  机
         │    ┌─────────────────────────┐    项  构
         │    │ 多机构领导小组           │    目
         │    │ 根据风险和适当性进行集体评估;│   或
         │    │ 制定行动计划；            │    者
         │    │ 确定与获取适当的支持；    │    转
         │    │ 审查进展情况；            │    交
         │    │ 向参与初步评估的高级合作伙伴│   给
         │    │ 提出建议                  │    其
         │    └────────┬─────────┬──────┘    他
         │             ↑         │
         │评估         │         ↓
         │         ┌──────────┐
         └─────────│ 提供帮助 │
                   └──────────┘
```

图 8　"渠道"项目的流程

资料来源：根据公开资料整理。

代表组成的专家小组进行风险程度的评估。2012年10月，英国政府出台《"渠道"项目：风险评估架构》报告，对风险程度评估标准的三个方面——是否投身于某个组织、事业或意识形态，是否有制造伤害的意愿，是否有制造伤害的能力，以及具体的22条细化指标（其中9条涉及是否投身于某个组织或意识形态、6条涉及是否有制造伤害的意愿、3条涉及是否有制造伤害的能力）进行详细介绍。[1] 这些因素综合在一起形成了对个体脆弱性的全面看法，这将有助于决定该个体是否需要帮助及采取何种帮助方案是合适的。

第三，对风险个体提供帮助和支持。基于对个体对象"风险程度"的评估，专家组还会就应该为个体提供哪些具体帮助进行商议。专家组提供的帮助和支持是多种多样的，一般包括以下方面的内容：一是指导和咨询，就如何处理可能导致个体脆弱性的议题提供指导、建议和帮助。二是神学指导和讨论，帮助个体增强宗教知识，使他们能够更好地理解和回应暴力极端主义的言论，以便更好地挑战极端主义思想。三是教育项目，通过文化、道德、宗教和职业教育的结合来支持个人，并在必要时帮助他们就业。四是鼓励公民参与，探讨政治与社区参与、志愿者项目、公民挑战、人权与社会正义等主题。五是与家庭和其他社会网络进行合作，提供一些主流的社会服务项目（如就业、教育、医疗和住房等方面的社会服务）。[2]

（二）新加坡去极端化政策概述

1. 新加坡去极端化政策的必要性

虽然到目前为止新加坡并未发生过恐怖袭击活动，但这并不意味着新加坡就不存在恐怖主义威胁，与此相反，新加坡面临的恐怖主义和极端主义威胁一直都存在。进入21世纪以来，新加坡面临的恐怖主义威胁主要来自"基地"组织、"伊斯兰祈祷团"和"伊斯兰国"。

---

[1] "Channel: Supporting Individuals Vulnerable to Recruitment by Violent Extremists, A Guide for Local Partnerships," HM Government, March 2010, p. 15.

[2] "Channel: Supporting Individuals Vulnerable to Recruitment by Violent Extremists, A Guide for Local Partnerships," HM Government, March 2010, p. 15; "Delivering the Prevent Strategy: An Updated Guide for Local Partners," London: TSO, HM Government, 2009, p. 12.

新加坡面临的恐怖主义威胁主要表现在内外两个方面。内部威胁主要表现在被逮捕的恐怖主义嫌疑人和本土极端分子开始增多。2001年12月，新加坡安全部门逮捕了13名企图对美国、英国、澳大利亚与以色列大使馆进行恐怖袭击的"伊斯兰祈祷团"核心成员；2002年9月又逮捕了涉嫌同一案件的另外21名恐怖主义罪嫌疑人。[①] 新加坡依据《国内安全法》逮捕的极端分子数量大幅增加，2007—2014年间仅有11名极端分子被捕，但2015—2017年已经有14名新加坡人受到"伊斯兰国"的蛊惑而变得极端化，在被逮捕审讯后得知，其中两人打算前往叙利亚参加"伊斯兰国"的"圣战"，还有一人意图刺杀总理李显龙从而使新加坡"变成一个伊斯兰国家"。[②] 此外，外籍人员中也不断出现极端分子，2015年底新加坡当局逮捕了40名支持使用暴力手段追求极端主义意识形态的在新孟加拉国务工人员，还有8名印度尼西亚籍家庭佣工涉嫌极端化被调查而后被驱逐出境。[③]

外部威胁主要表现在受"伊斯兰国"等国际恐怖主义的影响加大。2017年6月1日新加坡内政部发布《2017年新加坡恐怖主义威胁评估报告》，指出新加坡近些年一直面临着严重的恐怖主义威胁，其中来自"伊斯兰国"的威胁最为严重。这主要是由于新加坡作为世俗民主国家参加了旨在打击"伊斯兰国"的国际反恐联盟，并和西方世界有着紧密的商业和经济联系，因此被"伊斯兰国"视为异教徒和"十字军联盟"的成员国。[④] 2017年底在"伊斯兰国"有生力量基本被消灭的情况下，许多"圣战分子"开始流窜至世界各地继续从事恐怖活动，包括新加坡在内的东南亚是重要目的地。回流作战的圣战分子正在新加坡积极宣传极端思想，招

[①] 兰迪：《"柔性"反恐：新加坡犯罪预防与矫治制度研究》，《净月学刊》2017年第4期。
[②] "Singapore under Highest Terror Threat in Recent Years: 8 Key Points from MHA's Terror Report," The Strait Times, June 1, 2017, https://www.straitstimes.com/singapore/singapore-under-highest-terror-threat-in-recent-years-8-key-points-from-mhas-terror-report.
[③] "Singapore under Highest Terror Threat in Recent Years: 8 Key Points from MHA's Terror Report," The Strait Times, June 1, 2017, https://www.straitstimes.com/singapore/singapore-under-highest-terror-threat-in-recent-years-8-key-points-from-mhas-terror-report.
[④] "Singapore under Highest Terror Threat in Recent Years: 8 Key Points from MHA's Terror Report," The Strait Times, June 1, 2017, https://www.straitstimes.com/singapore/singapore-under-highest-terror-threat-in-recent-years-8-key-points-from-mhas-terror-report.

募成员，伺机发动恐怖主义袭击。

2. 新加坡去极端化政策的主要内容

2001年12月，在逮捕了13名"伊斯兰祈祷团"的成员后，新加坡政府开始设立去极端化项目，该项目由新加坡内部安全局主导，以"康复"为中心，包括心理康复、宗教康复、社会康复三个部分。①

心理康复项目始于监狱，隶属民政部的30名心理学家首先对在押人员的心理进行测试和大体评估，挑选出可以进行心理康复辅导的在押人员，然后一对一进行交流，帮助在押人员建立一个正确的认知过程，在押人员会逐渐自主产生否认极端组织的认知，或者对其恐怖行动产生怀疑等，以最终放弃极端主义思想，实现价值观的重塑。② 心理康复的关键在于通过相关的心理咨询与疏导，来干预和处理极端分子的情感问题。

宗教康复是新加坡去极端化项目的核心内容，由成立于2003年4月的宗教康复小组施行，主要内容包括辅导已经极端化的被拘押者和预防社会大众走向极端化两个方面。针对已经极端化的被拘押者，宗教康复小组主要是通过宗教辅导课程，以反叙事的形式重塑被拘押者的宗教观念。③ 为了确保宗教对话取得实质性的成果，宗教康复小组特别注重对宗教顾问的培训，这些宗教顾问大都毕业于国际知名的伊斯兰大学，在伊斯兰研究领域有着较高的造诣。此外，宗教康复小组还为宗教人士去极端化提供指南，在2004年和2008年分别撰写了两版"宗教咨询手册"，通过阅读、分析其询问材料，规划其咨询程式，促进辅导员理解与实施去极端化工作。④

宗教康复项目的另一个方面是针对尚未极端化的个人和社区。除了针对在押人员的宗教康复外，新加坡政府也意识到了对尚未极端化的个人和

---

① 靳晓哲、李捷：《反恐语境下东南亚国家去激进化策略及其反思——以新加坡、印度尼西亚、菲律宾为例》，《东南亚研究》2018年第3期。
② 靳晓哲、李捷：《反恐语境下东南亚国家去激进化策略及其反思——以新加坡、印度尼西亚、菲律宾为例》，《东南亚研究》2018年第3期。
③ 傅瑜：《宗教去激进化：新加坡"宗教康复小组"的措施与启示》，《东南亚研究》2018年第3期。
④ 佟阳、赵舒婷：《新加坡"去极端化"反恐策略评析》，《中国公共安全》（学术版）2018年第3期。

社区进行宗教服务和辅导以避免他们受极端化思想影响的重要性。自 2005 年以来，宗教康复小组通过举办会议、论坛和情况介绍会等方式引导年轻穆斯林，从而避免穆斯林社区的极端化。①

社会康复类似于沙特阿拉伯去极端化改造项目中的"善后关怀"，主要针对在押的极端分子和他们的家庭。新加坡政府向在押极端分子提供就业培训等社会援助项目，以便他们在刑满释放后可以很快融入社会。在押人员能否成功地融入主流社会是避免其再度极端化的关键，也是衡量新加坡去极端化项目成功与否的重要标志。为在押人员的家庭提供援助也是社会康复的重要内容，对在押人员家属的援助在一定程度上缓解了家属的不满情绪，在家属的协助下做好在押人员释放后的社会融入工作，可以让在押人员感受到来自政府的关怀，减少对政府的敌意和负面情绪，带着一颗感恩的心重新开始新的生活。

（三）印度尼西亚去极端化政策概述

1. 印度尼西亚去极端化政策的提出

印度尼西亚是世界上穆斯林人口最多的国家，印度尼西亚政府也致力于把自己打造成为伊斯兰世界的一支温和力量，使其能够充当伊斯兰世界与西方国家沟通的桥梁。② 但极端主义和恐怖主义的产生和发展无疑成为其实现这一目标的阻碍。

虽然印度尼西亚境内最大的恐怖组织"伊斯兰祈祷团"很早就存在，但在 2002 年之前未制造过有影响力的恐怖袭击活动，印度尼西亚政府也不承认国内存在恐怖主义，因此也就不存在所谓的反恐问题，而是将相关活动定性为刑事犯罪活动。"9·11"事件后，印度尼西亚被单方面纳入美国的全球反恐体系中，因此也成为"基地"组织的重要袭击对象，面临的恐怖主义威胁上升。2002 年 10 月 12 日，与"基地"组织关系甚为密切的

---

① 傅瑜：《宗教去激进化：新加坡"宗教康复小组"的措施与启示》，《东南亚研究》2018 年第 3 期。
② 里扎尔·苏克玛、邹宁军：《印度尼西亚的伊斯兰教、民主与对外政策》，《东南亚研究》2009 年第 6 期。

"伊斯兰祈祷团"制造了造成202人死亡的巴厘岛汽车爆炸案,这促使印度尼西亚政府第一次真正意义上审视自身的反恐理念。随后印度尼西亚政府制定了《反恐政府条例》,2003年国会通过了印度尼西亚第一部反恐法案——《打击恐怖主义犯罪行为法》,并且在该法的第六章第36、37款中设有"康复项目",成为印度尼西亚去极端化项目策略的雏形。在组织机构上,"康复项目"由独立于印度尼西亚警察系统的专门打击恐怖主义的独立单位"第88分队"负责实施。[1]《打击恐怖主义犯罪行为法》的出台和第88分队的建立标志着印度尼西亚去极端化政策正式起步。2013年,印度尼西亚政府发布全面指导反恐的"预防恐怖主义计划",在这份文件中,去极端化战略与预防战略、保护战略共同组成了印度尼西亚的反恐政策体系,并且对去极端化战略所遵循的"评估""康复""再教育""重返社会"四个路径进行了阶段性划分,标志着印度尼西亚去极端化策略的正式确立。[2]

2. 印度尼西亚去极端化政策的实行

在2003年《打击恐怖主义犯罪行为法》出台后,根据国内恐怖主义形势发展的情况,印度尼西亚政府对国内反恐机构和部门进行了整合和调整,将去极端化策略置于反恐战略更加突出的位置。印度尼西亚政府于2010年设立国家反恐总局,作为印度尼西亚政府内部负责制定、实行及协调去激进化等反恐相关政策和事务的主导机构。随后苏西洛总统通过两项总统指令将国家反恐总局提升至内阁级别,同时将法律与人权部下属的矫正总局正式纳入去极端化体系中。至此,印度尼西亚去极端化策略由国家反恐总局、第88分队以及矫正总局共同实施。[3]

印度尼西亚去极端化的主要措施是警察和前恐怖分子对在押人员进行说教。印度尼西亚去极端化项目中很少使用正式的神学对话方式,而是通

---

[1] 杨楠:《去激进化反恐策略的"印度尼西亚模式"评析》,《东南亚研究》2018年第3期。
[2] Sutrimo, Agus Suryono, Tjahjanulin Domai, and Andy Fefta Wijaya, "Implementation of Deradicalization Policy for Terrorism Prisoners: An Indonesian Experience," International Journal of Management and Administrative Sciences (IJMAS), Vol. 3, No. 10, 2016, p. 4.
[3] 杨楠:《去激进化反恐策略的"印度尼西亚模式"评析》,《东南亚研究》2018年第3期。

过警察等与在押人员发展"私人关系"。① 在获取在押人员的信任后,警察向其讲述正确的伊斯兰教与他们所坚持的极端主义思想之间的区别,只有坚持正确的伊斯兰教信仰才会获得真主的庇护。同时警察也从在押人员作为一个父亲、丈夫或儿子在家庭中肩负着神圣责任的角度,晓之以理,动之以情来感化在押人员,将其从极端主义拉回到家庭。除了警察外,一些放弃极端主义思想并得到政府信任的前恐怖分子在去极端化项目中也发挥着重要作用。他们以自身的经历现身说法,对在押人员进行说教。②

二、英国与新加坡去极端化政策的比较

(一)英国与新加坡去极端化政策的相同点

英国与新加坡都高度重视社区在去极端化工作中的作用。前面我们已经提到,无论是反恐的竞赛战略、预防战略还是去极端化战略,英国政府都高度重视社区在反恐去极端化中的作用,通过在社区中开展一系列活动来增强公民社会对恐怖主义的应变力是英国去极端化的重要目标。同时,英国政府也要求社区民众及时举报可疑人员,坚决抵制极端主义思想在社区的传播,使社区成为英国去极端化和反恐的中坚力量。新加坡政府重视社区特别是穆斯林社区在去极端化改造中的重要作用,通过穆斯林社区确保社区成员建立正确的伊斯兰教观,从而抑制产生极端主义的土壤。自2001年以来,穆斯林社区也组织了一些反对宗教极端主义的公众辩论、对话和会议,如2003年,新加坡穆斯林学者和教师协会组织了一次旨在挑战伊斯兰极端思想的会议,会议的记录已集结入一本名为《新加坡穆斯林社区中的温和伊斯兰思想》的书中,为伊斯兰教的实践提供指导。2006年2月,新加坡政府启动了社区参与计划,旨在加强不同宗教信仰间的对话,使正统的伊斯兰教义可以在社区中得到正确的解读和传播。在内部安全局

---

① 靳晓哲、李捷:《反恐语境下东南亚国家去激进化策略及其反思——以新加坡、印度尼西亚、菲律宾为例》,《东南亚研究》2018年第3期。
② 靳晓哲、李捷:《反恐语境下东南亚国家去激进化策略及其反思——以新加坡、印度尼西亚、菲律宾为例》,《东南亚研究》2018年第3期。

的支持下，穆斯林社区组织向被拘押的"伊斯兰祈祷团"极端分子家属提供财政和心理方面的援助，这可以尽可能减少儿童由于父亲的被拘押或经济边缘化风险而走向极端化。[1] 通过这些社区活动，建立一种温和的穆斯林社区模式，抑制了极端主义滋生的环境。除了在穆斯林社区的去极端化项目外，新加坡政府也积极在非穆斯林社区推动去极端化的宣传。在非穆斯林社区中进行去极端化宣传的策略是发放宣传手册，主要包括三种类型的手册：一是新加坡伊斯兰宗教理事会发行的有关"圣战"概念以及极端分子与恐怖分子杀害平民的伦理和法律问题的《Jihad 的问答》（Questions and Answers on Jihad）一书；二是指导社会及公众如何预防极端化、脱离极端主义束缚以及如何回归正常生活的《不要走向极端》（Don't be Externism in Your Religion）一书；三是提出了法治、诉诸和平手段、民主、具体问题具体分析、尊重他人的意见和权利，以及坚持正统教义的"六个适度"原则的《温和的新加坡穆斯林》（Muslim, Moderate, Singapore）一书。[2] 通过这些小册子的发放，将反极端主义的观点快速传递给普通民众。此外，新加坡政府还以社区为单位，在建筑物的业主和承租人中推行"平安、守望小组"，要求每幢大楼的业主和承租人都参与到社区反恐中来，并做好以下工作：对可能出现的风险进行评估，建立安全监控体系，利用现有资源制定反恐工作预案。[3] 新加坡政府通过在穆斯林社区和非穆斯林社区的去极端化项目的开展，在全社会形成了"反极端主义人人有责"的良好氛围，开创了全民反恐的良好局面。

（二）英国与新加坡去极端化政策的相异点

第一，推动两国开展去极端化工作的国内外根源有所不同。英国虽然一直都受到"基地"组织等国际恐怖主义的威胁，但这并不是推动英国去

---

[1] Ralf Emmers, "Comprehensive Security and Resilience in Southeast Asia: ASEAN's Approach to Terrorism," The Pacific Review, Vol. 22, No. 2, 2009, pp. 167–168.
[2] 佟阳、赵舒婷：《新加坡"去极端化"反恐策略评析》，《中国公共安全》（学术版）2018年第3期。
[3] 谢湘江：《"平安安全守望小组"——新加坡社区反恐的重要基层组织（编译）》，《云南警官学院学报》2011年第4期。

极端化的决定性因素，真正起决定性作用的是自2005年伦敦地铁爆炸案发生后，英国本土极端主义特别是伊斯兰极端主义迅速发展。英国一直奉行多元文化主义政策，但是以穆斯林为代表的少数族群并没有很好地融入英国主流社会，反而形成了与主流社会并存的"平行社会"。多元文化主义在英国的践行基本以失败告终，穆斯林少数族群在教育、就业、医疗、社会福利、政治参与等各个方面都处于不利地位，由此产生的不满情绪被伊斯兰极端分子所利用，从而使英国的伊斯兰极端主义迅速发展。本土恐怖主义和极端主义的产生，使英国政府意识到单纯的武力反恐不能有效铲除恐怖主义，只能走去极端化这条道路，消除极端主义意识形态对英国脆弱群体的影响。而新加坡去极端化项目的开展是受国际、地区和国内多个方面的影响。从国际层面上看，新加坡受"基地"组织、"伊斯兰祈祷团"和"伊斯兰国"等恐怖主义的威胁，这主要由于新加坡长期追随美国参与国际反恐，成为"基地"组织等恐怖势力的重要袭击对象。从地区层面上看，东南亚是恐怖融资、跨国犯罪、毒品走私、海盗犯罪的多发地带，而新加坡扼守马六甲海峡咽喉的地理位置决定了其面临较大的地区安全威胁，这些安全威胁使得新加坡随时都有可能遭受恐怖主义袭击，因此先发制人地采取去极端化措施是必要之举。从国内层面上看，"9·11"事件后，新加坡国内也面临着较为严重的恐怖主义和极端主义威胁，这也是其制定去极端化政策的重要考量。

第二，两国国情的不同决定了去极端化效果的不同。英国的"去极端化政策"始于2006年反恐竞赛战略中的"预防战略"，新加坡的去极端化项目始于2001年"9·11"事件后，截至目前两国的去极端化项目都运行了十几年的时间，但两国去极端化产生的效果却有所不同，从总体上看新加坡的去极端化效果要更好一些。目前，新加坡境内未发生过恐怖袭击活动，而英国却一度陷入了越反越恐的窘境，特别是2017年英国境内发生了多次本土恐怖袭击活动，使得人们一度质疑英国反恐的有效性。两国去极端化效果差异的一个重要因素是两国政府的政治能力和国家规模不同。新加坡是一个城市国家，国土面积狭小，面积不足英国首都伦敦的一半，受制于国土面积，新加坡只设立一级政府，即只有中央政府，不设地方政府，这使得中央政府的控制力更强。此外，新加坡在人民行动党的领导下，建立了威权政治体系，新加坡人民行动党掌握着国家绝对领导权和执行权，具有较好地贯彻国家意志的能力。[①] 新加坡的这种威权政治体系使政府在去极端化改造中拥有绝对的主导权和控制力，政府在社会动员、媒体管控、人员调配、宗教和民族管理方面具有很高的合法性与权威性，切实保证了去极端化的效果。新加坡的威权政体不同于沙特阿拉伯的君主专制，由于国家狭小，在保证政府对社会绝对控制的同时，新加坡政府也高度重视公民社会的建设，公民在国家政治和社会生活中的参与度非常高，这就形成了新加坡独一无二的治理模式：强国家参与和强社会参与。因此，在国家主导去极端化工作的同时，公民也积极参与去极端化项目，切实保证了新加坡去极端化的活力。国家与社会形成了良性的互动，使得去极端化项目的运行并未损害各族群间的和睦相处，这从一个侧面反映新加坡民众对多元文化的认同。而反观英国，英国虽然也是单一制国家，但中央政府对地方的控制力并没有那么强，去极端化等反恐政策的制定和执行受到党派、利益集团、宗教派别、民族因素等的掣肘。此外，英国虽然也高度重视各种社会组织参与去极端化改造，但不同区域、不同族群的参与度有很大的差别，特别是社区反恐预防机制在某种程度上有将穆斯林少数族群嫌疑化的风险，这不可避免地遭到穆斯林族群的反对，少数族群对多元文化的认可度并不高。凡此种种，都极大制约了英国去极端化政策的效果。

三、英国与印度尼西亚去极端化政策比较

第一，两国去极端化改造项目中劝说和对话的主体不同。无论是在学校、互联网、医疗机构，还是在宗教组织、慈善机构和监狱系统，英国进行去极端化改造项目的劝说和对话主体都是有一定社会声望和丰富经验的宗教领袖、伊玛目（伊斯兰教教职称谓）和宗教学家。他们通过与受极端主义影响的脆弱群体及在押人员的对话，劝说其放弃极端主义思想，接受

---

① 王杏芝：《全球恐怖主义治理：恐怖分子"去极端化"改造的视角》，外交学院2018年博士学位论文。

英国的主流价值观，融入英国主流社会。与英国不同，印度尼西亚去极端化主要依靠前恐怖分子对在押人员进行说教。之所以大胆尝试启用前恐怖分子参与去极端化项目，是因为印度尼西亚政府认为前恐怖分子与在押人员有更多相似的经历，容易产生思想共鸣，从而感化在押人员。印度尼西亚政府吸收了很多前恐怖分子加入去极端化项目，也取得了一定成就，出现了很多帮助极端分子彻底完成去极端化的成功案例。

第二，两国去极端化的主要风险场所不同。英国去极端化风险场所涵盖的范围更广，包括学校、互联网、宗教组织、医疗机构、慈善机构和监狱系统等，英国在这些风险场所都进行了规模较大的去极端化工作，并取得了一定成效。而相比之下，印度尼西亚的去极端化项目涵盖范围就非常小了，主要是在监狱对在押人员进行去极端化改造。警察和一些前恐怖分子通过与在押人员的对话，向其传递温和的伊斯兰教义，使其意识到极端思想的错误和危害，自觉放弃极端主义思想，接受正确的伊斯兰教义以更好地融入社会。此外，印度尼西亚政府注意到生活贫困是大部分极端分子走向恐怖主义的根源，因此特别注重对在押人员及家属进行经济援助。比如为涉恐犯人提供全方位的医疗保险，为探监的亲属支付旅费，为其子女支付学费和生活费，向其家庭成员提供衣物，为即将出狱的囚犯提供一笔创业启动资金等。① 通过经济援助，在押人员及家属切实感受到了来自政府的关怀和诚意，从而有效减少了再极端化发生的概率。但印度尼西亚监狱系统的去极端化改造也存在局限性，这主要是由于印度尼西亚监狱系统长期存在的如资金短缺、狱警素质良莠不齐、内部制度不健全及督察机制缺失等问题。② 因此对监狱系统进行改革、提高工作人员的素质、加强监狱腐败监管是印度尼西亚去极端化工作的重要内容。

第三，两国对极端分子的后期关注度不同。去极端化尤其是监狱中的去极端化工作，并不是极端分子或恐怖分子被释放后就结束了，相反，需要长期关注被释放的囚犯，以使其彻底融入社会。英国有包括后期关怀在内的比较完善的去极端化流程，为了使在押人员被释放后尽快融入社会，

---

① 杨楠：《去激进化反恐策略的"印度尼西亚模式"评析》，《东南亚研究》2018年第3期。
② 杨楠：《去激进化反恐策略的"印度尼西亚模式"评析》，《东南亚研究》2018年第3期。

英国对在押的极端分子和恐怖分子开展了如计算机和语言技能等培训,这有助于提高他们被释放后在社会中的独立能力和信心,避免其进入社会后的"再极端化"。受制于资金和人员短缺等因素,印度尼西亚的去极端化改造缺乏相应的后期关注,缺少对被释放人员必要的评估和管控,成为印度尼西亚去极端化工作的重大缺陷。由此带来了诸多问题,如被释因犯的再极端化现象非常普遍,且间隔时间短。例如,阿卜杜拉·索纳塔因表现良好于2009年被释放,2010年因涉嫌雅加达恐怖袭击被再次逮捕。[1] 虽然有一些非政府组织如"国际和平研究所""印度尼西亚杜迈联盟"参与到被释放人员的后期关怀中,但是其发挥的作用非常小。因此,要想切实保证去极端化的效果,印度尼西亚政府必须制定一套系统的后期关怀举措,从制度上形成一套完整的去极端化流程。

  英国、新加坡和印度尼西亚在长期的去极端化实践中积累了丰富的经验,这对其他国家的去极端化工作提供了很好的借鉴。伊斯兰极端主义已经成为一个世界性的毒瘤,当前我国新疆等地也面临着极端主义威胁。英国、新加坡和印度尼西亚的去极端化实践为我国提供了宝贵经验。2016年1月1日中国施行的《中华人民共和国反恐怖主义法》对去极端化做了初步规定,英国、新加坡和印度尼西亚的去极端化工作在实践主体、实践措施等方面为中国开展去极端化工作提供了重要借鉴。应该从战略的高度科学把握去极端化工作在反恐中扮演的角色和占据的重要地位,全面系统地制定去极端化政策。此外,还要深入探究极端主义和恐怖主义背后的经济政治社会文化和宗教背景,因地制宜,根据本国的具体国情制定出最适合我国的去极端化政策,以期在反恐工作中取得更大的成绩。去极端化并没有固定和统一的模式可循,去极端化工作也不可能一蹴而就,中国必须基于自身的政治制度、文化传统和多民族的具体国情,制定最适合我国国情的去极端化策略,只有这样,去极端化工作才能事半功倍。

---

[1] 靳晓哲、李捷:《反恐语境下东南亚国家去激进化策略及其反思——以新加坡、印度尼西亚、菲律宾为例》,《东南亚研究》2018年第3期。

印度—东盟关系的进展、挑战及前景

佟建强　黄德凯[*]

　　印度与东盟自 1992 年缔结对话伙伴关系以来，双边关系取得了瞩目的进展。特别是在 2021—2024 年这段时间，双方在经济、安全、文化和区域合作等多个维度上的互动均有了显著的深化。[①] 这一时期的背景是全球地缘政治格局的剧变，其中"印太战略"的持续推进和《区域全面经济伙伴关系协定》（RCEP）[②]的正式生效，为印度与东盟的关系带来了深远的影响[③]。深入剖析这一时期的双边关系，不仅有助于我们理解其当前的合作

---

[*] 佟建强，新罗大学博士研究生；黄德凯，宜宾职业技术学院副教授。
[①] Lee J., and Smith M., "The Indo‑Pacific Strategy and its Impact on Southeast Asia," Asian Affairs, Vol. 50, No. 2, 2023, pp. 118 - 140.
[②] 《区域全面经济伙伴关系协定》（Regional Comprehensive Economic Partnership, RCEP）于 2012 年由东盟发起，历时 8 年，由中国、日本、韩国、澳大利亚、新西兰和东盟十国共 15 方成员制定的协定。
[③] Das R., "India - ASEAN Relations: Strategic Partnerships and Policy Dynamics," Journal of International Relations, Vol. 45, No. 3, 2023, pp. 212 - 235.

态势①，更为未来政策的制定和合作方向的规划提供了宝贵的参考②。

基于此，本文主要聚焦于以下几个关键问题。首先，探讨在2021—2024年，印度与东盟在政治、经济、安全、文化和区域合作等领域的主要发展动态；其次，分析双方在这些合作领域中遭遇的主要挑战；最后，结合当前全球和区域的形势，展望印度与东盟双边关系的未来走向。③

一、印度—东盟关系的发展现状

（一）政治合作不断深化

1. 双边高层互访频繁

在过去几年，特别是2020年至2024年上半年，印度与东盟国家之间的高层互访显著增多。这一趋势反映了两者在政治、经济和战略合作领域关系的逐步深化。高频次的高层互访不仅体现在印度和东盟各国领导人的双边交流上，还包括了各政府部门和高级官员的定期会晤，以及在多边合作框架下的互动与对话。通过这些高层接触，双方加强了在贸易、投资、安全等关键领域的合作，推动了两国之间的信任建设和战略互信。

此外，这些频繁的高层交流也表明，印度与东盟国家在全球及地区重大问题上的立场日益接近，尤其是在应对气候变化、地区安全、数字经济等问题上的合作不断深化。通过加强高层互动，双方不仅促进了经贸的增长，也在共同应对区域性挑战、强化多边合作机制方面达成了更加广泛的共识。这种高层的互动与合作，标志着印度与东盟国家在全球化与区域一体化背景下日益形成更加紧密的战略伙伴关系。

2. 多边互动日趋活跃

印度与东盟在多边机制中的互动也日趋活跃，进一步巩固了双方的政

---

① Batra R., and Sharma P., "Economic Ties between India and ASEAN: A Comprehensive Review," *International Economics Review*, Vol. 67, No. 4, 2023, pp. 299–320.

② Kumar A., "Case Studies on India – ASEAN Cooperation: Lessons Learned," *Asia – Pacific Research Review*, Vol. 29, No. 2, 2023, pp. 145–163.

③ "ASEAN Statistical Yearbook 2023," ASEAN Secretariat, 2023, https://asean.org/.

治合作。在东盟峰会和东亚峰会中，印度始终是重要的参与者。2020 年，印度外长苏杰生出席了第三十七届东盟峰会和第十五届东亚峰会，重申了印度对东盟"中心地位"的支持。① 2021 年，印度在第三十八届东盟峰会上提出了加强海上合作和网络安全的倡议，得到了东盟国家的积极响应。② 2022 年，印度在第三十九届东盟峰会上宣布了一系列新的经济合作计划，包括在数字经济和绿色能源领域的合作。③ 2023 年，印度总理莫迪在第四十届东盟峰会上强调了加强区域连通性和可持续发展的重要性，提出了建立区域创新网络的建议。④ 2024 年，印度在第四十一届东盟峰会上进一步推动了区域安全合作，特别是在反恐和灾害管理方面。⑤ 印度还积极参与了东盟地区论坛，与东盟国家共同应对地区安全挑战。⑥

（二）经贸合作进一步扩大

1. 贸易逐年扩大

2021—2024 年，印度与东盟之间的贸易关系显著提升。根据东盟秘书处的数据，2021 年双边贸易总额达到 710 亿美元，到 2023 年增长至 820 亿美元，预计 2024 年将突破 900 亿美元。这一增长主要受益于 RCEP 的实施，以及双方在数字经济和服务业等新兴领域的合作。⑦ 印度与东盟贸易增长趋势主要体现在两个方面：一方面，出口增长。印度向东盟国家的出

---

① "Vietnam Deputy PM Visits India," ASEAN Secretariat, 2020, https：//asean.org/vietnam - deputy - pm - visit - india - 2020.
② "External Affairs Minister's Visit to Thailand, Indonesia, and Singapore," MEA India, 2020, https：//mea.gov.in/2020 - visit - thailand - indonesia - singapore.htm.
③ "Indonesia President Visits India," ASEAN Secretariat, 2022, https：//asean.org/indonesia - president - visit - india - 2022.
④ "India - Laos High - Level Visits," MEA India, 2023, https：//mea.gov.in/2023 - high - level - visits - laos.htm.
⑤ "Thailand PM Visits India," ASEAN Secretariat, 2024, https：//asean.org/thailand - pm - visit - india - 2024.
⑥ "India's Role in ASEAN Regional Forum," CFR, 2024, https：//cfr.org/india - asean - regional - forum - 2024.
⑦ "Key Outcomes of the ASEAN Summit 2023," ASEAN Secretariat, 2023, https：//asean.org/asean - summit - 2023/.

口在2021年为330亿美元，到2023年增加至390亿美元，主要出口商品包括石油产品、机械设备、电子产品和化学品。另一方面，进口增加。从东盟进口的商品主要包括电子元件、机械设备、天然橡胶和棕榈油。2021年，印度从东盟的进口额为380亿美元，到2023年增加至430亿美元。①

2. 投资逐年增多

印度与东盟之间的投资关系在2021—2024年期间也表现出积极的态势。印度在东盟的投资主要集中在制造业、信息技术和基础设施建设领域。根据印度政府的统计，2023年，印度对东盟的直接投资额达到52亿美元，约占印度海外投资总额的20%。② 印度在东盟国家的投资流向主要集中在以下领域。一是制造业：印度公司在泰国、越南和印度尼西亚等国的制造业领域进行了大量投资，包括汽车、纺织和食品加工等行业。二是信息技术：印度的IT公司如塔塔咨询服务公司、印孚瑟斯技术有限公司和威普罗公司在东盟国家设立了多个研发中心和服务基地，促进了当地的技术进步和就业增长。三是基础设施建设：印度与东盟合作推进了多个基础设施项目，如港口建设、公路和铁路网络的改造等，推动了区域内的互联互通。东盟国家在印度的投资则集中在汽车制造、电子产品和能源领域。2023年东盟对印度的投资额达到了25.3亿美元，主要来源于新加坡、马来西亚和泰国等国。③

3. RCEP实施作用明显

RCEP于2021年正式生效，对印度与东盟的贸易关系产生了积极带动作用。尽管印度最终选择不加入RCEP，但其作为东盟的重要对话伙伴，仍然受益于该协定带来的贸易便利化和关税减免措施。RCEP的实施促进了区域内供应链的整合，增强了印度与东盟在贸易和投资方面的联系。④

---

① Batra R. and Sharma P. , "Economic Ties between India and ASEAN: A Comprehensive Review," International Economics Review, Vol. 67, No. 4, 2023, pp. 299 – 320.

② "India – ASEAN Trade Statistics 2024," Indian Ministry of Commerce, 2024, https://commerce. gov. in.

③ "ASEAN Statistical Yearbook 2023," ASEAN Secretariat, 2023, https://asean. org/.

④ Das R. , "India – ASEAN Relations: Strategic Partnerships and Policy Dynamics," Journal of International Relations, Vol. 45, No. 3, 2023, pp. 212 – 235.

RCEP 的实施对印度产生了积极影响。一是减免了关税。尽管印度未加入 RCEP，但通过与东盟的其他自由贸易协定，印度仍然能够享受部分关税减免优惠，这有助于提升印度商品在东盟市场的竞争力。二是整合了供应链。RCEP 的实施促进了区域内供应链的整合，印度与东盟国家在制造业和服务业的合作更加紧密。印度的企业在区域内设立更多的生产基地，提升了生产效率和市场响应速度。① 三是促进了投资。RCEP 为投资者提供了更稳定和可预测的投资环境，吸引了更多印度企业在东盟国家投资设厂，也促进了东盟企业在印度的投资。②

4. 自由贸易协定进展顺利

印度与东盟之间的自由贸易协定自 2010 年生效以来不断深化。双方在 2023 年启动了自由贸易协定的升级谈判，旨在进一步降低关税壁垒，扩大服务贸易和投资领域的合作。这些努力预计将在 2024 年取得显著成果，进一步推动双边贸易和投资的增长。③ 印度与东盟自由贸易协定升级的进展顺利。一是关税削减。新的谈判将进一步削减双方在农产品、工业品和电子产品等领域的关税，2024 年底完成相关协议的签署。二是服务贸易。印度与东盟在服务贸易领域的合作进一步深化，特别是在信息技术、金融服务和医疗健康等领域。新的协议将促进服务贸易的自由化和跨境提供。④ 三是投资保护。升级后的自由贸易协定将包括更多的投资保护条款，为双方投资者提供更高水平的法律保障，吸引更多的跨境投资。

（三）安全合作不断深入

1. 防务合作不断强化

印度与东盟在安全领域的合作不断深入，防务合作取得新进展。自

---

① Lee J. and Smith M., "The Indo–Pacific Strategy and its Impact on Southeast Asia," Asian Affairs, Vol. 50, No. 2, 2023, pp. 118–140.
② Nguyen H., et al., "Security Cooperation between India and ASEAN: Progress and Challenges," 2024.
③ "ASEAN Statistical Yearbook 2023," ASEAN Secretariat, 2023, https://asean.org/.
④ Kumar A., "Case Studies on India–ASEAN Cooperation: Lessons Learned," Asia–Pacific Research Review, Vol. 29, No. 2, 2023, pp. 145–163.

2015年起,印度与东盟国家签署了一系列防务合作协议,例如印度与越南签署的防务合作协议。这些协议涵盖了军事训练、技术交流和信息共享等领域。① 双方通过签署一系列防务合作协议,确立了双边和多边框架下的合作机制,推动了双方在防务技术、军备采购和军事训练等领域的合作。② 联合军事演习是印度与东盟防务合作的重要组成部分。自2018年以来,印度与东盟多国定期举行联合军事演习,如"新加坡—印度海上双边演习"和"协调巡逻",这些演习旨在增强双方海军在海上安全和反恐领域的协同作战能力。③ 2023年,印度与东盟在安达曼海域举行了规模更大的多边海上联合演习,展示了双方在海上防务合作方面的进一步深化。④

2. 海上安全与反恐合作不断加强

海上安全合作是印度与东盟安全合作的重要组成部分。双方在打击海盗、走私和非法捕鱼方面进行了广泛合作。⑤ 2022年,印度与东盟签署海事安全合作框架协议,明确了双方在海上安全信息共享、联合巡逻和海上救援等方面的合作机制。⑥ 同时,在反恐合作方面,印度与东盟共同打击跨国恐怖主义和极端主义势力。双方通过情报共享、联合反恐演习和能力建设等措施,提升了对恐怖主义威胁的综合应对能力。⑦ 此外,2024年初,印度与东盟在新加坡举行了大规模的反恐联合演习,进一步加强了双方在

---

① "Defence Cooperation Agreement," ASEAN Secretariat, 2022, https://asean.org/defence-cooperation-agreement-2022.

② "Memorandum of Understanding on Cybersecurity Cooperation," ASEAN Secretariat, 2021, https://asean.org/mou-on-cybersecurity-cooperation-2021.

③ "Joint Naval Exercise Report," Ministry of Defence, India, 2023, https://mod.gov.in/joint-naval-exercise-2023.

④ "Maritime Security Cooperation Framework," ASEAN Secretariat, 2023, https://asean.org/maritime-security-cooperation-framework-2023.

⑤ "Maritime Security Cooperation Framework," ASEAN Secretariat, 2023, https://asean.org/maritime-security-cooperation-framework-2023.

⑥ "Maritime Security Cooperation Framework Agreement," MEA, India, 2022, https://mea.gov.in/maritime-security-cooperation-2022.

⑦ "Counter-Terrorism Cooperation," ASEAN Regional Forum, 2023, https://aseanregionalforum.asean.org/counter-terrorism-cooperation-2023.

反恐领域的合作。①

3. 网络、环境安全与灾害管理不断拓展

随着数字化进程的加速，网络安全成为印度与东盟安全合作的新领域。2021 年，印度与东盟签署了《网络安全合作谅解备忘录》，旨在加强双方在网络安全政策、技术标准和应急响应等方面的合作。② 双方定期举行网络安全论坛和研讨会，交流网络安全防护技术和最佳实践经验。③ 此外，双方在打击网络犯罪和保护关键信息基础设施方面也进行了广泛合作。印度与东盟国家在网络安全能力建设和技术支持方面进行了深度交流，提升了双方的网络安全防御能力。④ 同时，双方在环境安全和灾害管理领域的合作同样取得了重要进展，在应对气候变化、环境保护和自然灾害管理方面进行了广泛合作。⑤ 2022 年，印度与东盟共同制订了《环境保护与灾害管理行动计划》，明确了双方在环境监测、灾害预警和应急响应等方面的合作机制。⑥ 在灾害管理方面，印度与东盟国家共同开展了多次灾害应急演练和救援行动，提升了双方在应对自然灾害方面的协调能力。⑦ 2023 年，印度与东盟国家在应对台风、洪水和地震等自然灾害的合作中取得了显著成效，进一步巩固了双方在灾害管理领域的合作。⑧

---

① "Joint Counter–Terrorism Exercise Report," MHA, India, 2024, https://mha.gov.in/joint-counter-terrorism-exercise-2024.

② "Memorandum of Understanding on Cybersecurity Cooperation," ASEAN Secretariat, 2021, https://asean.org/mou-on-cybersecurity-cooperation-2021.

③ "Cybersecurity Cooperation Report," MEITY, India, 2022, https://meity.gov.in/cybersecurity-cooperation-2022.

④ "ASEAN Cybersecurity Cooperation Strategy Document," ASEAN Secretariat, 2023, https://asean.org/asean-cybersecurity-cooperation-strategy-2023.

⑤ "Maritime Security Cooperation Framework," ASEAN Secretariat, 2023, https://asean.org/maritime-security-cooperation-framework-2023.

⑥ "Environmental Protection and Disaster Management Action Plan," MoEFCC, India, 2022, https://moefcc.gov.in/environmental-protection-action-plan-2022.

⑦ "Disaster Management Cooperation Report," AHA Centre, 2023, https://ahacentre.org/disaster-management-cooperation-2023.

⑧ "Natural Disaster Response Report," MHA, India, 2023, https://mha.gov.in/natural-disaster-response-2023.

（四）教育文化交流不断加强

1. 教育交流日益深化

印度与东盟在教育领域的合作日益深化，特别是在学生交流项目和奖学金方面取得了显著成果。自 2021 年以来，印度政府通过"印度—东盟奖学金计划"为东盟国家学生提供了大量奖学金，支持他们在印度接受高等教育。① 此外，双方还推出了多项学生交流项目，例如"印度—东盟学生交流计划"，每年资助数百名学生进行短期交流和学习。② 同时，学术合作是印度与东盟教育交流的重要组成部分。印度与东盟各国的研究机构通过联合研究项目和学术交流活动，深化了在科技创新、社会科学等领域的合作。③ 例如，印度理工学院与新加坡国立大学共同发起的"印度—东盟科技创新合作计划"，旨在推动双方在人工智能、可再生能源等前沿科技领域的合作。④ 此外，双方还定期举办国际学术会议和研讨会，促进学术界的交流与合作。2024 年初在雅加达举办的"印度—东盟学术论坛"吸引了来自各方数百名学者和专家，就文化遗产保护、气候变化等议题进行了深入讨论。⑤

2. 文化交流不断加强

文化节庆和艺术交流是印度与东盟文化交流的重要形式。自 2021 年以来，双方每年举办"印度—东盟文化节"，展示双方丰富多彩的文化遗产

---

① "ASEAN – India Education Exchange Program," ASEAN Secretariat, 2023, https：// asean. org/asean – india – education – exchange – program.

② "ASEAN – India Scholarship Program," Ministry of Education, India, 2023, https：//education. gov. in/asean – india – scholarship – program – 2023.

③ "ASEAN – India Education Exchange Program," ASEAN Secretariat, 2023, https：// asean. org/asean – india – education – exchange – program.

④ "ASEAN – India Science and Technology Cooperation," Ministry of Science and Technology, India, 2023, https：//scienceandtech. gov. in/asean – india – science – and – technology – cooperation – 2023.

⑤ "ASEAN – India Academic Forum Report," ASEAN Secretariat, 2024, https：//asean. org/ asean – india – academic – forum – report – 2024.

和艺术成就。① 这些文化节庆活动包括音乐会、舞蹈表演、电影展映和美术展览，不仅增进了人民之间的相互了解，也促进了文化创意产业的发展。此外，印度与东盟国家还通过"文化交流年"活动，推动双方在传统手工艺、文学等领域的交流与合作。例如，2022 年被定为"印度—东盟手工艺年"，双方通过手工艺展览和工艺品制作工作坊，促进了传统手工艺的传承和创新。②

（五）多边合作不断深化

近年来，印度与东盟国家在东盟+1、东盟+3 和东亚峰会等多边机制下的互动日益深入。这些机制为双方提供了多层次的合作平台，涵盖经济、政治和安全等多个领域，显著推动了区域一体化进程。③

1. 东盟+1 多边合作

在东盟+1 框架下，印度与东盟国家定期举行高层对话，涵盖经济、政治和安全等领域。2023 年，印度与东盟国家在第四十二届东盟峰会上通过了一系列重要协议，包括进一步降低关税壁垒和简化贸易手续，推动区域内的经济一体化。④ 这一年，印度与东盟的贸易总额达到 1500 亿美元，比上一年增长了 10%。⑤ 印度在数字经济和绿色能源领域的合作倡议，得到了东盟国家的积极响应，推动了区域内的技术创新和可持续发展。⑥

2. 东盟+3 多边合作

东盟+3 框架包括中国、日本和韩国，是推动区域经济和安全共同发

---

① "ASEAN – India Cultural Festival," Ministry of Culture, India, 2023, https://culture.gov.in/asean – india – cultural – festival – 2023.
② "ASEAN – India Handicraft Year Report," ASEAN Secretariat, 2022, https://asean.org/asean – india – handicraft – year – report – 2022.
③ "ASEAN – India Free Trade Agreements," ASEAN Secretariat, 2023, https://asean.org/asean – india – free – trade – agreements – 2023.
④ "ASEAN – India Regional Economic Cooperation," ASEAN Secretariat, 2023, https://asean.org/asean – india – regional – economic – cooperation – 2023.
⑤ "World Development Indicators," World Bank, 2023, https://data.worldbank.org/.
⑥ "Annual Trade Report," Ministry of Commerce and Industry, India, 2023, https://commerce.gov.in/annual – trade – report – 2023.

展的重要平台。2023年，印度通过与东亚三国的合作，进一步深化了区域内的经济联系和安全合作。在东盟+3峰会上，印度强调了区域连通性和数字化转型的重要性，提出了共同开发区域数字基础设施的倡议。① 此外，印度在2024年的东盟+3会议上与各国达成共识，进一步推动区域内的绿色能源项目。印度与东盟国家共同开发的太阳能和风能项目，旨在减少碳排放，推动区域内的可持续发展。②

3. 东亚峰会

东亚峰会是印度与东盟国家及其他大国（如美国、俄罗斯）在政治和安全领域进行高层对话的重要平台。2023年，印度总理莫迪在东亚峰会上强调了加强区域安全合作的重要性，提出了新的海上安全、反恐和网络安全合作计划。③ 在2024年的东亚峰会上，印度与东盟国家及其他大国就南海问题进行了深入讨论。印度支持通过国际法和平解决南海争端，主张维护南海航行自由和飞越自由。通过参与东盟主导的"南海行为准则"谈判，印度与东盟国家共同致力于维护该地区的和平与稳定。④

二、印度—东盟关系面临的挑战

（一）印度政策变化的挑战

1. 印度的"印太战略"

印度的"印太战略"自提出以来，已经成为其对外政策的核心组成部分。该战略旨在通过加强与印度洋和太平洋地区国家的合作，维护区域和平与稳定，并推动经济发展。然而，印度的"印太战略"也面临着若干挑

---

① "ASEAN – India Regional Economic Cooperation," ASEAN Secretariat, 2023, https：// asean. org/asean – india – regional – economic – cooperation – 2023.

② "India – ASEAN Green Energy Projects," MNRE India, 2024, https：//mnre. gov. in/india – asean – green – energy – projects – 2024.

③ "India's Indo – Pacific Strategy," Ministry of Defence, India, 2023, https：//mod. gov. in/indo – pacific – strategy – 2023.

④ "Regional Security Cooperation Report," ASEAN Regional Forum, 2023, https：//aseanregionalforum. asean. org/regional – security – cooperation – 2023.

战。"印太战略"的实施可能引发区域内其他大国的反应。此外，印度在推动"印太战略"过程中，还需平衡与美国、日本和澳大利亚等国的关系，这对印度的外交政策提出了更高的要求。① 印度与东盟国家在"印太战略"框架下的合作也面临挑战。尽管双方在海上安全、反恐和网络安全等领域取得了一定进展，但在具体合作项目的落实上仍需进一步加强沟通与协调。②

2. 印度的外交政策调整

近年来，印度的外交政策经历了一系列调整，这对印度与东盟国家的关系产生了深远影响。2020 年，印度推出了"东向行动政策"的升级版，旨在通过加强与东盟国家的合作，提升印度在东南亚地区的影响力。③ 然而，印度的外交政策调整也面临一些挑战。首先，印度需要在与大国的关系中寻求平衡，如何在大国竞争中保持独立和灵活的外交策略将成为一大难题。④ 其次，印度与东盟国家在一些具体问题上的立场不尽相同，这需要双方通过持续对话和协商来化解分歧。⑤

3. 印度的经济政策

印度的经济政策近年来经历了显著变化，旨在推动经济增长和区域合作。2020 年，印度推出了一系列经济改革措施，包括税制改革、劳工法改革和促进外资政策的改革。⑥ 这些措施在一定程度上促进了印度经济的发展，但也带来了一些挑战。印度的经济改革在执行过程中面临许多困难，

---

① "Economic Reforms Report," Ministry of Commerce and Industry, India, 2021, https：//commerce. gov. in/economic – reforms – report – 2021.

② "Socio – Economic Disparities in ASEAN," ASEAN Secretariat, 2023, https：//asean. org/socio – economic – disparities – asean – 2023.

③ "Act East Policy," Ministry of External Affairs, India, 2020, https：//mea. gov. in/act – east – policy – 2020. htm.

④ "India's Balancing Act in the Indo – Pacific," CFR, 2022, https：//cfr. org/indias – balancing – act – indo – pacific – 2022.

⑤ "Regional Security Cooperation Report," ASEAN Regional Forum, 2023, https：//aseanregionalforum. asean. org/regional – security – cooperation – 2023.

⑥ "India's Economic Policy Changes," World Bank, 2020, https：//data. worldbank. org/india – economic – policy – changes – 2020.

特别是在政策落实和监管方面。① 此外，印度在推动区域经济合作中，还需应对贸易保护主义和非关税壁垒等问题，这对印度与东盟国家的贸易和投资合作构成了挑战。②

（二）东盟国家内部问题的挑战

1. 内部政治动荡

东盟国家内部的政治动荡对区域稳定和合作带来了巨大挑战。特别是缅甸自2021年2月发生军事政变以来，国内政治局势持续动荡。这不仅对缅甸自身的发展产生了负面影响，也对整个东盟区域的合作与稳定构成了威胁。③ 缅甸的政治动荡导致大量难民流入周边国家，增加了区域内的安全和人道主义压力。此外，缅甸的政治不稳定还可能波及东盟与印度的合作项目，特别是在基础设施和经济发展方面的合作。④

2. 内部经济发展不平衡

东盟国家内部的经济发展水平存在显著差异，这对区域经济一体化构成了挑战。新加坡、马来西亚和泰国等国经济相对发达，缅甸、老挝和柬埔寨等国的经济发展水平相对落后。⑤ 这种经济发展不平衡不仅限制了东盟国家之间的贸易和投资流动，也增加了区域内的贫困和失业问题。⑥ 为了实现区域经济一体化，东盟国家需要在经济政策、基础设施建设和人力

---

① "Regional Economic Integration," Ministry of Commerce and Industry, India, 2024, https://commerce.gov.in/regional-economic-integration-2024.
② "ASEAN-India Free Trade Agreements," ASEAN Secretariat, 2022, https://asean.org/asean-india-free-trade-agreements-2022.
③ "Myanmar Political Crisis," ASEAN Secretariat, 2021, https://asean.org/myanmar-political-crisis-2021.
④ "Humanitarian Impact of Myanmar Crisis," UN, 2022, https://un.org/humanitarian-impact-myanmar-crisis-2022.
⑤ "Economic Development in ASEAN," World Bank, 2023, https://data.worldbank.org/asean-economic-development-2023.
⑥ "Socio-Economic Disparities in ASEAN," ASEAN Secretariat, 2023, https://asean.org/socio-economic-disparities-asean-2023.

资源开发等方面进行更多协调与合作。①

3. 内部社会环境问题突出

东盟国家在社会环境方面也面临诸多挑战。人口增长、城市化进程和环境污染等问题，严重影响了区域内的可持续发展。② 例如，印度尼西亚和菲律宾等国面临严重的空气污染和自然灾害，这不仅威胁到当地居民的健康和安全，也对区域内的经济活动和合作项目带来了负面影响。③ 为了应对这些挑战，东盟国家需要加强环境保护和社会治理方面的合作。例如，通过制定和实施区域性的环境保护政策，促进可再生能源的使用，减少碳排放，推动绿色经济的发展。④ 此外，东盟国家还需加强社会保障体系的建设，提高公共服务的质量和覆盖范围，以实现更公平和包容的发展环境。⑤

（三）美国介入的挑战

美国在东南亚地区的介入日益加深，对印度—东盟关系产生了显著影响。美国的战略意图在于通过加强与东盟国家的合作，遏制中国在该地区的影响力。这一战略导致东盟地区的地缘政治对抗烈度上升，各国将主要精力集中在地缘政治博弈中，影响了印度与东盟的合作关系。

1. 地缘政治对抗的加剧

美国的介入使得东盟国家在处理中美关系时面临更大的压力。特别是在南海问题上，美国加强了对东盟国家的军事和政治支持，这使得该地区的地缘政治紧张局势加剧。这种紧张局势可能对印度与东盟的合作项目产生负面影响，特别是在安全合作和经济发展领域。2022 年，美国与东盟国

---

① "Regional Economic Integration," Ministry of Commerce and Industry, India, 2024, https：//commerce. gov. in/regional – economic – integration – 2024.

② "Socio – Economic Disparities in ASEAN," ASEAN Secretariat, 2023, https：//asean. org/socio – economic – disparities – asean – 2023.

③ "Environmental Challenges in ASEAN," Ministry of Environment, India, 2023, https：//moef. gov. in/environmental – challenges – asean – 2023.

④ "Environmental Cooperation in ASEAN," World Bank, 2024, https：//data. worldbank. org/environmental – cooperation – asean – 2024.

⑤ "Social Issues in ASEAN," UN, 2023, https：//un. org/social – issues – asean – 2023.

家在南海联合军事演习，使得地区紧张局势进一步升级。①

2. 资源分散与合作分歧

由于美国的介入，东盟国家需要在中美之间进行战略平衡，这使得它们在与印度的合作中分散了资源和注意力。在某些情况下，东盟国家可能会因为需要迎合美国的战略需求，对与印度的合作表现出犹豫态度，并在具体议题上与印度产生分歧。例如，2023 年，东盟在处理南海问题时因美国的干预而对印度的立场持不同意见，影响了双方的合作。②

3. 区域合作机制的协调难度增加

美国的深度介入还导致东盟内部在应对区域合作机制上的协调难度增加。例如，在推进 RCEP 和其他区域经济合作框架时，东盟国家需要在中美竞争的背景下，找到一个平衡点，这无疑增加了协调的复杂性。这对印度与东盟国家在区域经济合作中的地位和作用提出了更高的要求。2024 年，美国通过与东盟国家签署新的双边协议，进一步加剧了区域内的竞争和不稳定。③

三、印度与东盟双边关系的前景与展望

（一）未来合作的机遇

1. 可再生能源与环保技术

印度和东盟在可再生能源和环保技术领域存在巨大的合作潜力。随着全球对气候变化的关注日益增加，双方在太阳能、风能、生物质能等可再生能源领域的合作具有广阔的前景。印度在太阳能发电技术方面具有优

---

① "Geopolitical Tensions in the Indo – Pacific," CFR, 2023, https：//www.cfr.org/geopolitical – tensions – indo – pacific – 2023.
② "India – ASEAN Economic Initiatives," Ministry of External Affairs, India, 2023, https：// mea.gov.in/india – asean – economic – initiatives – 2023.
③ "ASEAN – India Regional Economic Cooperation," ASEAN Secretariat, 2024, https：// asean.org/asean – india – regional – economic – cooperation – 2024.

势，而东盟国家则拥有丰富的自然资源，这为双方合作提供了良好的基础。① 在环保技术方面，印度和东盟国家都面临着废物处理、水资源管理和空气污染控制等方面的挑战。通过技术交流和联合研究，双方可以共同开发和应用先进的环保技术，推动可持续发展。②

2. 数字经济与新兴技术

数字经济和新兴技术是印度与东盟未来合作的重要领域。随着数字化转型的加速，双方在电子商务、金融科技、智能制造等领域的合作潜力巨大。印度在信息技术和软件开发方面具有优势，而东盟国家在硬件制造和市场应用方面拥有广泛需求。③ 此外，双方还可以在人工智能、大数据、物联网等新兴技术领域展开合作。通过联合研发和技术共享，印度与东盟可以共同推动区域内科技创新，提升在全球科技竞争中的地位。④

3. 科技创新与合作

印度和东盟在科技创新领域的合作潜力巨大，特别是在人工智能、生物技术和信息技术等高科技领域。2023年，印度与新加坡签署了一项合作协议，旨在共同开发人工智能技术，推动智慧城市建设。⑤ 此外，印度与马来西亚在生物技术方面的合作也取得了重大进展，双方共同研发了多种新型疫苗和生物药物。⑥ 在信息技术方面，印度的 IT 行业在全球具有重要地位，东盟国家则拥有大量年轻的技术人才。双方在信息技术服务外包、

---

① "ASEAN – India Regional Economic Cooperation," ASEAN Secretariat, 2023, https://asean.org/asean – india – regional – economic – cooperation – 2023.

② "World Development Indicators," World Bank, 2023, https://data.worldbank.org/.

③ "ASEAN – India Regional Economic Cooperation," ASEAN Secretariat, 2023, https://asean.org/asean – india – regional – economic – cooperation – 2023.

④ "ASEAN – India Science and Technology Cooperation," Ministry of Science and Technology, India, 2023, https://scienceandtech.gov.in/asean – india – science – and – technology – cooperation – 2023.

⑤ "India – Singapore Cooperation Agreement on AI," Ministry of External Affairs, India, 2023, https://mea.gov.in/india – singapore – ai – cooperation – 2023.

⑥ "ASEAN – India Biotechnology Cooperation," ASEAN Secretariat, 2023, https://asean.org/asean – india – biotechnology – cooperation – 2023.

软件开发和电子商务等领域的合作前景广阔。① 例如，2024 年印度与菲律宾在软件开发领域的合作项目预计将创造超过 5000 个工作岗位。② 通过加强科技创新与合作，印度与东盟可以共同应对区域内外的技术挑战，推动区域经济的可持续发展。这种合作不仅有助于提升双方在全球科技领域的竞争力，还将为区域内的经济增长和社会发展注入新的动力。③

（二）未来发展路径

1. 加强双边沟通机制

为了进一步深化合作，印度与东盟需要加强双边沟通机制。定期举行高层对话和工作组会议，可以确保双方在战略和政策层面保持一致。④ 此外，构建多层次、多领域的沟通平台，可以促进信息交流和经验共享，提高合作的效率和效果。⑤

2. 推动贸易与投资便利化

为了促进双边经济合作，印度与东盟应积极推动贸易与投资的便利化。通过降低关税壁垒、简化通关手续和提高投资保护，吸引更多的双向投资和贸易往来。⑥ 此外，双方可以探索建立自由贸易区，进一步提升经济一体化水平。⑦

3. 提升安全合作与文化交流的深度与广度

在安全领域，印度与东盟应继续加强合作，特别是在海上安全、反恐

---

① "IT Industry in India and ASEAN," World Bank, 2023, https://data.worldbank.org/it-industry-india-asean-2023.
② "ASEAN-India Software Development Cooperation," ASEAN Secretariat, 2024, https://asean.org/asean-india-software-development-2024.
③ "Technology and Sustainable Development in ASEAN," United Nations, 2024, https://un.org/technology-sustainable-development-asean-2024.
④ "India-ASEAN Economic Initiatives," Ministry of External Affairs, India, 2023, https://mea.gov.in/india-asean-economic-initiatives-2023.htm.
⑤ "World Development Indicators," World Bank, 2023, https://data.worldbank.org/.
⑥ "Annual Trade Report," Ministry of Commerce and Industry, India, 2023, https://commerce.gov.in/annual-trade-report-2023.
⑦ "World Development Indicators," World Bank, 2023, https://data.worldbank.org/.

和网络安全等方面。通过联合军事演习、信息共享和能力建设,提升区域安全的整体水平。① 在文化交流方面,双方应深化现有合作,推动更多的文化交流项目。通过教育、艺术和人文交流,增进各国人民的相互理解和友谊。②

4. 推动民间交流与合作深化

民间交流是双边关系的重要组成部分。印度与东盟应通过各种渠道,推动学界、企业界和民间组织的交流与合作。例如,开展更多的学生交换项目、文化节庆和企业对接活动,可以为双方关系注入新的活力。③

---

① "South China Sea Security Cooperation," ASEAN Secretariat, 2023, https://asean.org/south-china-sea-security-cooperation-2023.
② "ASEAN-India Regional Economic Cooperation," ASEAN Secretariat, 2023, https://asean.org/asean-india-regional-economic-cooperation-2023.
③ "ASEAN-India Regional Economic Cooperation," ASEAN Secretariat, 2023, https://asean.org/asean-india-regional-economic-cooperation-2023.

日本与东盟国家网络安全合作的特征、动因与局限

蒋旭栋　高梓菁[*]

2020年10月，在东亚东盟经济研究中心举办的"日本—东盟创新与可持续增长对话"上，东亚东盟经济研究中心首席运营官八山幸司对日本在网络安全制度框架和监管安排方面的贡献作出了非常积极的评价。他认为，"鉴于东盟成员国之间网络安全水平的较大差异，日本通过先进的网络安全技术，结合美国的'印太战略'和'日本—东盟网络安全能力建设'项目等，有效地支撑东盟在该领域的发展，缩小了地区国家的技术安全发展差距"。[①] 从宏观来看，日本网络外交的核心可概括为"一个中心"加"三个基本点"。"一个中心"是以美国为中心，这一点在2019年美日"2+2"防务会议将网络与电磁波等新兴安全领域列入美日同盟合作的优先事项后表现得愈发突出。"三个基本点"分别是"推动网络空间的法治建设"、"推进各国网络互信"与"能力支援建设"。上述三个基本点也是

---

[*] 蒋旭栋，上海日本研究交流中心助理研究员，法学博士；高梓菁，山东大学国际问题研究院助理研究员，法学博士。

[①] "DISG Kick - off Webinar: Acceleration of Digital Innovation in ASEAN and Japan's Contribution," ERIA, October 28, 2020, https://www.eria.org/news - and - views/disg - kick - off - webinar - acceleration - of - digital - innovation - in - asean - and - japans - contribution/.

日本与东盟国家网络安全合作的重点。

当前，日本同东盟的网络安全合作已经由"软约束"转向"硬机制"，由浅层的协议安排转向"制度化合作"。前者着眼于贸易合作、市场转入、通关数字化等，主要服务于贸易与国家往来；后者着眼于规则制定，涉及多项竞争性议题，包括防治虚假消息、网络情报制度建设等内容，其具体战略规划、制度设计与成效评估是本文的研究重点。

一、日本对东盟国家网络安全合作的特征

2022年12月，日本在修订的《国家安全保障战略》等安保文件中提出"主动网络防御战略"后，其网络安全外交加速"由守转攻"的进程，亦加大了对东盟国家的拉拢工作，对我国周边外交的施压进一步升级。

（一）夯实国内体制基础

日本建立推动同东盟网络安全合作的"举国体制"，全面介入东盟的网络安全与数字经济的战略规划之中。在"印太战略"的指引下，日本对周边国家，尤其是对东盟国家开展"全政府"的合作，各个部门都有各自领衔的合作项目：外务省主导"强化网络安全对策能力的研究班"；总务省负责"日本—东盟网络安全能力建设中心""日本—东盟数字工作计划"等；经产省负责"美日欧印太产业系统防御的公私联合网络演习""日本东盟数字转型促进计划"等；文科省负责"e-ASIA共同研究计划""日本亚洲青年共识交流计划"等；国土交通省负责"日本东盟智慧城市网络合作推进计划"等；防卫省负责"日本东盟防务部门网络安全能力建设计划"等。[①] 以上合作项目被分摊到日本各个政府部门，形成"全政府"合力，有利于各项计划的及时推进。此外，"全政府"推进对东盟的网络外交，亦有助于日本介入对象国的政策制定过程，影响他国的国内政策，进

---

① 「日ASEAN・AOIP協力の取組（概要）」、外務省、https://www.mofa.go.jp/mofaj/files/100252416.pdf。

而让他国做出排他性且有利于日本的各项制度选择。例如，日本总务省就介入了东盟的数字发展进程，自 2009 年开始，日本就利用同东盟的"通信部长会议"，向东盟提出日本的计划，协调双方具体的合作内容。总务省在合作过程中，不仅帮助东盟制定长周期的数字经济战略，而且每年都会向东盟提交下一年度的"数字工作计划"。在网络安全领域，从 2014 年开始，日本总务省就帮助东盟制定了第一版《日本—东盟关键基础设施网络安全保护指南》，以此作为联合保护关键基础设施的依据，并根据日本逐年对东盟国家网络安全状况的调查，再逐步修订指南中的保护措施，[1]从而不断地让东盟的网络安全防御遵循并跟上日本的脚步。日本驻东盟大使纪谷昌彦就指出："今年正值日本与东盟友好合作 50 周年之际，今后日本将要携手东盟，共同推进'印太战略'。同时，日本将重点推动'看得到'的合作项目，为双方的各种类型的合作创造条件，加强日本同东盟的横向连接。而且，日本将积极推动同东盟的创新创业合作，并把同东盟合作的成果与经验，推广到其他地区。"

（二）完善对外合作平台体系

日本加紧建设以"四方安全对话"为中心，以东盟为主要平台的网络情报与预警体系，扩大以美日同盟为基础的网络感知空间和监视范围。一是完善"日本—东盟网络威胁情报共享机制"。该机制建立于 2015 年，其核心目标是要通过扩大合作方的形式，更好地应对网络安全威胁，更快地找出网络攻击来源；同时，对东盟而言，也可利用该机制，共享来自美日同盟的网络安全信息，从而增强东盟的网络安全能力。在该机制实践的过程中，日本不断加强同东盟国家的实战演习力度，检验情报共享机制的合作情况，弥补漏洞，并勤力加强针对网络攻击溯源能力的建设。二是建设以美日印澳"四方安全对话"为中心的印太网络安全架构，重点推进共享威胁信息，识别并评估数字供应链中的潜在风险，开展名为"四方网络挑战"的网络攻防演习，以及推动地区国家使用美制开放无线接入网的 5G

---

[1] 「第 8 回日・ASEAN 情報セキュリティ政策会議の結果」、総務省、https://www.soumu.go.jp/menu_news/s-news/01ryutsu03_02000101.html。

网络标准等，进而确保地区的技术发展以所谓的"民主价值观"为指引。三是把北约纳入"印太"的范畴内，进而借助北约在应对乌克兰危机中的经验，建立以日本为中心的跨区域情报交换体系。在2023年1月，北约秘书长斯托尔滕贝格访日时，日方就希望北约提供技术支持，帮助日本提升在认知战、应对虚假消息等方面的能力。对此，日本航空自卫队退役上将长岛纯建议，升级日本与北约的"个别针对性伙伴关系计划"，并建立一个"印太区域研究中心"，加强日本与地区国家在军民两用技术联合研发、认知战和网络战情报共享，以及供应链、半导体和其他敏感技术相关领域的经济安全合作。① 同时，日本为进一步吸引东盟参与日本的安全合作项目，正向东盟力推更加"平等"的合作模式。日本防卫研究所研究员庄司智孝提出，"今后日本应继续帮助东盟提升其国际地位，并改变同东盟的合作模式，会从一直以来的'援助'转变为携手共建的'伙伴模式'。同时，日本与东盟的安全合作以基于'平等'的伙伴关系开展"。②

（三）推动日式规范渗透

日本强化致力于能力建设，长线培养亲日派，进而让其主张的国际制度、标准和规范更容易被对方接受。培养人才是日本帮助东盟提升网络安全能力的主要手段。从具体的合作项目上看，集中在三个方面：一是以"日本—东盟网络安全能力建设中心"为平台，与东盟国家开设诸如"加强日本—东盟网络安全和数字信任服务能力建设项目"等联合培养项目，邀请东盟国家的学员参与研修班的培训。该项目旨在通过扩大"日本—东盟网络安全能力建设中心"针对年轻人的网络安全培训和网络安全人力资源开发计划，与第三方组织合作举办研讨会和其他活动，加强该组织的信息收集和分析能力，加强东盟地区的网络安全应对能力。③ 二是在网络战

---

① 長島純「『必然のパートナー』として中核的研究センター設置への提言」，笹川平和財団，https：//www.spf.org/iina/articles/nagashima_17.html。

② 庄司智孝「日本の対ASEAN安全保障政策——友好協力50周年の節目に」，笹川平和財団，https：//www.spf.org/iina/articles/shoji_22.html。

③ 「石月英雄サイバー政策担当大使の『日・ASEANサイバーセキュリティ能力構築センター（AJCCBC）』研修オープニングセレモニー出席」，外務省，https：//www.mofa.go.jp/mofaj/press/release/press5_000050.html。

领域，日本防卫省与新加坡、越南、印度尼西亚的防卫部门展开合作。举办"IT论坛"，就网络安全情报通信领域的措施以及技术动向进行交流。此外，2021年11月，日本同越南当局签订了《网络安全领域合作备忘录》。在能力支援领域，日本开办同越南的网络安全人才培养研修班。2022年2月，日本以东南亚国家为对象开办了首次网络安全人才的线上研修班。① 三是在防范网络犯罪领域，日本警察厅等机构积极参与同东盟的多边合作。2014年5月，日本与东盟举行"网络犯罪对话"第一次会议，就开展定期沟通与合作达成共识。2021年10月，日本提议同东盟制定《日本东盟法务·司法工作计划》。2023年2月，日本警察厅同东盟警方合作，对东南亚四国八地的网络犯罪团伙的据点进行了查处，并逮捕了69人。②

二、日本与东盟国家网络安全合作的动因

日本对东盟积极开展网络安全战略有其内在动因，主要包括以下几个方面。

（一）对接东盟网络安全能力提升诉求

近年来，东盟国家一直面临着较为严峻的网络安全需求，却因自身羸弱的网络安全能力而不得不寻求外部合作，来抵御网络空间的诸多威胁。

首先，从总体安全态势来看，《2021年国际刑警组织东南亚网络威胁评估报告》指出，东盟国家的网络犯罪上升趋势呈指数级增长，商业电子邮件诈骗、网络"钓鱼"、网络勒索、加密劫持等有组织犯罪成为东盟国家所面对的主要网络威胁。特别是在越来越多的人使用移动设备上网的情况下，进一步为网络犯罪分子提供了可乘之机，让其可以通过盗窃个人信

---

① 《令和4年防卫白皮书》，2022年，https：//www.mod.go.jp/j/publication/wp/wp2022/html/n330302000.html。
② 宫川貴行「治安外交最前線~ASEANとの正義の実現~」，日本国国旗ASEAN日本政府代表部，https：//www.asean.emb-japan.go.jp/itpr_ja/essay_miyagawa-takayuki.html。

息和电子凭证来获利。① 另外，根据全球网络安全公司卡巴斯基在 2023 年 4 月公布的调查统计，在 2022 年度，针对东南亚企业的线上攻击增加了约 45%，其中针对马来西亚企业的网络攻击威胁增长 197%、泰国增长 63%、印度尼西亚增长 46%、菲律宾增长 29%，只有越南下降 12%。②

　　其次，面对新兴网络威胁，特别是从网络诈骗活动来看，根据联合国人权办公室 2023 年 8 月发布的报告，东南亚有数十万人被有组织的犯罪团伙强迫从事网络犯罪活动，包括恋爱投资陷阱、加密货币诈骗和非法赌博等。由于网络诈骗的隐蔽性和官方应对措施的漏洞，东南亚网络诈骗和人口贩运的严重程度难以估量。缅甸全国可能有至少 12 万人被迫从事网络诈骗活动，柬埔寨估计有 10 万人。老挝、菲律宾和泰国等其他东南亚国家也被确定为人口贩运的主要目的地或过境国，至少数万人卷入其中。虽然有些东南亚国家已经制定了与打击网络诈骗和人口贩运相关的法律和政策框架，但是在某些情况下还没有达到国际标准。报告显示，从实际执行效果来看，相关措施大多无法充分应对这些网络诈骗的隐蔽性和复杂性。③

　　最后，从具体案例来看，针对东盟国家关键信息基础设施的网络攻击屡见不鲜。2018 年 3 月，马来西亚央行就挫败了一起通过在环球银行间金融电信协会（SWIFT）交易平台上发送欺诈性信息来盗窃资金的网络攻击。④ 这是继 2016 年孟加拉国央行失窃 8100 万美元资金后发生的第二起针对国家央行的网络攻击事件。2023 年 9 月，菲律宾健康保险公司（PhilHealth）遭到一个名为"美杜莎"（Medusa）网络勒索团队的攻击，该团伙要求支付 30 万美元或约 1700 万菲律宾比索来解锁被侵犯的数据库。据菲律宾国家隐私委员会的调查报告称，在对该勒索团队声明的数据进行

---

① "INTERPOL Report Charts Top Cyberthreats in Southeast Asia," Interpol, February 8, 2021, https：//www.cip-association.org/interpol-report-charts-top-cyberthreats-in-southeast-asia/.
② 《Kaspersky 发布东南亚企业网络威胁数据》，TechNave 中文网，2023 年 4 月 26 日，https：//cn.technave.com/2023/04/26/kaspersky。
③ "Online Scam Operations and Trafficking into Forced Criminality in Southeast Asia: Recommendationsfor a Human Rights Response," UN（OHCHR），August 2023，https：//bangkok.ohchr.org/wp-content/uploads/2023/08/ONLINE-SCAM-OPERATIONS-2582023.pdf.
④ 《马来西亚中央银行表示它挫败企图网络抢劫》，马来西亚新闻网，2018 年 3 月 29 日，https：//malaysia.txos.cc/2018/03/29/。

初步分析后，认为该公司734GB的个人和敏感信息等数据可能已经外泄。①

鉴于当前愈发猖獗的网络攻击行为及不断精进的网络攻击手法，东盟国家开始不断加强各国间的网络安全合作，建立多边或双边的合作机制来加强其网络防御能力。例如，东盟是第一个签署联合国框架下11项自愿的、不具约束力的网络空间负责任国家行为规范的地区组织。此外，东盟已经同美国、欧盟、中国等国家和国际组织签署了相关的网络安全合作协议，联合各方力量，一同加强自身的网络安全能力。故而，从这一点看，东盟与日本的网络安全合作，是东盟网络安全"大拼图"中的一小块。与此同时，对于日本而言，亦是拓宽同东盟合作范围的机遇。特别是有助于日本把网络安全合作"工具化"，作为日本同东盟"看得见"的合作的重要组成部分，是日本以"信任"为资产，用其技术和经验，与东盟一道共同应对全球性挑战的一个解决方案。②

（二）配合日本在东南亚整体安全战略转型

日本与东盟网络安全合作的转型，与日本在东南亚整体的战略合作转型是同步的，总体上经历了从"经济优先"向"安全优先"的转型。二战后，日本对东南亚的外交，先是开展了"赔偿外交"，而后再加强"经济合作"，以赔偿促贸易，以贸易促投资。此外，日本依托对外援助，日资得以进入东南亚国家的市场和关键行业。然而时过境迁，进入21世纪后，日本难以单靠经济合作来维护东南亚市场，而需要依靠"安全合作"来保障其在东南亚的利益。

2003年12月，日本与东盟在东京举行首脑峰会，发表了《东京宣言》和《日本—东盟行动计划》。其中，特别强调了日本倡导的"东亚共同体"设想，把支持"东盟一体化倡议"作为优先课题，加强对"东盟增长区"

---

① "NPC Takes Firm Stand: Unwavering Commitment to Protect Data Privacy Rights in Wake of PhilHealth Data Breach," National Privacy Commission, October 7, 2023, https://privacy.gov.ph/npc-takes-firm-stand-unwavering-commitment-to-protect-data-privacy-rights-in-wake-of-philhealth-data-breach/.

② 「大使挨拶」，日本国国旗 ASEAN 日本政府代表部」、日本国国旗 ASEAN 日本政府代表部、https://www.asean.emb-japan.go.jp/itpr_ja/b_000006.html。

的开发，推动"日本—东盟自由贸易区"，继续完善清迈协议下的"双边货币互换安排"以及明确日本的对外援助将"优先考虑东盟国家"，在3年内向东盟提供30亿美元援助等非常具体的经济合作内容。① 由此表达了日本以加强同东盟经济合作为首要的态度。然而，这一"经济优先"的合作方针，仅仅过了不到10年就发生了重大转变。2011年，日本与东盟在印度尼西亚巴厘岛举行首脑峰会，并发表了《巴厘岛宣言》，这是继2003年《东京宣言》后，双方再次为未来发展制定的新方针。与此前的《东京宣言》相比，《巴厘岛宣言》中安保内容更多，重要性也大幅提升，把"加强地区的政治及安全保障合作"放在了五大战略行动中的第一项。② 其中，让安保问题"上位"的最大原因或许是对中国崛起及其一系列外溢影响的担忧。③

这一"安全优先"的趋势，在此后日本与东盟的合作中得以延续，相关的安全合作也愈发深入和具体。2016年，为彰显日本同东盟建立更为紧密的安全合作的决心，加强日本在区域安全事务中的领导力，时任日本防卫大臣稻田朋美在第二届"日本—东盟防务部长级会议"上提出了"万象愿景"（Vientiane Vision）；仅仅在3年后的2019年，就将此更新为"万象愿景2.0"，重点加强日本同东盟国家防务部门之间的联结性和可操作性，促进海洋和空中规范的发展和共享，并提高海上安全保障能力等。④ 与此同时，日本同东盟国家间的一系列防务合作机制也逐步被建立起来。其中包括，在东盟防长会议框架内日本与东盟各国防长间的非正式会晤；日本同菲律宾（2016年）、马来西亚（2018年）、越南（2020年）、印度尼西

---

① 「新千年期における躍動的で永続的な日本とASEANのパートナーシップのための東京宣言」、外務省、https://www.mofa.go.jp/mofaj/kaidan/s_koi/asean_03/pdfs/tokyo_dec.pdf。

② 作为对比，在2003年的《东京宣言》中，安保的内容被放在了战略行动中的第三项。引自「共に繁栄する日本とASEANの戦略的パートナーシップの強化のための共同宣言（バリ宣言）」、外務省、https://www.mofa.go.jp/mofaj/area/asean/j_asean/pdfs/bali_declaration_jp_1111.pdf。

③ 大庭三枝：《不断变化的日本东盟伙伴关系：为确立东亚区域秩序奠定基础》，NIPPON，2017年9月15日，https://www.nippon.com/cn/currents/d00345/。

④ "Vientiane Vision: Japan's Defense Cooperation Initiative with ASEAN," MOD, 2019, https://www.mod.go.jp/en/d_act/exc/admm/06/vv2_en.pdf.

亚（2021年）、泰国（2022年）之间签署了《防卫装备转移协议》；日本与菲律宾启动《互惠准入协定》谈判，允许双方军队更自由地进入和利用对方军事基地和设施；以及利用最新的"政府安保能力强化支援机制"，来推动日本武器装备的"走出去"等。2023年12月，为纪念与东盟合作关系五十周年，日本以"相互信任的伙伴"为主题，发表了《日本—东盟特别峰会联合愿景声明》，在强调要"同东盟一道建立自由开放、以规则为基础的印太秩序的基础上，重点关注加强安全合作，包括海上安全合作；加强裁军和防扩散合作，努力实现无核武器世界……加强网络安全以及打击恐怖主义、跨国犯罪和虚假信息等领域的合作"。①

（三）协同美国战略以塑造地区网络安全秩序

美国将东盟视作实现"印太战略"的关键地区，而网络安全合作是实现上述战略的重要一环。在特朗普政府任期内，美国与东盟双方的网络安全合作主要关注规范性的安全承诺，在2018年双方领导人关于网络安全合作的声明中，大多以"承诺"作为主要措辞。而从2021年10月27日通过的《东盟—美国领导人关于数字发展的声明》中，在"后疫情时代"，美国同东盟的网络安全合作不仅强调安全，而且更加突出综合效益，其话语由"承诺"转向"支持"。② 与此同时，在拜登政府任内，不断组建和完善了"美国—东盟网络政策对话""数字联通和网络安全合作关系""美国—东盟联通行动计划""东盟—新加坡网络安全卓越中心"等多层次的网络安全合作机制，旨在加强美国同东盟在网络空间信任、国际网络稳定和网络安全能力建设上的制度化水平，在提升东盟应对网络威胁能力的同时，加速把东盟纳入美国的网络安全标准和规范体系之下。同时，拜登政府在加强同东盟合作制度化的同时，美国数字企业也积极行动起来，协同政府打开东盟市场的大门。例如，谷歌将通过向亚洲基金会"走向数字东盟"项目提供400万美元的资金，用来提升东南亚20万家中小企业的业

---

① 《日本—东盟特别峰会联合愿景声明》，日本内阁府官网，2023年12月17日，https://www.kantei.go.jp/cn/uni/2023/1217_ASEAN_Statement.html。
② 张记炜：《美国和东盟网络安全合作的新发展》，《军事文摘》2022年第5期。

务发展水平。美国惠普公司通过五个惠普技术中心为印度尼西亚的2万多名学生提供技术和创业培训；3M公司则为东南亚地区的女性提供在科学、技术、工程和数学教育方面的支持。① 上述这种"公私合作伙伴"的方式，是美国利用数字企业在全球的技术和市场优势，渗透到东盟市场，从而建立符合美国规范的市场体系的途径之一。

在美国的战略框架之下，日本既不是一个单纯的旁观者，也不是一个简单的追随者，而是会贡献自己的力量，发挥自身的主动性去参与美国的战略行动。特别是在东盟，这一被日本视作战略重点的区域，日本正在利用"印太战略"主动地塑造地区秩序，将自己从一个地区秩序的"承诺者"向"推动者"转变。② 其中，网络安全秩序的塑造成为其中的关键部分。

特别是在数字经济快速发展的当下，网络空间作为数据流动、数字交易、数字传播等内容的核心介质，是最关键的基础设施。如何为这一新型基础设施制定标准，已成为世界主要国家竞争的焦点。尤其是在数字贸易、人工智能、数字平台服务、数据跨境流动等领域，网络安全作为发展的前提条件，其基础性地位不言而喻。在这一规则制定权的竞争中，日本也积极笼络东盟的"人心"。从安倍晋三第二次执政开始，就明确提出"日本与东盟共同确保数据自由流动，构筑安全有活力的网络空间"。③ 2016年5月，日本主办七国集团伊势志摩峰会并发布《关于网络空间原则和行动的声明》，峰会还成立伊势志摩网络集团，致力于提高网络稳定与安全。2016年7月12日，外务省成立外交政策局网络安全政策司，负责引导确保网络空间安全的国际讨论，并加强与其他国家的合作与协调。

另外，日本也在通过把中国塑造成"共同威胁"的方式，建设共同

---

① 《简报：在华盛顿举行的美国—东盟特别峰会》，美国驻华大使馆官网，2022年5月14日，https://china.usembassy-china.org.cn/zh/fact-sheet-u-s-asean-special-summit-in-washington-dc-zh/。

② 大庭三枝：《日本与东盟合作50周年：在危机时代有必要建立新型伙伴关系》，NIPPON，2024年1月11日，https://www.nippon.com/cn/in-depth/a09401/。

③ 「日・ASEANサイバーセキュリティ協力に関する閣僚政策会議の結果－安倍晋三内閣総理大臣御挨拶」、内閣サイバーセキュリティセンター、https://www.nisc.go.jp/press/pdf/aseanj_meeting20130913.pdf。

"安全阵营",把中国排除出规则制定的"谈判桌"。为实现这一诉求,日本除在本国的《网络安全战略》中把中国列为"网络攻击威胁"外,还积极配合美国对华恶意抹黑的行为,如在一系列国际场合用"数字威权主义""恶意网络攻击者"等负面话语来刻意污名化中国,阻止中方同东盟国家正常、合理的网络空间合作。

三、日本与东盟国家网络安全合作的前景与局限

塑造符合日本战略需求的地区网络安全秩序,更好地拉拢地区人心,进一步打开当地数字经济市场,是日本对东盟国家开展网络安全合作的核心目标。然而,事后来看,日方的战略规划与落实成果有较大的偏差。特别是放在与中国战略竞争的视角下看,日方不仅无力将中国排除在规则制定之外,更无法回避与中国数字企业的市场竞争,总体上并无优势。根本原因就在于:日本没有足够的战略资源去支撑它的战略愿景。

(一)在制度设计领域,日本没有"先发优势"

从经济学的角度来看,网络安全是一个典型的"先下手为强"和"赢家通吃"的行业。其核心就在于数字经济有很强的网络外部性(network externality),亦称为"网络效应"。这一效应意指某种产品对一名用户的价值取决于使用该产品的其他用户的数量。随着用户网络呈几何级数增长,不利于规模经济的情况将不断得到改善,每名用户承担的成本将持续下降,同时信息和经验交流的范围得到扩大,所有用户都可能从网络规模的扩大中获得更大的价值。[①] 因而,只有较早进入相关行业并迅速扩大用户数量,才能形成"黏性",并自然而然地实现垄断。在国际制度中,亦有类似的效应——路径依赖,一旦一个制度定型,后者只能跟着前者的轨道运行。

然而,网络安全作为一个新兴事物,当前并不存在一项核心的国际制

---

① [美]奥兹·谢伊著,张磊等译:《网络产业经济学》,上海财经大学出版社2002年版,第2—15页。

度，甚至都没有国际公认的安全规范。故而，在国际网络安全合作中，其网络效应较弱，亦无路径依赖之可能。所以，在网络安全的"赛道"上，中日两国乃至中国与全世界各个国家都处在公平竞争的阶段。具体到东南亚地区，在这条"赛道"上，日本也并无"先发优势"。

然而，日本虽然在网络安全领域并无先发优势，但并不意味日本做的都是"无意义"的，其"闪光点"值得注意。特别是在"信任建设"领域，当前日本是最受东盟信任的国家。根据新加坡尤索夫·伊萨研究所东盟研究中心发布的《东南亚国家态势调查报告（2024）》显示：一方面，中国在东盟有着无可企及的战略影响力。在对东南亚地区影响力的评估中，中国被视为该地区最有影响力的经济力量（59.5%）和政治力量（43.9%），在这两个领域都以显著优势超过美国。同时，中国也是与东盟战略相关性排名最高的国家（8.9分，满分11分），第二名是美国（8.79），第三名是日本（7.48），欧盟排名第四（6.38）。另一方面，中国却也被高度警惕。此外，半数受访者（50.1%）对中国表示不信任，其中45.5%的人担心中国可能利用其经济和军事力量威胁他国的利益和主权。在对东南亚地区的国际信任评估中，日本仍然是东南亚最受欢迎的旅游目的地（30.4%），也是最受信任的国家（58.9%），美国排名第二（42.4%），略高于欧盟（41.5%）。[①]

由上述调研统计可知，东盟国家在对华认知领域有许多两面性的地方，一方面东盟国家意识到中国是其最重要的合作伙伴，另一方面也对中国充满怀疑和恐惧。所以，对东盟国家而言，日本的战略价值就在于"对冲"，可以被用作平衡中国影响力的"工具"。同时，日本的经济体量"适中"，相对中国而言，"小而美"的特点明显，也就更易于被东盟国家所信任。

（二）日本难以调动足够的经济资源去适配其战略规划

日本与东盟网络安全合作的战略资源不足，其中最大的短板就是没有

[①] "The State of Southeast Asia: 2024 Survey Report," ISEAS, 2024, https://www.iseas.edu.sg/wp-content/uploads/2024/03/The-State-of-SEA-2024.pdf.

企业，只能依托政府渠道和美国的企业。这就导致其网络安全合作中最重要的标准制定权是缺失的，因为它没有底层的能力，如同"无根之萍"。

东南亚是全球电子商务市场增长较快的地区之一，市场发展潜力巨大。根据 Statista 全球统计数据库的东南亚电子商务统计预测，从市场规模来看，2025 年东南亚电子商务的收入将达到 1336.2 亿美元，到 2029 年则将达到 1912 亿美元，即 2024—2029 年这 5 年的复合年增长率为 10.42%。从电子商务的用户数量来看，到 2029 年，东南亚电子商务市场的用户数量预计将达到 2.597 亿人，电商用户渗透率将达 39.8%。①

首先，日本在东南亚没有自己的跨境电商巨头。截至 2023 年，在东南亚的十大电子商务平台中，仅有排名第三的 Tokopedia（托科佩迪亚）背后有日本资本的身影。② 而排名第一的 Shopee（虾皮）③ 和 Lazada（来赞达）④ 分别获中国腾讯和阿里巴巴的注资，并且两大公司已经获得控股地位。如今，TikTok Shop（抖音商城跨境电商）、SHEIN（希音）等国内新兴电商开始重点布局东南亚地区，并结合中国本土供应链的优势快速扩张，打开东南亚用户的下沉市场。与之相比，日本就没有类似的企业可以与中国电商平台相抗衡。

其次，日本没有自己的产品宣发渠道。目前，东盟最具影响力也最成熟的"渠道平台"依旧是美国的脸书、Instagram（照片墙）、谷歌、X（原"推特"）和亚马逊等，这些美国互联网平台凭借其"先发优势"以及对全球社交媒体的"统治力"，牢牢地占据了东南亚的主流市场。

尽管日本也有 LINE 作为推介渠道，但是 LINE 有两个问题，一是

---

① "eCommerce – Southeast Asia," Statista, 2024, https：//www.statista.com/outlook/emo/ecommerce/southeast–asia.

② 2014 年，印度尼西亚知名电商平台 Tokopedia 获得美国红杉资本和日本软银 1 亿美元的融资。

③ Shopee 的母公司 Sea 最大的股东是腾讯，腾讯持股占比为 39.7%。

④ 自 2016 年以来，Lazada 已从阿里巴巴获得七次资本注入，总计约 58 亿美元。公开数据显示，截至 2020 年，阿里巴巴的持股比例已达到 83%，几乎完全控制了 Lazada。

LINE 的母公司是一家韩国企业；二是 LINE 仅在泰国市场有不错的渗透率[1]，于东南亚全局来看其市场占有率并不高，也远远比不上 TikTok 的发展速度。所以，日本想要用 LINE 作为电商渠道的入口还是非常困难的。

最后，日本的企业力量过于单一，过分依赖"政商关系"而致发展受限。日本官方早在 2016 年就强调要重视民间经济团体的力量，要与当地伙伴共建"发展型的伙伴关系"。在 2021 年后，日本把"官产学"合作作为日本与东盟网络安全合作的重点，同当地的网络安全运营团体合作，[2] 期望通过提高东盟地区整体的关键基础设施网络安全能力，来助力日本企业进入东南亚的数字市场，即用"安全"带动"市场"发展。例如，日本企业 NEC 得到了"日本—东盟网络安全能力建设中心"的业务委托和总务省"日本—东盟综合基金 2.0"的资金支持，在泰国开展网络安全人才培养的工作。截至 2023 年，NEC 已经在泰国曼谷集中举行了 4 次大型讲座，举办了 24 场针对性的网络安全防御演习[3]，有力地支持了"日本—东盟网络安全能力建设中心"的工作，为提升东盟网络安全能力作出了应有的贡献。但是，由于日本国内缺乏数量足够多、实力足够强的互联网企业，政府只能在有限的范围中选择可以进行"官产学"规划的企业。这就导致日本政府虽然有出色的战略规划，但是落实起来却无从下手。既缺乏可以依托的战略资源（企业），也难以调动足够的资源供东盟市场去挑选。进而，这种由政府行政主导的模式，非但无法实现日本所谓与当地伙伴共建"发展型的伙伴关系"的意愿，反而导致资源的错配，降低整体的效率，无法提升网络安全合作的效能。

---

[1] 截至 2024 年 1 月，LINE 在泰国的月活用户数达到 5400 万，占泰国互联网用户的 85.4%，排名第二，仅比脸书低 1%。同时，TikTok 排名第三。引自："LINE in Thailand: A Marketer's Paradise," Digital Marketing For Asia 2024, https://www.digitalmarketingforasia.com/line-in-thailand-a-marketers-paradise/。

[2] 「第 15 回日・ASEANサイバーセキュリティ政策会議の結果を発表」、総務省、https://www.soumu.go.jp/menu_news/s-news/01cyber01_02000001_00145.html。

[3] 「NEC、ASEAN 加盟国向けのサイバーセキュリティ人材を育成する演習業務を受託」、NEC、https://jpn.nec.com/cybersecurity/topics/2023/PR003_AJCCBC.html。

（三）日本没有足够的战略资源去满足网络安全战略发展之需要

日本与东盟的网络安全合作机制，如"日本—东盟网络安全能力建设中心"、"日本—东盟网络安全政策会议"、联合应对网络攻击的演习、不断完善的攻击情报共享机制，以及一系列高级官员会议、对话、论坛和非正式专家会议等，都属于双方合作的"软机制"，其目标并不是为了直接加强日本在东盟的权势，而是为了增强日本在东南亚权力的韧性。而之所以日本政府更倾向于上述这些"软机制"，其根本原因在于日本需要在其宏大的战略目标与有限的战略资源之间找到平衡。特别是相较于武器装备出口、海上自卫队"走出去"等显而易见的军事外交活动，日本在网络空间中安全合作的优先级并没有那么高。日本与东盟的网络安全合作，是依托于整体的安全战略行动中的一个"子集"，其投入的资源需要"以小博大"。

首先，从防卫省网络安全的投入来看，2024财年日本防卫预算达到7.9496万亿日元，创历史新高，但是投入到网络安全领域的费用仅2115亿日元，仅占总预算的2%，而同期的防卫装备维护费就高达2.3367万亿日元，防卫省的网络安全预算连建造两艘"宙斯盾"驱逐舰（3731亿日元）的经费都不够。① 其次，总务省用于国际网络合作的预算为54.9亿日元，其中包含了人才培养、网络攻防联合演习等日本主要用于网络"能力安全建设"的项目。与之相比，总务省在2024财年的预算总额约为18.2万亿日元。② 再次，日本外务省用于网络外交的"网络安全能力建设信托基金"也仅有1.7亿日元左右③，亦是外务省总预算的零头。④ 最后，"日本—东盟网络安全能力建设中心"在2018年刚成立的时候，日本最初只承诺提供500万美元的资金支持。由此可见，作为一个财力有限的国度，

---

① 「防衛力抜本の強化の進捗と予算」、防衛省、https://www.mod.go.jp/j/budget/yosan_gaiyo/2024/yosan_20240328.pdf。

② 「総務省所管予算（案）の概要」、総務省、https://www.soumu.go.jp/main_content/000919260.pdf。

③ 「外務省所管 一般会計歳出予算各目明細」、外務省、https://www.mofa.go.jp/mofaj/files/100613272.pdf。

④ 外務省2024财年的一般会计预算为7417亿日元，不含当年度的补充预算。引自「令和6年度予算の概要」、外務省、https://www.mofa.go.jp/mofaj/files/100599986.pdf。

日本在实现其战略目标的过程中，需要精打细算，仔细分配好"一分一厘"，使有限的战略资源发挥最大的作用。

此外，不少学者认为这种"软机制"由于其自愿性和非强制力的特征，会助长机会主义，不利于约束成员的行为，甚至会抑制危机管理的功能。[1] 但是，这种"软机制"相较于"硬性制度"，其最大的优势就是成本低廉，无须付出巨大的战略资源和过量的财政投入，就可以换来"看得见"的"亲善回报"。一方面，此类可以直接同日方人员接触的"面对面"合作项目，颇受东盟民众的欢迎；另一方面，日本民众对这类财政透明的合作项目也喜闻乐见，因为人力资源类的培训项目往往能培养出一批"亲日派"，能让日本获得在东南亚的长期收益。故而上述这些投资少、见效快、透明度高的"软机制"对日本这样一个缺乏战略资源的国家来说，无疑是利大于弊，也是权衡有限战略资源下的必然选择。

四、结语

网络空间已成为当代数字经济发展的关键基础设施，网络安全更是数字经济平稳发展的前提条件。2023年9月6日，日本前首相岸田文雄在东盟峰会上提及将进一步加强日本与东盟的合作力度，发表互联互通宣言，拟进一步加强日本同东盟在数字经济领域的合作。其中，具体到网络安全合作，亦从传统的"能力建设"和"人才培养"转向"信任建设"和"秩序塑造"等更具战略性的领域，其发展潜力不容小觑。

然而，日本并无足够的战略资源去全面落实政治精英的战略规划。限于日本政府有限的财力，特别是在数字经济领域，日本没有互联网巨头能用市场的力量去配置资源，这就导致战略资源与意图的错配。所以，对日本而言，其今后的网络安全合作重点在于如何有效整合各个系统，实现跨部门地调配资源，进而挖掘战略潜力，让有限的资源赋能战略愿景的实现。而这一点亦须中方重视。

---

[1] Rüland, Jürgen, "Inter and Transregionalism: Remarks on the State of the Art of a New Research Agenda," Political Science, 2002, p. 8.

第三部分

区域国别研究与人才培养

民办院校培养与发展区域国别学人才的路径探析

——对宋亚菲[*]教授的采访

曹亮 杨超[**]

问题1：区域国别学的学科定位是什么？它与语言学习的关系如何？

回答：区域国别学是一门交叉学科，它的学科定位并不是单纯的文学研究，而更接近于哲学或政治学。区域国别学的主要目标是帮助学生深入了解研究对象国的文化，属于学术研究的范畴。在这个过程中，语言只是一种教学工具，而不是区域国别学的最终目的。

我们使用的语言更多是交际英语，它是学习文化习俗的媒介。早期的语言学习主要是为了避免文化冲击。可以说，语言学习是区域国别学研究的基础和工具，但不是最终目的。区域国别学更注重培养学生对目标国家或地区的全面认知和深入理解。

---

[*] 宋亚菲，硕士生导师，广西外国语学院副校长，广西壮族自治区教学名师。
[**] 杨超，广西社会科学院东南亚研究所副研究员，中国东南亚研究会理事会理事，《人民日报》（海外版）专栏作家，《广西日报》东盟特约评论员，广西推动国际传播能力建设和中华文化"走出去"专家顾问团特聘研究员，广西外国语学院专任教师。

问题 2：您之前在其他场合分享过四川大学外国语学院的案例，他们是如何从文学研究转向文化研究和社会学研究的？这种转变对我们有什么启示？

回答：早些年我去四川大学外国语学院交流时，发现那里的许多同事最初是做文学研究的，但最终都落脚在文化研究上，甚至进一步发展为社会学研究。这种转变主要是由项目驱动的。

他们意识到，单纯的语言学习或文学研究已经不能满足当前的学术发展和社会需要。因此，他们开始关注语言的效用研究，也就是功能语言学。这种转变使他们的研究更加贴近实际，更能解决现实问题。

这给我们的启示是区域国别学的发展应该是动态的、与时俱进的。我们需要根据社会需求和学术发展趋势，不断调整研究方向和教学内容。同时，跨学科研究和项目驱动的模式也值得我们借鉴。

问题 3：广西外国语学院在区域国别学研究方面做了哪些工作？特别是在东盟领域的研究上有什么特色？

回答：广西外国语学院在区域国别学研究方面，特别是在东盟领域，已经做了一些初步的工作。我们最早是从泰语教学开始的，这是因为泰国是东盟重要成员国，并且与中国有着密切的联系。

随后，我们拓展到了经济国别教学。这是考虑到东盟与中国的经贸关系日益密切，我们需要培养既懂语言又懂经济的复合型人才。在学术研究方面，我们目前还处于初步阶段。我们正在努力构建研究团队，鼓励教师进行跨学科研究，特别是在东盟国家的政治、经济、文化等方面。

我们的特色主要体现在以下几个方面：首先，我们充分利用广西的地理优势，与东盟国家有着密切的交流。其次，我们注重"语言+专业"的复合型人才培养模式。最后，我们正在努力建立东盟研究的特色数据库和资料中心。

问题 4：在国际交流领域，广西外国语学院有哪些具体措施？如何鼓励学生和教师"走出去"？

回答：在国际交流领域，广西外国语学院始终强调"走出去"的重要性，并采取了一系列具体措施来实现这一目标。首先，学院注重扩展学科范围，鼓励学生在学习语言的同时，掌握国际关系、经济贸易等相关专业知识。这种做法旨在培养具备国际视野和跨文化交流能力的"国际人"。同时，学院还大力支持教师参加国际学术会议，发表论文，开展国际合作研究，以提升教师队伍的国际化水平。

其次，学院积极开展学生交换项目，与多所国外大学建立了合作关系。通过这些项目，学生有机会亲身体验异国文化，拓宽视野，提高跨文化交际能力。此外，学院还定期邀请国际专家来校讲学，为师生提供与国际学者直接交流的机会，从而进一步拓宽他们的国际视野。

最后，学院鼓励学生运用自身的语言优势，深入思考宗教、文化、政治等深层次问题。这种跨学科思考的能力对于培养真正的国际化人才至关重要。通过这些多方面的措施，广西外国语学院旨在让师生能够真正"走出去"，在国际舞台上展示自己，同时也能够带回新的知识和视角，促进学院的国际化发展。

问题5：您过去提到了"孤立学生应用语言，去思考宗教、文化、政治等问题"，能否详细解释一下这个观点？

回答：这个观点其实强调的是语言学习的目的性和应用性。当我们说"孤立学生应用语言"时，并不是要将语言学习与其他学科完全分离，而是要让学生意识到语言只是一种工具，真正重要的是运用这种工具去理解和分析更深层次的问题。

比如，当学生学习泰语时，我们不仅要求他们掌握语言本身，还鼓励他们去思考泰国文化、东南亚政治局势等问题。当学生学习柬埔寨语时，我们希望他们能够深入了解柬埔寨的社会结构、经济发展模式等。这种方法的目的是培养学生的批判性思维和跨文化理解能力。我们希望学生不仅能说一口流利的外语，更能运用这种语言去深入理解和分析目标国家或地区的社会、文化、政治等各个方面。这样做的好处是，学生不仅掌握了语言技能，还获得了对目标国家或地区的全面认知，这对他们未来从事区域国别研究或相关工作都有很大帮助。

问题 6：在未来的发展中，广西外国语学院在区域国别学人才培养方面有什么具体计划？

回答：广西外国语学院在区域国别学人才培养方面有着明确的发展计划。首先，学院将着力构建一支跨学科的研究团队，涵盖语言学、政治学、经济学、文化研究等多个领域的专家。同时，学院将加大对教师的培养力度，鼓励他们进行跨学科研究，并提高他们的论文水平。这些措施旨在建立一个强大的学术基础，为高质量的人才培养提供坚实的支撑。

其次，学院计划扩大通识课程设置，增加文化、经济学、外交学、国际法等领域的课程，为学生提供更全面的知识体系。同时，学院将实施论文驱动机制，通过论文考核来推动教师的学术研究，鼓励他们在区域国别学领域做出更多成果。这些举措将有助于提升教师的教学质量和学术研究水平。

在国际合作方面，学院将继续邀请国际专家来校讲学，同时也鼓励本校教师到国外进行学术交流和研究。此外，学院计划在东盟国家建立实习基地，让学生有机会将所学知识应用到实际中。这些措施将为学生提供更多的国际交流机会，增强他们的实践能力。

最后，学院将根据广西的地理优势，开发一些针对东盟国家的特色课程。同时，学院计划建立一个区域国别研究的数据中心，为研究提供数据支持。这些计划的最终目标是培养出既懂语言，又了解目标国家或地区政治、经济、文化的复合型人才，以满足当前国际形势下对高素质区域国别学人才的需求。

问题 7：作为一所民办高校，广西外国语学院在发展区域国别学方面面临哪些挑战？如何应对这些挑战？

回答：作为一所民办高校，广西外国语学院在发展区域国别学方面确实面临着一些独特的挑战。首先是资金限制，相比公立高校，民办高校的资金来源相对有限，这在一定程度上制约了学院的发展。其次是在吸引人才方面，高水平的研究人才往往更倾向于选择公立高校或知名高校，这给学院吸引优秀人才造成了一定困难。此外，学院在某些学科领域的基础相对薄弱，这影响了开展全面的区域国别研究的能力。最后是社会认可度。

作为民办高校，学院在社会上的认可度还需要进一步提高。这不仅影响学生的就业前景，也会影响学院在学界的地位。同时，在开展国际合作方面，民办高校可能没有公立高校那么多的资源和渠道，这也为学院的国际化发展带来了挑战。

面对这些挑战，广西外国语学院制定了一系列应对策略。在资金方面，学院积极寻求多渠道筹资，除了学费收入，还通过寻求社会捐赠、企业合作等方式来增加资金来源。在发展方向上，学院充分利用广西的地理优势，重点发展东盟国家研究，打造自己的特色和品牌。为了吸引人才，学院采取更加灵活的人才引进和培养政策，如提供有竞争力的薪酬、创造良好的研究环境等。

此外，学院还积极与其他高校、研究机构合作，借助对方的资源和经验来弥补自身不足。在教学方面，学院强调理论与实践相结合，培养学生的实际应用能力，以提高社会认可度。同时，学院充分利用互联网技术，开展在线国际合作，克服地理限制。通过这些措施，广西外国语学院希望能够逐步克服面临的挑战，在区域国别学领域取得更好的发展，为培养高质量的国际化人才作出贡献。

问题8：在培养区域国别学人才的过程中，如何平衡语言学习和专业知识学习？

回答：在培养区域国别学人才的过程中，平衡语言学习和专业知识学习是一个关键问题。广西外国语学院采取了多种策略来解决这一挑战，确保学生能够在语言能力和专业知识方面都达到较高水平。

首先，学院采用分阶段教学的方法。在低年级阶段，重点放在语言基础的培养上，帮助学生建立扎实的语言能力。随着年级的提高，学院逐步增加专业课程的比重，让学生在具备一定语言能力的基础上，开始深入学习专业知识。同时，学院还实施内容导向的语言教学，在语言课程中融入专业知识，例如使用目标国家的政治、经济、文化等方面的材料作为语言学习的内容，这种方法既能提高语言能力，又能增加专业知识。

其次，学院采用双语教学和跨学科课程设置的方式。对于一些专业课程，采用双语教学的方式，既能学习专业知识，又能提高语言能力。学院还设置了一些跨学科的课程，如"东盟国家政治与外交""东南亚经济发展"等，这些课程既需要语言能力，又需要专业知识，有助于学生将语言学习和专业知识学习有机结合。

为了进一步加强实践能力，学院组织学生参与各种实践活动，如模拟联合国、国际贸易模拟等，让学生在实践中运用语言和专业知识解决问题。这些活动不仅能够提高学生的语言应用能力，还能加深他们对专业知识的理解。此外，学院还实行导师制，每个学生都有一个专业导师和一个语言导师，共同指导学生的学习，确保语言学习和专业知识学习都能得到充分的关注。

最后，学院采用弹性学分制和鼓励国际交流的方式。弹性学分制允许学生根据自己的兴趣和能力，在语言课程和专业课程之间做一定的选择，这种灵活性有助于学生根据自身情况平衡语言和专业学习。同时，学院积极鼓励学生参加国际交流项目，在实际的跨文化环境中提高语言能力和专业知识。通过这些多元化的方法，广西外国语学院努力培养出既有扎实语言基础，又有深厚专业知识的复合型人才，以满足当今社会对区域国别学人才的需求。

问题9：在区域国别学研究中，如何培养学生的跨文化理解能力和国际视野？

回答：在区域国别学研究中，培养学生的跨文化理解能力和国际视野是至关重要的。广西外国语学院采取了多种方法来实现这一目标，确保学生能够在全球化的背景下更好地理解和适应不同的文化环境。

首先，学院通过系统的课程设置和案例教学来奠定理论基础。开设了如"跨文化交际""东盟国家文化概论"等文化课程，帮助学生系统地了解不同文化。同时，在课堂上大量使用真实的跨文化交际案例，让学生进行分析和讨论，提高他们的文化敏感性。这种理论与实践相结合的教学方法，能够帮助学生更好地理解文化差异，培养跨文化思维。

其次，学院积极推动国际交流和实践活动，与多个国家的大学开展了交换生项目，让学生有机会亲身体验异国文化。此外，学院还聘请了来自不同国家的外教，让学生在日常学习中就能接触到多元文化。定期举办的各种文化活动，如"国际文化节""东盟文化周"等，也为学生提供了在校园里体验多元文化的机会。这些实践活动能够让学生将课堂所学的知识应用到实际情境中，加深对不同文化的理解。

再次，学院注重培养学生的国际视野和外交思维。组织学生参加模拟联合国、模拟国际谈判等活动，让学生在模拟的国际环境中锻炼外交技能，培养国际视野。同时，学院鼓励学生关注国际新闻，并在课堂上进行讨论和分析，这不仅能够让学生了解全球时事，还能培养他们独立思考和分析国际问题的能力。

最后，学院鼓励学生参与跨文化研究项目，让他们深入了解不同文化的异同。这种研究性学习不仅能够提高学生的学术能力，还能让他们对文化差异有更深入的理解。通过亲自参与研究，学生能够养成批判性思维，并学会从多角度分析文化问题。

通过这些多元化的方法，广西外国语学院致力于培养出具有广阔国际视野和深厚跨文化理解能力的人才。这些方法不仅涵盖了理论学习和实践体验，还注重培养学生的独立思考能力和研究能力。在全球化日益深入的今天，这样的人才将在国际交流和合作中发挥重要作用，为促进不同文化间的理解和沟通作出贡献。

问题10：在区域国别学研究中，如何处理学术研究与实际应用之间的关系？

回答：在区域国别学研究中，处理好学术研究与实际应用之间的关系是一个关键问题。广西外国语学院采取了多种策略来平衡这两个方面，确保学术研究能够服务于实际应用，同时实际应用也能促进学术研究的深化。

第一，学院鼓励问题导向的研究方法。鼓励教师和学生关注实际问题，选择具有现实意义的研究课题。例如，研究中国—东盟自贸区的影响，或者东南亚国家的政治转型等。这种研究方法不仅能够保证研究的实用性，还能够为解决实际问题提供理论支持。通过关注现实问题，研究者能够更好地理解区域国别学的实际应用价值，同时也能为学术研究提供新的视角和思路。

第二，学院积极推动产、学、研合作。通过与政府部门、企业建立合作关系，承接实际的研究项目，学院不仅能为学术研究提供资金支持，也能确保研究成果有实际应用价值。这种合作模式能够让学术研究直接服务于社会需求，同时也让研究者更好地了解实际问题，从而提高研究的针对性和实用性。产、学、研合作还能为学生提供实践机会，让他们在参与实际项目的过程中，将理论知识应用到实践中，提高自身的实践能力。

第三，学院正在筹建东盟研究智库，旨在为政府和企业提供决策咨询服务。这一举措可以将学术研究直接转化为实际应用，为政策制定和企业决策提供理论支持和实践建议。智库的建设不仅能够提高学院的社会影响力，还能为学者提供更多与实际问题接触的机会，从而推动学术研究的深化和拓展。

第四，学院为学生提供在相关企业或机构实习的机会，让他们将所学知识应用到实际工作中。这种实习实践不仅能够帮助学生验证和巩固所学知识，还能让他们了解行业需求，为未来的学习和研究提供方向。同时，学生在实习过程中遇到的实际问题也可能成为新的研究课题，从而推动学术研究的发展。

通过这些措施，广西外国语学院努力在学术研究与实际应用之间找到平衡点。学院既注重学术研究的深度和广度，又关注研究成果的实际应用价值。这种平衡不仅能够提高学院的学术水平和社会影响力，还能培养出既有扎实理论基础，又具备实践能力的复合型人才。在当今快速变化的国际环境中，这种将学术研究与实际应用相结合的方法，将为区域国别学的发展提供新的动力和方向。

问题11：在当前的国际形势下，区域国别学研究应该如何调整和发展？

回答：在当前复杂多变的国际形势下，区域国别学研究面临着新的挑战和机遇。为了更好地适应这种变化，区域国别学研究需要在多个方面进行调整和发展。

第一，研究焦点需要紧跟国际热点问题。全球化与反全球化、气候变化、公共卫生安全等议题已成为国际社会关注的焦点。区域国别学研究应该将这些问题纳入研究范畴，深入分析它们对特定地区和国家的影响，以及这些国家和地区在应对这些问题时的策略和立场。这不仅能提高研究的时效性和实用性，还能为解决全球性问题提供区域性的洞见。

第二，研究方法需要与时俱进，加强数字化研究。大数据、人工智能等技术的发展为区域国别学研究提供了新的工具和方法。研究者应该积极学习和应用这些新技术，提高研究的精确性和预测性。例如，利用大数据分析社交媒体上的舆情变化，或者使用人工智能技术预测某个地区的经济走势。这种数字化研究方法不仅能够处理更大规模的数据，还能发现传统研究方法难以察觉的模式和趋势。

第三，跨学科研究的重要性日益凸显。国际问题的复杂性决定了单一学科的研究方法已经难以应对。区域国别学研究需要加强与其他学科的交叉融合，如经济学、社会学、人类学、环境科学等。通过整合不同学科的知识和研究方法，可以对研究对象进行更全面、深入的分析，提出更具创新性的见解。例如，在研究某个国家的发展战略时，可以结合经济学、政治学和环境科学的视角，全面评估该战略的可行性和潜在影响。

第四，比较研究方法应得到更多重视。在研究特定国家或地区时，不应局限于单一对象，而应该进行横向和纵向的比较研究。横向比较可以帮助我们理解不同国家或地区在面对相似问题时的不同应对方式；纵向比较则可以让我们了解某个国家或地区在不同历史时期的变化和发展。通过比较研究，我们可以获得更全面、更深入的认识，避免片面或主观的判断。

第五，政策研究能力的提升至关重要。区域国别学研究不应仅停留在学术层面，还应该更多地关注政策问题，为国家决策提供智力支持。研究者需要提高自身的政策分析能力，学会将学术研究转化为可操作的政策建议。这不仅能提高研究的实用价值，还能增强区域国别学在国家决策中的影响力。例如，在研究某个国家的外交政策时，不仅要分析其历史背景和现状，还要提出我国应该如何应对的具体建议。

第六，研究视角需要不断拓展。除了传统的政治、经济、文化研究外，区域国别学还应该关注新兴领域，如网络安全、太空治理、人工智能伦理等。这些新兴领域正在深刻影响国际关系的格局，研究者需要及时跟进，分析它们对特定国家或地区的影响。同时，还应该加强国际合作，建立国际研究网络，提高研究的国际化水平。通过与国外研究机构的合作，可以获得更多第一手资料，提高研究的准确性和深度。

通过这些调整和发展，区域国别学研究将更好地适应当前的国际形势，为国家发展和国际交流作出更大贡献。同时，这也要求我们培养更多的复合型人才，他们不仅需要具备专业知识和语言能力，还要掌握新技术，具有跨文化沟通能力。只有这样，区域国别学研究才能在新的国际环境中发挥更大的作用，为促进国际理解和合作贡献力量。

区域国别学的发展路径
——对古小松*研究员的采访

杨 超

问题1：请问您怎么看待区域国别学"学科交叉"这一特点？

回答：区域国别学是最近兴起的一门学科。随着中国改革开放后日益崛起，对外交流不断增加，国人需要广泛而深入地了解外部世界，尤其是具体的地区及国别情况，这推动了区域国别的发展。

区域国别学的一个重要特点就是"学科交叉"，或者说是综合性，涉及政治、经济、文化等方方面面，再细分就是包括国际政治、外交、安全、贸易、投资、历史地理、社会人文，等等。研究区域国别问题，往往需要跨学科知识，要兼顾政治、经济、文化等多个方面。我于2016年在中国社会科学出版社出版的《越南·历史 国情 前瞻》就包括了地理、历史、政治、经济、文化、外交、中越关系等多个章节。

---

* 古小松，海南热带海洋学院东盟研究院院长，广西社会科学院研究员，中国东南亚研究会副会长，广西东南亚研究会会长。主要从事国际经济与政治、中国与东南亚关系、区域经济等研究。完成了"越南经济改革研究""越南社会主义模式研究"等国家社科基金课题。个人专著有《越南的社会主义》《中越关系研究》等3部，编著、译著、合著11部，发表论文30多篇。获广西社会科学研究优秀成果二等奖2项、三等奖1项。1999年入选广西"十百千人才工程"第二层次人选。

当然，在具体研究时可以就该地区或某个国家的若干个领域，或者就某一领域开展深入的研究。

问题 2：您对区域国别学建设中的理论和方法论有何看法？如何在其中体现中国特色？

回答：尽管区域国别学是一门新兴的学科，但是有不少学者多年来做了很多深入、成熟的研究，这就需要我们去总结、挖掘出比较科学、系统的研究理论和方法。

由于区域国别学是一门涵盖政治、经济、文化等方面的综合交叉学科，在具体研究某一领域或课题时要运用政治学、经济学、社会学、历史学等的研究理论和方法。而不管研究哪个领域或课题，通常都要运用到实证、文献、比较分析、定性与定量相结合、田野调查等。

其实，我国的区域国别研究早在一两千年以前就存在了，历代史书如东汉班固撰写的《汉书》中的《西域传》，宋代赵汝适撰写的《诸蕃志》、元代周达观撰写的《真腊风土记》、明代马欢撰写的《瀛涯胜览》，等等。

今天我们从事区域国别学研究，既要继承千百年来先辈的优良传统，也要学习近代以来发达国家学者的科学理论和方法，结合当今中国开放发展崛起后面对的外部世界实际，以及科技进步和网络发达的新形势，来发展好中国人自己的区域国别学研究。

问题 3：您怎么看区域国别学中的实地调研和田野调查？

回答：区域国别学获取资料素材有很多渠道，尤其是在网络普及的今天，铺天盖地的信息让人应接不暇，但是都代替不了实地调研。"百闻不如一见"，很多课题研究是需要做田野调查的，尤其是一些社会学及人文类课题，需要有第一手资料才能弄清楚事情的真相。

区域国别学的研究对象是国外的地区和国家。不同的地区和国家有不同的区情和国情，不同的国家有不同的语言文字。人们通常是通过一国的语言文字记录、描述来了解一个国家的情况。一个国家的情况从原本的语言文字记录、描述，再到翻译转成另一种语言文字，或多或少会发生变化，已不是原原本本的事物，更何况记录描写、翻译者的语言文字水平、做事的能力和态度也有差异。因此，要想得到符合客观实际的科研成果，花工夫做实地调研是不可或缺的。

20世纪80年代改革开放前，我国研究东南亚的一些前辈没有去过东南亚，戏称为"隔山买牛"。不过，那时候大多是做历史研究，中国研究东南亚历史是有优势的。古代东南亚国家的情况都记录在中国的史书中，很多东南亚国家很晚才有自己的文字，因此要写自己的古代史，还得靠中国的古籍。客观地说，没有大量古籍的史料，2022年我在世界知识出版社出版的《从交趾到越南》是无法完成的。

问题4：区域国别学中的基础研究与应用研究如何有机结合？

回答：当前从事区域国别学的学者，既有侧重于基础研究的，也有偏重于应用研究的，相比较而言，从事应用研究的数量要多一些。做基础研究的学者主要在科研机构和高校工作，既有研究政治经济问题的，也有研究历史文化的；而做应用研究的学者多数是在相关的业务部门和智库工作，他们侧重研究现实问题，为现实决策服务。其实，即使是做应用研究的，也需要有扎实的基础研究能力，才能把应用研究做好。

研究某一地区或国家应该把基础研究与应用研究有机地结合起来，而不是截然分开。只有把某一地区或国家的政治经济、历史文化基础研究做扎实，才能在应用研究上具备深度和广度，弄清事关全局的、有前瞻性的问题，并提出有针对性的、符合客观实际的对策措施。当然，把应用研究做好了，也会反哺基础研究，使基础研究有更加稳固的根基。

问题5：您认为东南亚学、国际关系学、传统的国别研究与今天的区域国别学有什么联系与传承？

回答：相比较今天的区域国别学，国际关系学更宏观，涵盖的范围可以是世界性的，也可以是地区或国别，而区域国别学的研究对象主要是某一地区或某个国家，可见，国际关系学可以包含区域国别研究，如东南亚对外关系研究、越南对华关系研究等；有时候两者也可以是指同一个对象，如研究东南亚对外关系、越南对华关系，往大里说就是研究国际关系。

东南亚学、传统的国别研究与今天的区域国别学没有本质和根本区别，只是今天人们非常重视区域国别学，将其提升为一级学科，设立的研究机构多了，开设的课程增加了，研究的学者也大大增多了。改革开放初期，只有南方五个东南亚研究所：中山大学东南亚研究所、厦门大学南洋研究所、暨南大学东南亚研究所、广西社会科学院东南亚研究所和云南社会科学院东南亚研究所。如今，从南到北、从东到西很多省市的大学、科研机构和业务单位都开设了东南亚或其国别研究所（院、中心）。

问题6：您对区域国别学学科建设，尤其是东南亚研究方向的学科建设和人才队伍建设有什么建议？

回答：区域国别学，尤其是东南亚研究方向如今已成为显学。在中国与东南亚的关系中，无论是政治安全、经贸合作，还是人文交流都非常重要，研究好东南亚问题，既有很大的学术价值，也有重大的现实意义。

首先，鉴于目前各地研究东南亚的机构分散，力量不集中，没有形成"拳头"的状况，要把现有众多研究机构充实、健全起来，发挥各自的优势，形成有各自特色和实力的团队。

其次，要把基础研究做扎实，包括政治、经济、历史文化等方面。很多学者是从其他学科转过来从事东南亚研究或其他区域国别学科的，日常较多研究现实问题，有了深厚的政治经济、历史人文基础，才能走得更远。学外语出身的学者，更要在这方面下工夫。

做学问重在坚持，贵在交流。从事区域国别学研究，不但要在国内多交流，还应多走出去。研究东南亚采用"走出去、请进来"方式最有条件。与东南亚人士多交流，不仅能提升我们的学术水准，而且可以增进与东南亚的友谊，促进中国与东南亚的睦邻友好。

共建"一带一路"倡议下的中国—东盟教育合作

——对吕京[*]教授的采访

安德万[**]

一、共建"一带一路"倡议为中国—东盟教育合作提供了战略机遇

问题1：2013年中国提出了共建"一带一路"倡议，到当前，已经过去10年有余了。作为一位长期关注东盟国家教育问题的学者，请您谈谈共建"一带一路"倡议的提出和实施，为中国—东盟教育合作带来了什么变化？

回答：自2003年中国与东盟建立战略伙伴关系以来，双方在教育领域的合作不断加深。2010年，中国与东盟签署《中国—东盟教育部长圆桌会议贵阳声明》，标志着双方在教育领域的合作正式启动。这份声明强调了建设人文交流合作机制和搭建交流合作平台的重要性。

---

[*] 吕京，华东师范大学与美国宾夕法尼亚大学（University of Pennsylvania）联合培养博士。现任四川师范大学全球治理与区域国别研究院执行院长。四川师范大学教授、博士生导师，泰国东南亚大学（Southeast Asia University）博士生导师、易三仓大学（Assumption University）博士生导师。

[**] 安德万，四川师范大学全球治理与区域国别研究院副教授。

共建"一带一路"倡议为中国与东盟间的教育合作带来了新的机遇。教育是共建"一带一路"倡议实施的重要基础，在共建"一带一路"倡议提出后，中国与东盟的教育合作得到了进一步的推动。在共建"一带一路"倡议10余年发展中，不断深化的中国—东盟教育合作成为"一带一路"教育对外开放的典型示范。

共建"一带一路"倡议提出后，中国—东盟教育合作的机制、平台更加多元。目前，中国与东盟国家的教育合作机制和平台包括中国—东盟教育交流周、中国—东盟教育部长圆桌会议、中国—东盟大学校长论坛、中国—东盟职业教育联展暨论坛、中国—东盟学前教育发展对话、中国—东盟高校创新创业教育联盟、中国—东盟民办大学联盟等。为了促进师生之间的交流学习，中国与东盟全体成员国签署了《双边教育交流合作协议》，并与部分国家签署了《双边高等教育学历学位互认协议》。这一系列合作平台和教育合作协议，夯实了多样化的教育合作实践，推进了中国—东盟教育领域的深入合作。

教育合作已经成为促进中国和东盟国家发展和共同繁荣的重要工具。中国—东盟还于2022年8月共同发布了《中国—东盟全面战略伙伴关系行动计划（2022—2023）》，在人才培养、科研和产业融合等方面取得了成功范例和实实在在的成就。中国—东盟关系的推进需要双边教育深度合作，在产学融通、人才培养和人才流动等方面发挥积极的支撑作用。将教育合作置于更加突出和重要的地位，以教育为媒，不断深化中国与东盟国家之间的人文交流，优化中国—东盟教育合作的体制机制，有助于实现更大范围、更深层次的互联互通。

中国与东盟的教育合作已经有了明显的示范效应，中国与东盟的教育合作不局限于双边层面，还积极与俄罗斯、德国等其他国家和地区开展交流与合作，拓宽了合作的广度和深度。例如，由外交部、教育部、贵州省人民政府共同主办的中国—东盟教育交流周，2008—2023年已经成功举办了十六届。这一活动旨在促进中国与东盟国家之间的教育合作和人文交流，同时也是中国与东盟及共建"一带一路"倡议教育合作、人文交流的高端平台。中国—东盟教育交流周不仅提升了中国与东盟国家之间的教育合作水平，也为人文交流提供了重要的平台。截至2023年，该活动已经举办了 484 项活动，并签订了累计 1879 份各类合作协议或合作备忘录。这些协议和备忘录促进了双方在学分互换与学历互认、留学生双向流动、人才联合培养、青少年友好交流、智库联合科研等方面的务实合作。中国—东盟教育交流周已经发展成为国家级的人文交流平台，并且由中国和东盟"10+1"合作模式发展成为立足东盟、辐射全球的"10+1+N"的合作模式，已经成为中国与东盟及共建"一带一路"倡议教育合作、人文交流的高端平台，成为互学互鉴、合作共赢的特色品牌。

问题 2：中国—东盟教育合作在推动落实共建"一带一路"倡议中的作用？

回答：共建"一带一路"倡议致力于亚欧非大陆及附近海洋的互联互通，建立和加强沿线各国互联互通伙伴关系，构建全方位、多层次、复合型的互联互通网络，实现沿线各国多元、自主、平衡、可持续的发展。这一倡议推动与沿线各国发展战略的对接与耦合，发掘区域内市场的潜力，促进投资和消费，创造需求和就业，增进沿线各国人民的人文交流与文明互鉴。

自 1991 年中国和东盟建立对话关系以来，双方始终彼此尊重，平等相待，走出了一条团结奋进、合作共赢之路。作为亚太区域合作中最成功和最具活力的伙伴关系，中国—东盟合作对推进地区繁荣发展、引领世界经济复苏、促进世界和平发展发挥着不可替代的作用。共建"一带一路"倡议的提出高度契合东南亚国家的发展利益，东南亚地区已成为该倡议"落地生根"的重点区域，并且取得了一系列重要成果。一方面，共建"一带一路"倡议与《东盟互联互通总体规划 2025》、东盟印太展望等实现了对接合作；另一方面，还与东盟各国的发展战略进行了对接，如印度尼西亚的"全球海洋支点"构想、越南的"两廊一圈"、"泰国 4.0 战略"、柬埔寨"四角战略"等。这种战略对接不仅提升了合作的质量和效率，还有助于实现优势互补，推动区域经济一体化和产业链供应链整合。

通过教育合作，加强中国—东盟教育共同体的建设，是共建"一带一路"倡议的重要组成部分。构建中国—东盟教育共同体，为共建"一带一路"倡议提供驱动力。一方面，中国与东盟国家教育合作潜力巨大，通过加强教育交流与合作，双方可以共享优质教育资源，提高人才培养质量，从而为区域一体化进程提供有力的人力资源支持，为共建"一带一路"倡议打造更加牢固的共同繁荣纽带。另一方面，教育合作还有助于增进各国之间的友谊和文化理解，为共同繁荣奠定坚实的基础。共建"一带一路"以互联互通为基础，基础设施的互联互通是重点。中老铁路、雅万高铁等标志性项目不仅提升了东南亚国家与中国之间的经贸交往，助推了国际产业链供应链的稳定畅通，还促进了人员的流动。这些项目为当地民众带来了实实在在的利益，促进了区域经济一体化，也激发了区域内不同国家的人民相互交流、了解的需求。民心相通是中国与东盟共建"一带一路"、确保合作行稳致远的基础。通过教育合作和交流，我们可以更深入地理解东盟各国的文化、历史和发展现状。同时，也促进了双方在教育领域的资源共享和优势互补，为构建中国—东盟命运共同体奠定了坚实的基础。

问题 3：中国—东盟教育合作的鲜明特色或亮点有哪些？

回答：中国与东盟在高等教育方面的广泛合作形成了集群化。目前，中国已与印度尼西亚、马来西亚、菲律宾、泰国、越南等国签署了学历学位互认协议，形成了高等教育合作的集群化。截至 2019 年底，中国和东盟双向留学生人数已突破 26 万，在全球来华留学生中，东盟来华留学生的占比达 20%。双方举办了如中国—东盟教育交流周、中国—东盟高等教育合作论坛等系列活动，以促进人文交流，即使在疫情期间，双方也并未中断上述活动的开展。

职业教育合作是中国与东盟教育合作的另一个鲜明特色，也可以说是一个亮点。截至 2024 年，中国已与东盟职业院校开展了至少 70 个学生联合培养项目、2 个教师联合培养项目，创办了 8 个职业教育论坛、组成了 19 个职业教育联盟，并在东盟建立了 6 个"鲁班工坊"、42 个国际产业学院。

此外，中国与东盟在语言文化教育领域的合作根基稳固。自 2011 年起，菲律宾就开始将普通话纳入教育部开办的特别课程，仅 2019 年就有超过 300 名教师在菲律宾孔子学院接受普通话培训，来自 93 所公立中学的约 11000 名学生正在学习汉语。中国联合菲律宾、印度尼西亚、缅甸、马来西亚等国开展了"本土中文教师培训"项目，为东盟国家培养汉语教师。中国孔子学院在东盟蓬勃发展，2021年时孔子学院在东盟国家有33所，截至2024年已经增加到42所，泰国以16所位居榜首。孔子学院提供了规范的现代汉语教材和正规的汉语教学渠道。东盟地区还建立了数十个孔子课堂。鉴于中国作为地区主要贸易伙伴和投资者的重要作用，孔子学院的建立有助于使东盟地区的人们掌握与中国开展商业和贸易的必要文化和语言技能。与此同时，中国也在积极培养东盟非通用型语言人才，如广西民族大学采用"3+1"式合作培养范例，培养既能掌握东盟非通用语，又具有专业知识的复合型人才。语言交流是民心相通的前提与保障。2023年8月29日，在贵阳举行的第二届中国—东盟语言文化论坛上，发布了《中国—东盟语言文化交流合作倡议》，启动了多个语言文化合作项目。该倡议旨在通过数字化技术加强中国和东盟国家之间的语言文化沟通与合作，推动中国—东盟语言文化合作交流常态化、机制化，促进不同文明之间的交流互鉴。这些项目的实施有助于促进青年跨文化国际交流能力的提升，依托年轻人之间的语言沟通上，促成文化的共存理念。

  总的来说，中国与东盟之间的教育合作源远流长，从早期的文化交流开始，随着时间的推移，中国与东盟之间已经形成了全方位的教育合作。这种合作不仅体现在传统的高等教育和基础教育上，还包括职业教育、语言教育和数字教育等多个方面。中国—东盟教育合作经历了多年的深化和发展，形成了高等教育集群发展、职业教育协同发展和语言教育联动发展的新格局。通过这样的合作，双方不仅能够共享教育资源，还能促进人文交流，为构建更为紧密的中东盟命运共同体作出贡献。

  问题4：您如何评价中国—东盟教育合作已经取得的历史成就？

  回答：中国与东盟之间的教育合作取得了丰硕的成果，特别是在职业教育、高等教育以及语言文化教育方面。这些合作不仅促进了双方的人才交流和技能发展，还促进了民心相通，为共建"一带一路"倡议提供了有力的支持。

  一是加快了东盟地区和中国的教育国际化。中国与东盟国家的教育合作对于推动双方教育国际化具有重要意义。这种合作不仅涉及教育资源的共享和人才交流，还包括教育理念、教学方法和管理模式的相互借鉴和学习，从而提升了双方教育的国际化水平。在职业教育领域，中国与东盟的职业院校积极开展各种形式的合作，联合培养专业技术人才，交流职业教育发展经验。《区域全面经济伙伴关系协定》实施后，中国与东盟各国的关系进一步深化，这为中国—东盟教育深度合作带来了全新的机遇与挑战。在此背景下，中国教育部提出要落实关于加快和扩大新时代教育对外开放的政策举措，深化同包括东盟在内的世界各国的教育交流合作。

　　二是中国与东盟国家在教育领域的合作不断扩展，通过学生流动和教育领域人员的往来，双方可以增进相互了解，促进民心相知相通。教育合作有助于教育资源的共享，促进人才培养和流动，将为中国与东盟各国培养和输送更多具有国际视野的专业型人才，不仅缓解了当地生产和售后服务人才短缺的压力，也进一步增强中国与东盟国家之间的文化理解和人文交流。

　　中国与东盟之间的教育合作已经成为共建"一带一路"合作的重要组成部分，为双方的人才交流和技能发展提供了有力支持。未来，双方将继续加强教育合作，共同推动区域发展。当然，要进一步推动教育合作，还需要共同规划和制定面向 2030 年的教育发展合作愿景，共同落实双方在人才培养、联合科研、数字教育、人文交流等重点领域达成的合作项目，持续扩大合作和参与范围，加强教育链、人才链、产业链、创新链衔接。同时，应该继续加强民间民族艺术文化、文博展览、非遗保护、考古、中医药、体育等领域合作，打造亚洲文明交流互鉴的样板。总之，通过教育合作，我们可以在构建中国—东盟命运共同体的过程中发挥重要作用。让我们携手努力，共同开创更加美好的未来。

二、职业教育合作成为中国—东盟教育合作的亮点

　　问题 5：您刚才提到职业教育是中国—东盟教育合作的一个亮点，您也主持过中国—东盟职业教育合作模式的研究课题。请问，职业教育合作在中国—东盟合作战略框架下的定位是什么？

　　回答：2020 年 11 月，双方在《落实中国—东盟面向和平与繁荣的战略伙伴关系联合宣言的行动计划（2021—2025）》中明确提出"推进技术

和职业教育培训等教育机构的交流"。2021年11月,在中国—东盟建立对话关系三十周年纪念峰会上,加强职业教育合作成为中国—东盟合作的重要事项。2023年9月,在第二十六次中国—东盟领导人会议上,中方提出,未来3年将在东盟国家建设10所"中国—东盟现代工匠学院"。

在这些战略框架下,还要通过细化落实措施,提升中国与东盟双方在职业教育上的务实合作水平,为促进区域社会经济发展注入强劲动力。中国—东盟职业教育联合会由中国与东盟各国的职业院校、应用技术大学、研究机构和行业企业共同发起,成立于2022年,是一个旨在推动中国与东盟国家职业教育交流与合作的组织。该联合会的目标是拓宽合作范围和领域,提升合作的质量和内涵,打造升级版的中国—东盟双多边职业教育合作平台。它不仅为区域经济社会的高质量可持续发展贡献了职业教育力量,而且也为中国企业"走出去"、职业教育产教融合以及服务共建"一带一路"倡议提供了重要平台。中国—东盟职业教育联合会的成立和发展对于构建更为紧密的中国—东盟职业教育共同体具有重要意义。

国内地方部门要积极抓住机遇,推动战略的落地,特别是中国的西部省份,要利用地域上接近东盟地区的优势,探索创新有效的合作模式。2023年4月,教育部、广西壮族自治区人民政府联合印发《推动产教集聚融合打造面向东盟的职业教育开放合作创新高地实施方案》,通过部区共建、区域联动,提升职业教育办学质量和水平,形成产教集聚融合新格局,打造中国职业教育国际合作特色品牌。广西壮族自治区已被确立为中国—东盟教育开放合作试验区,旨在打造面向东盟的教育合作高地。西部省份要紧跟产业发展趋势,不断探索开展多种形式的合作方式,推动中国—东盟职业教育标准互认,搭建更高质量的职业教育合作与交流平台。

问题6:中国—东盟职业教育合作的模式或途径有哪些?

回答:多年来,中国—东盟在职业教育方面的交流合作不断深化,在中国与东盟各国的共同努力下,覆盖高等教育、职业教育、基础教育,多方协同参与的教育交流合作体系架构日益完善。双方企业、职业院校等积极开展各种形式的合作,联合培养专业技术人才,交流职业教育发展经验,受到广泛欢迎,为双方实现可持续发展提供了有力的人才和技能支撑。

具体的合作途径是多样的，列举几个目前比较有代表性的。一是学生联合培养项目。中国与东盟职业院校开展了至少 70 个学生联合培养项目，旨在为学生提供更广泛的职业发展和学习机会。此外，还有 2 个教师联合培养项目，促进了教师之间的交流和合作。二是职业教育论坛和联盟。为了加强职业教育的交流与合作，中国创办了 8 个职业教育论坛，组成了 19 个职业教育联盟。这些论坛和联盟为职业学校和教师提供了分享经验、探讨问题的平台。三是"鲁班工坊"和国际产业学院。中国在东盟建立了 6 个"鲁班工坊"和 42 个国际产业学院。这些机构为中国和东盟的学生提供了实践学习和职业发展的机会。"鲁班工坊"由中国教育部指导，经天津市原创并率先主导推动实施。"鲁班工坊"采取"学历教育＋技术培训"方式，用中国标准培训当地教师，再由当地教师教授学生，在认同的基础上，将中国职业教育优秀成果与其他国家分享。自 2016 年全球第一家"鲁班工坊"——泰国"鲁班工坊"——建成运行以来，天津、浙江、陕西、四川等省市相关院校发挥职业教育优势，参与建设"鲁班工坊"。"鲁班工坊"已落地泰国、印度尼西亚、柬埔寨等多个东盟国家。四是中国—东盟现代工匠学院。2023 年 9 月，中方提出，未来 3 年将在东盟国家建设 10 所"中国—东盟现代工匠学院"。中国—东盟现代工匠学院是中国高校与东盟国家教育机构合作建立的一类教育机构，主要目的是在境外开办以境外公民为主要招生对象的教育机构，开展高等学历教育和职业培训为主的教育教学活动。这些学院旨在服务中国企业"走出去"的需求，建设中国—东盟职业教育创新高地。这些学院围绕中国—东盟自由贸易区 3.0 升级版建设需要，服务中国企业"走出去"需求，建设中国—东盟职业教育创新高地。它们将开展专科层次学历教育和职业培训的实体办学，开展境外技术技能培训；共同开发、建设和完善农业类国际化专业教学标准，培训资源包和国际化课程。目前，已经有多所中国—东盟现代工匠学院成功挂牌，如中国—印度尼西亚智能运载装备现代工匠学院、中国—柬埔寨绿色能源现代工匠学院、中国—马来西亚铁路现代工匠学院、中国—马来西亚数字经济现代工匠学院。五是企业和职业院校的联合办学。柬埔寨柬华应用科技大学是由中国南京工业职业技术大学与柬埔寨柬华理事总会共建的应用技术大学。柳州职业技术学院与柳工机械印度尼西亚有限公司、雅加达国立理工学院合作，创建了教学工厂，开展订单式联合培养模式，进行工程机械技术专业本土化技能人才培养，缓解人才短缺压力。目前，首届已招生 80 名学生，完成了对 11 名印度尼西亚教师的培训，实现了 9 个专业标准与 5 本英语和印度尼西亚语教材的共享。深圳职业技术大学携手华为等企业，将技术标准转化成课程内容，依托已建成的 9 所海外职业教育培训中心，累计开展约 20 万人次的"中文+职业技能"培训，为当地培养熟悉中国文化、掌握中国标准的产业人才。

问题 7：当前世界的信息化进入新的阶段，数智时代已经到来，教育数字化转型成为教育交流合作的重要方向。中国—东盟的职业教育合作应如何迎接数字化转型？

回答：随着数字化转型进入到数字生态环境，学校和企业需要明智地选择合作伙伴，打破组织边界，深化无边界协作，优先强化组织内部的能力建设，推动能力外溢和生态影响力提升。数字化转型给职业教育带来了两方面的发展机遇。

一是利用数字技术，推进职业教育本身的数字化转型。数字化转型及升级行动极大加快了职业教育的现代化进程，职业教育的国际化发展要全面响应此行动，从国际化人才培养方案、专业建设、国际化课程建设、国际化师资建设等方面思考和探索实践数字化转型的路径。职业教育合作可以借助在线教育与远程教育，通过在线注册、直播授课、观看在线课程、在线考试、远程辅导答疑、云讲座、云会议等数字化方式，来解决特殊情况下国际化办学所面临的问题。数字化时代的中国—东盟职业教育合作体现在多个方面，包括建立教育交流平台、举办技术技能展以及组织论坛等活动。这些合作有助于推动双方教育的数字化转型，提升教育教学的效率和效果，并为培养具有国际化视野的技术技能人才打下坚实的基础。通过中国—东盟数字教育联盟的建设，逐步打造一个跨国的数字教育综合服务平台与合作网络，中国和东盟国家的学习者能够以更低的成本、更灵活的手段获得高质量的优质教育资源和终身学习机会，助力各国的教育数字化转型和数字教育范式创新。

二是数字化转型有助于职业教育培养能够适应时代变化和满足社会需求的数字技能人才。中国—东盟多彩智慧学院应运而生。中国—东盟多彩智慧学院是一个服务中国—东盟教育数字化实施的平台，致力于推动中国—东盟高等教育、职业教育在线合作和数字资源共享共建。该平台不仅体现了贵州大数据示范区的建设成效，而且借助中国—东盟教育交流周的国际化平台推动教育数字化变革共识的达成。平台借助中国移动5G云网和信息技术优势，运用虚拟现实、实时视频直播、人工智能语音翻译等前沿技术，不断升级和完善教育应用场景，实现了高质量课程资源共建共享、多模式多语种在线教学、线上一站式信息服务新体验等功能的成功研发。目前，平台已支持东盟11国访问，共有62所院校入驻中国—东盟多彩智慧学院，其中有3所海外院校正式入驻，省内院校有43所，其他省份16所，共有9300余名师生注册使用。中国—东盟多彩智慧学院发展论坛发布了中国—东盟多彩智慧学院技术规范V1.0，倡议发起中国—东盟多彩智慧学院发展联盟，并举行了首届"中国—东盟（国际）智能网联汽车技术挑战赛"启动仪式。在2023年中国—东盟教育交流周期间，举办了数字时代中国—东盟职业教育高质量发展论坛。论坛围绕职业教育数字化变革与职业教育高质量发展关系问题，邀请了中国与东盟国家教育行政部门、职业院校、行业代表等嘉宾进行交流。

三、未来中国—东盟教育合作如何更好
服务于共建"一带一路"倡议

问题8：随着共建"一带一路"的深入发展，中国与东盟国家合作共建教育共同体，这方面的工作如何更好地对接共建"一带一路"工作？

回答：关于如何更好做好对接、服务工作，我认为，两个方面的工作非常重要。第一，战略对接与政策支持。教育共同体的建设需要根据共建"一带一路"倡议和实际建设情况不断调整，要符合国际化发展趋势，切实保障人才培养质量，满足共建"一带一路"倡议的需求。目前，政策支持的零散化不足，容易导致中国—东盟教育合作在中观、微观层面的重点不明确、针对性不强、运行机制不畅。在教育合作的政策支持方面仍有努

力空间。中国和东盟国家可以建立教育方面的高层定期磋商机制，保持稳定高层交往，加强政策协调，深化教育领域发展规划的对接。相关的支持政策要实现统筹协调，政策制定要基于对东盟国家教育发展的整体趋势与差异性的全面了解，形成具有整体性、差异性的政策支持复合体系，充分考虑合作的层次性、现实性，发挥政策合力的聚集势能。中国—东盟教育合作的深化必然要求更为有序的合作，这是建立更加创新、包容、可持续的教育共同体的必要条件。第二，合作主体的协作增效。未来需要进一步加强不同合作主体的交流互动，增强教育合作的针对性、规划性与可持续性，形成具有充分凝聚力的教育合作共同体。加强东盟与中国的教育合作需要开放和共享教育资源，建立多元合作机制，以提供优质教育。为了使教育合作更加有效，还需要不断创新合作模式。例如，可以采用远程教育、在线教育等方式，打破地理限制，使更多的学生和教师能够参与到合作中来。同时，也可以探索公私合作模式，吸引更多的私营部门参与教育项目的建设和运营。

问题 9：如何更好地发挥中国与东盟国家教育合作的示范效应，推进共建"一带一路"国家的教育合作工作？

回答：第一，东盟作为共建"一带一路"倡议的交流优先方向，中方愿同东盟一道建设更为紧密的中国—东盟命运共同体。教育共同体是其中的一个重要支柱，与其他支柱紧密相关，特别是与经济共同体平行发展。教育合作为经济合作服务。中国与东盟国家将在更多领域开展经贸交流与合作，完善对外经贸服务支持体系，推动双方产业链、供应链、价值链深度融合，为经济发展注入新动能。以教育夯实共建"一带一路"合作的民心根基，教育合作和交流更是共建"一带一路"倡议中增进民心相通和文明互鉴的桥梁。通过交换生项目、联合培养项目以及国际职业教育合作平台等途径，东盟和中国可以加强彼此之间的了解和信任，培养更多具备国际视野和跨文化交流能力的人才。教育合作培养高素质人才，有利于推动区域产业的高质量发展。

第二，中国—东盟教育共同体要努力实现 2030 年可持续发展目标，为全球教育事业作出贡献。教育关乎未来，是联合国《2030 年可持续发展议程》的重要组成。投资年轻一代的发展，强化我们的教育系统，是我们努力创造包容可持续未来的关键环节。东盟、中国在教育合作上共享愿景、共同努力、通力合作，能帮助彼此更好地完成"联合国可持续发展目标4"所设定的目标。通过展望2030年的"联合国可持续发展目标4"，东盟与中国共同打造教育共同体，将有利于推动地区教育事业的发展，提高教育质量，缩小教育差距，在全球范围内树立良好的教育合作典范。双方应继续加强沟通与合作，共同应对挑战，为实现可持续发展目标贡献力量。

第三，在全球化背景下，教育共同体将成为一个开放、包容、创新和可持续的平台，为应对气候变化、经济发展、文化交流等全球性挑战提供有力支持。为了迎接这些挑战，中国可以与东盟国家合作，共同开发适合共建"一带一路"国家的人才培养计划。科研合作是提高教育质量和水平的重要途径。中国可以与东盟国家在科研项目上进行合作，共同解决教育领域存在的问题。例如，可以共同申请国际科研项目，或者在特定的教学领域进行联合研究。双方在科研领域的合作也将为解决全球性问题提供有力支持。

后 记

《中国—东盟区域国别研究（第一辑）》的出版，既是学术团队协作的结晶，也是在中国与东盟国家互动研究领域的一次积极探索。作为副主编/执行主编，我在此谨向所有为本书付出血汗的学者、专家、访谈对象以及出版团队致以最诚挚的感谢。

本书的编纂初衷，源于中国与东盟日益深化的合作背景及其对区域国别研究的迫切需求。近年来，从共建"一带一路"倡议的实践到"中国—东盟命运共同体"的构建，从跨境基础设施联通到教育合作的创新模式，中国与东盟的关系正朝着全方位、多层次的方向发展。然而，区域国别研究作为一门新兴交叉学科，其理论框架与实践路径仍需不断探索。本书试图以多维度视角切入，通过学术论文以及和一线实践者的深度对话，为这一领域提供兼具理论深度与实践价值的参考。

第一部分"中国—东盟的合作与发展"以实证研究为主轴，既有对中老铁路、澜湄合作等标志性项目的深度剖析，亦不乏对工业化路径、粮食安全等区域共性议题的敏锐捕捉。例如，《中老共建"一带一路"——"五通"指数典型案例分析及前景展望》既是对合作成效的量化评估，也为后续政策优化提供了方法论启示；《武装冲突、粮食安全与性别平等的互动机制——以俄乌冲突背景下的东南亚为例》则体现了区域国别研究需回应全球性挑战的学术自觉。这些成果既是对既有合作的总结，更是对未来协同发展的前瞻。

第二部分"东盟外交政策与区域安全"将目光投向地缘政治与安全领域。《新加坡对美国"印太战略"的回应及新美关系的新发展》《印度—东盟关系的进展、挑战及前景》《日本与东盟国家网络安全合作的特征、动因与局限》等议题，揭示了东南亚国家在"大国博弈"中的战略自主性。《英国与新加坡、印度尼西亚去极端化政策比较研究》则突破了传统安全研究的范式，为理解非传统安全治理提供了新视角。这些研究既是对区域现实的深刻洞察，也提醒我们：中国—东盟合作需在尊重多样性的基础上，构建更具包容性的安全观。

第三部分"区域国别研究与人才培养"聚焦教育合作的核心命题。三篇访谈从民办院校、高职院校到综合性大学的多元视角，探讨了区域国别学人才培养的差异化路径。广西外国语学院宋亚菲副校长对民办院校特色化办学的思考，既凸显了地方院校的实践智慧，也为学科发展注入了鲜活的本土经验。四川师范大学吕京教授对共建"一带一路"教育合作的分析，则进一步将视野拓展至全球治理与区域协同的高度。这些对话不仅揭示了人才培养的复杂性与多样性，更映射出中国—东盟合作中"人"的核心价值。

本书的出版过程充满挑战。从跨学科团队的协同到国际形势快速变迁下的内容更新，从访谈对象的跨国协调到研究数据的动态验证，每一步都考验着编委会的韧性与专业精神。在此特别感谢广西东南亚研究会、各参编院校及企业专家的鼎力支持，正是他们的实践智慧与学术热忱，让本书得以突破纸上谈兵的局限，扎根于真实的合作土壤。

当然，本书仍存诸多未尽之处。区域国别研究的跨学科性、动态性要求我们持续追踪中国—东盟合作中的新现象、新问题。例如，数字经济对传统产业链的重构、气候变化对跨境治理的冲击、RCEP框架下的制度创新等议题，亟待后续研究深化。我们期待本书能成为引玉之砖，吸引更多学者、政策制定者与实践者加入这一领域，共同绘制中国—东盟合作的学术图谱与实践蓝图。

最后，谨以一句话与读者共勉：区域国别研究的意义，不仅在于解读世界，更在于联结世界。愿本书能为中国与东盟的相知相交贡献一份微薄之力。

曹亮
2024 年 12 月 31 日